공화주의와 위기의 한국
― 좌우 진영논리 넘어 새 정치관을 향해

〈21세기공화주의〉〈제3집〉

공화주의와 위기의 한국

좌우 진영논리 넘어 새 정치관을 향해

21세기공화주의클럽 지음

강경선 조민 한면희

무명인

차례

머리말 ——————————————————— 7

1부 기독교인 헌법학자 강경선의 삶 속 정치
제1장 공화주의로의 여정에 오르다 ——————— 21
제2장 제헌과 개헌을 다시 생각하며 —————— 73

2부 통일을 꿈꾼 정치학자 조민의 삶 속 정치
제3장 다시 꿈꾸는 통일 ——————————— 135
제4장 자랑스러운 대한민국 ————————— 185

3부 기독교인 철학자 한면희의 삶 속 정치
제5장 역사적 공화주의와 마이클 샌델, 공화적 지성 —— 211
제6장 민주화운동 끝자락서 마주친 주사파 정치 ——— 258
제7장 공화주의의 자유와 기독교 정치관, 극우 파시즘 — 318

머리말

위기에 처한 한국, 공화주의에서 길을 찾다!

본 저술은 세 사람이 글을 쓰게 되었는데, 집필 동기는 대한민국이 위기 국면에 처해 있다는 공통의 인식 속에 새로운 돌파구를 열어 희망을 되살려가자는 데 있다. 세 사람은 2018년 21세기공화주의클럽(공화21) 창립 당시부터 대표단을 이룬 인물들로 2024년 4월 10일 제22대 총선을 평가분석하면서 향후 우리 사회에 닥칠 정치적 위험성을 상당히 높게 감지하고 있었다. 불행하게도 우리가 예상한 정도를 단박에 뛰어넘는 파국적 사태가 초래되었다. 윤석열 대통령에 의해 12·3계엄령이 선포되었고, 곧바로 국회의 탄핵 소추가 진행됨으로써 국정이 최악의 혼란에 직면한 것이다.

이에 각자가 고유하게 살아온 삶의 여정 속에서 겪은 관련된 정치사회적 문제를 회고적으로 직시하고, 그 해법을 공화주의에서 모색하여 제시함으로써 대한민국이 가야할 앞날에 빛의 탐조등을 비추도록 노력하자고 결의하였다. 2025년 새해 설날 무렵에 글쓰기를 시작하였고, 3월 중하순 무렵에 출판사로 원고가 넘겨졌으니 본 글은 헌법재판소의 탄핵 여부에 대한 결정이 내려지기 전에 쓰인 것임을 밝히고자 한다.

돌이켜보면 우리 대한 국민은 근현대사에서 이루 말할 수 없는 고난과 역경을 겪어온 민족이다. 구한말 구미 열강의 제국주의 식민지 패권 경쟁 속에 놓여 있으면서 이를 제대로 직시할 만한 국제적 안목을 결여하였고, 긴박하게 다가오는 위험 속에서 뜻을 하나로 모으지 못한 채 여전한 당파 싸움에 매몰됨으로써 결국은 일제 식민지로 전락하는 비운을 맞이했다. 그러나 유구한 역사 속에서 찬란한 문화를 간직한 연유로 1919년 3월 1일 힘차게 기미독립을 선언하였고, 그에 따라 상해 등에서 임시정부를 수립하여 외세의 압제에서 벗어나 자유를 되찾는 각고의 노력을 나라 안팎으로 기울였다.

그럼에도 우리 민족 자체의 역량 부족으로 1945년 8·15해방을 맞이하면서 나라가 남북으로 분단되는 비극을 겪게 되었다. 바로 이즈음 세계사적으로 좌우 이데올로기 대립이 발현되면서 그 싹이 우리 내부에도 심겨졌기에 해방된 자유 공간에서 피어나 격돌하기에 이른다. 남한에 대한민국 정부가 들어섰고 북한 역시 그러했지만, 이데올로기 대립은 강고한 신념을 바탕으로 하는 것이기에 종교간 대립과 유사한 양상을 띠게 마련이다. 엎친 데 덮친다고 1950년 북한의 남침으로 시작된 6·25전쟁은 국토를 초토화하는 비극을 안겨주면서 좌익과 우익 간의 갈등의 골을 더욱 깊게 만들었다.

폐허 속 생존의 몸부림 속에서는 이데올로기나 이념이 뒷전일 수밖에 없다. 남한의 경우, 온갖 우여곡절을 겪으면서 산업화의 초석을 놓았고, 더 나아가 결실을 맺는 지평으로 올라섰다. 시장경제가 주축인 국제사회에 파고들어 우리의 역할과 정당한 몫을 찾고자 노력하는 과정에서 개인의 자유가 빛을 발하기 때문에 그 가치를 소중하게 여기게 되었다. 그러나 나라 지키는 역할의 군이 혼돈을 방지한다는 명분 아래 개인의 자유를 통제하는 지경이었고, 이로써 권력의 속성상 독재로 이어졌다. 자연스럽게 깨어난 시민들에 의해 독재를 극복하는 노력이 도모되었고, 이로써 힘겹게 민주화마저 이룩하는 지평에 올라선 것이다. 세계사적으로 이토록 짧은 시기에 폐허더미 위에서 산업화와 민주화를 함께 이룩한 나라가 거의 없을 정도였으니 참으로 자랑스러워할 만한 민족이라고 할 것이다.

그러나 빠르게 성취하는 과정에서 걸러졌어야 할 곰팡이 독소가 남겨진 채 다시 피어나 번지기 시작한다면, 세계인들이 보내던 대한민국에 대한 찬사는 자칫 조롱거리로 변질될 수 있다. 지금의 대한민국이 바로 그런 위기 국면이라 할 것이다. 12·3계엄의 선포와 촉발 동기에 따른 국론분열은 이미 심리적 내전 상태를 야기했고, 더 격화된다면 구한말에 겪은 파국을 또 맞이할 수 있음에 유념해야 할 것이다.

공화21의 초대 상임대표를 역임한 강경선은 헌법학자로서 제1

부의 1장과 2장을 집필하였다. 제1장에서 그는 72세에 이른 자신의 삶의 과정을 정반합의 세 단계로 상정하였다. 정(正)의 단계는 성찰 속에 학문 탐구의 길로 들어섰지만, 민주화에 대한 의식을 명료하게 갖지 못했던 시절이다. 반(反)의 시절은 민주화 의식을 공고히 갖고 실천에 임했던 때이다. 방송대 법학과 교수로 부임한 직후 학내 민주화에 나섰고, 동시에 87년 민주화 항쟁 시절이었기에 민주화를위한전국교수협의회 활동에 동참했으며, 또한 활동의 학문적 기초로서 법학의 민주화를 선도했다. 이때 그가 가진 모토는 칸트(I. Kant)가 언급한 "해야 하기 때문에, 할 수 있다(Du kannst, denn du sollst)"는 것이었으며, 이것은 그에게 바른 것(규범)은 반드시 이룰 수 있다는 신앙의 표현이었다고 회고했다. 그러나 가장 중요한 시기에 청춘을 바쳐 온몸으로 구현한 민주화운동도, 마침내 떠날 때가 되었음을 고백하고 있다. 우리나라는 이제 민주주의가 한 단계 승화되는 공화국 실현이 당면 과제라고 생각했기 때문이다. 이렇게 해서 그는 합(合)의 새 지평에 발을 디디게 되었고, 공화주의에서 희망을 찾아 안착할 수 있을 것이라는 기대를 밝히고 있다. 여기에서 격화되는 진영 대립은 가장 시급히 극복되어야 할 장애물이 되고 있다. 아무리 과거에 우리 사회 발전에 큰 공이 있다고 하더라도 시대변화에 적응하지 못하고 관성적 사고로 과거에 머물러 있게 된다면 그것은 공화국 시민의 자격을 결코 얻지 못할 것이라고 본다. 신실한 기독교인인 그는 공화국을 출애굽을 지나 가나안으로 입성하는 최종 단계로 비유하였다.

강경선은 제1장 말미에서 인권의 최후 보루이자 국가 존립의 정당성을 띤 사법부가 헌법의 가치를 수호하는 데 주력해야 함을 주장하면서 제헌과 개헌에 대한 소신을 제2장서 밝히고 있다. 최근의 개헌 정국이 점차 다가오면서 이를 대비하기 위해 최근 15년 간의 우리 헌법 사례 몇 가지를 통해서 헌법에 대한 기본적 이해를 돕고자 하였다. 헌법이란 것이 단순히 헌법조문에 쓰인 것만이 아니라 조문을 뒷받침하는 수많은 불문, 성문의 규범들이 실질적 헌법이라는 점을 밝히고자 애썼다. 독자들이 함께 그 이해를 위해 힘써서 향후의 개헌정국에 슬기롭게 대처해주기를 기대해본다.

제2부의 3장과 4장은 통일연구원의 부원장을 역임한 정치학자 조민이 집필하였다. 조민은 제3장에서 통일의 꿈을 잃지 않고 통일로 가는 길을 고민하고 있다. '분단평화 너머 통일평화'로의 인식 전환을 요구하면서 우리들이 섬과 같은 좁은 땅에서 벗어나 대륙을 향한 웅비를 일깨운다. 그는 북한이 체제 안정과 평화 사이에서 딜레마에 빠져있음을 드러내었다. 한반도 평화를 내세우면서 개혁개방과 경제 활성화에 주안점을 두게 되면 인민의 깨인 자각으로 인해 체제 불안정이 심화되는 반면, 체제 안정을 도모하여 인민 통제에 주력하게 되면 부단히 전쟁위기를 고조시키게 됨으로써 고립화를 자초하게 된다는 것이다. 이런 딜레마에 빠진 결정적 이유는 주체사상에 따른 수령의 독재를 구축하는 체제이기 때문이다.

특별히 주목되는 바는 주체사상에 대한 체계적 분석이다. 그는 주체사상이 '사람 위주의 철학'이라고 하면서 김일성을 우상화하는 하나의 '정치종교'라고 규정하였다. 나아가 주체사상이 인민대중의 자주성 실현을 위한 유일사상으로, '반외세 자주'로 집약되는 모습을 밝혀 놓았다. 특히, 주체사상을 창시한 김일성 수령은 '영생하는 정치 사회적 생명'을 창조함으로써 생명창조의 신(神)의 영역까지 나아갔다고 한다. '영생'은 종교적 언어로, 김일성의 사상은 그의 어린 시절 외가의 분위기 속에서 기독교의 영향을 받았다는 흥미로운 분석을 하였다. 수령은 기독교의 절대자와 유사한 '최고 존엄'이다. 이런 점에서 주체사상은 '최고 존엄'인 수령을 모시는 정치종교라는 말이다.

조민은 주체사상의 남한 버전으로 자주와 반통일을 부각시켰다. '자주'는 '반미 자주화', '주한미군 철수' 그리고 '친일적폐', '한·미·일 3자연대 반대' 등의 실천 구호로 결집하면서 적과 아(我 우리 편)로 구분하는 잣대가 된다. 그와 더불어 자주는 수난과 피침의 역사를 부각시킨 배타적 민족주의 논리와 결합하여 어느 정도 공감대를 형성할 수 있었다고 분석하였다. 그와 함께 우리 사회 한쪽의 '통일 반대론'이 북한의 주장을 추종하는 논리임을 밝혔다. 최근 김정은 위원장의 '적대적 두 국가, 통일 반대'는 북한의 수세적 국면을 반영한 것이지만, 남한에서는 이에 호응하여 '반통일론' 제창으로 나타났다고 한다. 평화통일의 길로 나아가기 위해서는 남북한 모두 주체사상의 환각과 주술(呪術)에서 깨어나야 함을 역설하였다.

제4장 자랑스러운 대한민국에서는 한반도 통일과 민족 정통성 문제를 다루었다. 그리고 남북한 정통성 문제의 소재(所在)로 남북한 각각의 책임을 짚었다. 남한은 친일청산의 좌절에 따른 원죄의식, 전쟁을 일으킨 북한의 민족공동체 파괴를 지적했다. 정통성의 세 측면으로 건국세력의 성격, 국가의 존재이유, 국가비전 등을 비교분석하였다. 이어서 남북한 정통성 문제는 '과거' 역사적 사실과 함께, 국가의 존재이유 그리고 민족사의 담지역량 등 다층적 차원에서 접근되어야 함을 강조하였다. 마지막으로 그는 평화통일로 나아가는 길에 '대한민국의 재발견'을 강조하였다. 국토도 크지 않고 특별한 천연 자원도 없는 나라이지만 한국의 기적은 제3세계 인류에게 희망이자 모범으로 존중받고 있다는데 자긍심을 느끼게 한다. 대한민국의 '어제'에 대한 긍정과 '오늘'에 대한 자긍심 위에서 '미래'에 대한 확신을 가져야 한다고 역설하였다.

제3부는 현재 공화21의 상임대표를 맡고 있는 철학자 한면희가 집필하였다. 5장은 공화주의(republicanism)가 역사적으로 로마에서 기원하였고, 미국에서 건국 당시에 고유하게 피어났음을 밝히고 있다. 로마 공화주의는 서로 다른 계급 간의 차이를 수용하여 군주제 요소의 집정관과 귀족제 요소의 원로원, 민주제 요소의 (평)민회를 삼각으로 설정함으로써 나라를 강건한 체제로 구축하였고, 무엇보다도 시민으로 하여금 법 이외에 누구의 지배도 받지 않는 자유(liberty)를 누리도록 한 데서 찾을 수 있다. 미국 건국의 공화주의는

옛것을 새 시대에 맞게 창안하여 대통령이 이끄는 행정부와 민의 대변의 입법부, 법의 수호자 사법부로 배치함으로써 서로 견제와 균형을 통해 나라의 안정과 공고화를 도모하였으며, 새로운 아메리카 대륙을 찾아온 개척자 시민들 누구나 자유를 누리되, 공동체로 모인 자신들의 운명을 스스로 결정할 수 있을 만큼 미덕을 갖추어 자치가 가능하게 조성하며, 개개인의 호불호를 넘어 공동선을 지향하여 좋은 사회를 만들어나가자는 것으로 파악할 수 있다.

 6장에서 필자는 청년 시절 대학 강단에 섰을 때 기독교적 양심의 울림에 따라 노동운동의 깃발에 동참함으로써 사회민주화 대열에 함께 한 이래 환경 분야의 시민운동을 거쳐 정치운동으로 이어지는 경험을 하게 되었음을 술회하였다. 당시 재야민주화 시절의 노동운동과 창조한국당 대표 때에 겪은 민주화 내 일부 위험 요인을 감지하고 있었던 차에, 최근 정치적 진영정치에 국민까지 가세하는 형세로 대립적 배타성이 강화되는 데 대해 깊은 우려를 느끼게 되었고, 배후의 출처를 추적함으로써 민족해방 계열(NL)의 주사파 종북주의자의 정치 행태가 지닌 위험성을 다시금 자각하게 되었다. 비록 위험한 실체의 규모가 지극히 작다고 보았지만 엄밀하게는 현존하는 위험이라고 할 것이다. 문제는 그 활동을 과거의 운동권 동지들이 방조함으로써 거품 낀 양상으로 커지게 되었고, 이에 대한 자연적 반작용으로 우파의 결집도 불어남으로써 사태는 대립적 양상으로 전개되는 지경에 이르렀다는 점이다. 특히 파시즘적 극우의 행태에 윤석열 대통령

조차 현혹됨으로써 계엄령 선포라는 어이없는 참사를 자초했다는 데서 사태의 심각성에 경계를 게을리 하지 말아야 함을 밝히었다.

7장에서는 미국 공화주의의 자유가 공적인 성격의 것으로 뿌리박힌 자아(encumbered selves)의 인간상에서 비롯되는 것임을 드러내고 있다. 이것은 미국 공화주의의 뿌리가 청교도인 까닭에 성경의 정신이 반영된 것이어서 자유주의의 무연고적 인간상과 상반된 것임을 밝히었다. 기독교가 상극인 마르크스 사회주의(공산주의)를 기피하고자 그 대립항인 자유주의를 수용한 것은 이해할 만하지만, 자유를 간섭을 받지 않거나 선택의 기회를 갖도록 하는 데서 찾는 자유주의로 인해 도리어 낙태나 동성애, (조력)자살과 같이 성경에 반하는 문화가 확산되는 문제 상황에 직면하게 되었다고 밝히고 있다. 결국 기독교가 마르크스주의와 자유주의 양자의 딜레마 상태에서 벗어나려면 성경에 기초한 청교도 정신의 공화주의에서 새로운 길을 찾아야 한다고 제시하고 있으며, 자칫 극우 파시즘으로 미끄럼을 타는 유혹에서도 벗어나게 된다고 판단하였다.

그러므로 앞서 세 사람이 논의를 펼치었듯이 공화적 지성은 시민의 자유를 적극 허용하되 그 자유를 법 이외에 누구의 지배도 받지 않는 것이자 공적인(public) 것으로 간주한다. 그것은 시민의 미덕을 함양하고, 현존하는 계층 간의 차이가 있어도 배척하기보다는 서로 포용하며, 목적하는 바로서 공동선(common good)을 지향하는 과정에서 공적 조화를 이루도록 촉구하기 때문에, 오늘날 첨예하게 맞서는 대한민국의 적대적 진영정치를 해소하는 데 기여할 유력한 방안이라고 본다.

끝으로 독자에게 드리는 양해 말씀은 머리말을 쓸 때 각 집필자의 기본 논지를 중시하되, 전체 흐름에 맞춰 글을 재구성하였기에 그에 따른 부담을 대표 필자가 질 수밖에 없음이다.

2025년 3월 22일

21세기공화주의클럽 상임공동대표 한면희

1부 기독교인 헌법학자 강경선의 삶 속 정치

제1장 공화주의로의 여정에 오르다

1. '너 자신을 알라'

72세를 살아오는 동안 대체로 세 번 정도 교류집단을 바꾸었던 것 같다. 정반합(正反合)으로 요약된다. 교류집단의 이동은 먼저 내 생각과 관심이 바뀌기 시작해서다. 대체로 앞선 소속 집단에서 최대한 오래 머물다가 도저히 안 되겠다 싶을 정도가 되면 그때 다른 곳으로 이동했던 것 같다. 그러니까 내 인생의 특징은 '떠남'이었다. 많은 좋은 사람들을 만났지만 내가 하고 싶은 일은 딴 곳에 있어서 다른 곳을 찾아 떠난 것이다. 그곳을 가면 또 다른 좋은 사람들이 있었다. 세속에 몸을 둔 사람치고는 수도자의 길과 다름없어 보인다. 많은 세속적 인연과 가치는 나에게는 우선순위가 아니었고 후순위로 밀려났다. 그러니까 좀 더 높은 가치를 찾아서 '떠남'을 계속해온 것 같다.

　학창시절 내내 30세까지도 철모르는 시절이었다. 그래서 '나이브'(naive)하다는 말을 몇 번 들었는데 이때도 천진난만, 순수, 사회물정을 모르는 사람이라는 중의적인 표현 정도로 '나이브'하게 이해했다. 어느 정도로 철이 없었느냐하면 국사나 세계사에 나오는 과거의 인물과 사건이 그저 동화책 이야기로 들렸고 나와는 전혀 무관한 것으로 남아 있었다. 이렇게 '역사의식'이 전무했으니 사회 관련 학과를 제대로 공부했을 리가 없다. 이런 덜 깨인 머리로 대학에 진학했다. 대학 1학년 2학기 1972년 10월 17일 유신이 선포되었고, 그날은 원래 체육의 날로 서울 공릉동 운동장에 집합하기로 했는데 학생들이 모이는 즉시 해산시키면서 체육교수님이 앞에 서서 별도의 지시가 있을 때까지 무기한 휴업에 들어가니 각자 집에서 자학자습을 하라고 말씀하셨다.

　그렇게 1학년이 지났고 2학년 때부터는 시위가 시작되었다. 대학생이라면 시위는 마땅히 해야 된다는 생각이 있어서 수업시간 중에도 학생회의 집합신호(정의의 종)가 울리면 밖으로 얼른 나가 대열에 합류했다. 집회에서는 앞에 선 회장의 선창에 따라 구호를 따라 외쳤다. 그때 반복되던 구호들은 대개 "유신정권 철폐하라, 삼권분립 보장하라, 정보정치 중단하라"와 같은 것들이었다. 몇 번의 시위 참가 후에 느낀 것은 이 구호들의 의미와 목적이 무엇인지를 내가 뚜렷이 이해하지 못하고 있다는 것이었다. 유신헌법에 대한 판단기준은 무엇일까, 꼭 삼권분립이어야만 되는 걸까, 정보부의 감시체제가 온당치는 않아 보이지만 정보정치란 말 자체는 나쁜 것 같지 않은 데라는 스스로에 대한 반문이 생겼고 이를 더 깊이 추론할 능력이 없었던 것이다. 이후 시위를 포기하게 되었다.

평소 모임에서도 다른 친구들은 교과서에서는 없는 배후 역사(예컨대 진보당의 조봉암은 이승만이 죽였다더라)들을 잘 아는데 나는 그런 지식들의 소스를 알고 싶었다. 그런 희한한 일들에 관한 지식을 접하고 싶었고, 그래서 그 영역은 나에게 바다건너의 신비한 섬처럼 동경마저 느끼게 했다. 얼마나 사회물정에 둔했으면 막역했던 친구가 대화중에 "너는 왜 그리 무정견(無定見)하냐?"는 힐문이 나올 정도였다. 이렇게 사회 꼼생원이 된 것은 전적으로 내 지력과 성격의 한계에서 비롯되었다. 내 정견이 없으니까 다른 이의 주장도 듣고 싶지 않았던 것이다. 그리고 당위와 가치를 담는 의견들에 대해서는 휩쓸리고 싶지 않았다. 신문의 사설도 논설자의 시각과 주장이 들어가 있는 것이라서 필자의 가치판단이 개입되는 것이고 판단의 기준(criteria)이 무엇인가를 찾아 방황하던 나에게는 경계대상이었다. 그래서 신문 논설조차 읽지 않는 고집이 생겼다. 단지 사건과 교양기사만 읽기 일쑤였다. 이후에도 모든 당위명제(shall)는 배후에 숨어있는 누구의 의지에 휘둘리지 않도록 철저한 검증을 하는 버릇이 생겼다. 거창하게 말하면 '내 인생을 남의 주장에 사기당할 수는 없다.'는 단호한 자세가 생긴 것이다. 이러니 당위명제의 연속인 법학,

법률체계가 나한테 감당이 될 리가 없었다. 법전에서 예컨대 시효(時效) 규정에 10년, 3년, 1년, 6개월 등 장기, 단기의 시효를 보면서 그 설정기준이 무엇인가, 자의적인 규정이 아닌가 하는 등의 잡념 때문에 법률공부의 진도가 더디었다.

사법고시는 스스로 접게 되었다. 직접적 동기는 대학 4학년 관악산으로 학교가 이전한 첫 학기였는데 대자보 벽보에 "서울 농대생 김상진 할복" 소식을 접한 것이다. 누군지는 모르지만 이 시대의 악법에 맞서 저항하다가 마침내 몸을 바친 것이 분명했다. 이와 관련해서 내가 할 일은 법의 아래에서 집행을 하는 직업은 갖지 말자는 것이었고, 그렇다면 그 다른 할 일을 찾아야 했는데, 전공을 바꿔볼까 하는 생각까지 들었다. 그런데 그런 엄청난 일을 감행할 만큼 나는 여타의 능력이나 재주가 없었다.

결국 내가 찾은 해결방향은 '올바른 법'이 무엇인가를 찾고 그를 실천하는 것 바로 그것이었다. 이전과 달리 해법이 뚜렷해진 것이다. 다른 친구들은 고시공부를 위해 절이나 독서실로 흩어져 떠났을 때 나는 꼬박꼬박 학교에 등교해서 철학을 했다. 말 그대로 '학문을 사랑함'(애학; Philo-sophy)을 한 것이다. 대학 졸업에 앞서 하나의 기념은 남기고 싶어서 대학신문에 에세이를 투고해서 게재가 되었다. 제목은 '너 자신을 알라'였다. 그렇게 해서 대학원으로 진학해서 올바름을 향한 학문탐구를 시작했다. 법률학보다는 법철학, 사회과학 쪽으로 치중했다. 그 공부는 대학원 2년으로 끝날 일이 아니었고 논문을 미완성한 채로 군복무를 했다.

해군 장교로 입대하였는데, 해군 항공단에서 해병대로 한미연합사로 5년 넘게 근무했다. 우리나라 국군의 모든 영역 육, 해, 공, 상륙군, 연합군 모두를 둘러 본 것은 젊은 시절의 자랑스런 추억으로 간직하고 있다. 군복무 중에도 올바름에 대한 지향은 잃은 적이 없다. 이미 대학원 입학 이후 스스로 성경을 찾아 읽기 시작했다. 서양 법학을 공부하는 데 성경과 그리스·로마 신화와 문학, 그리고 괴테와 칸트 등은 필수지식이라고 보였기 때문이다. 교회문화에 대한 이해도 사회생활의 필수 사항으로 느껴졌다. 장로교와 감리교, 성결교 등 교회종류와 장로와 집사, 권사 등 직분이 무엇인지 궁금했다. 그래서 군시절에 주말에는 교회예배에 참석해서 목사님 설교말씀과 찬송가를 듣고 익혔다. 마치 괴테의 『빌헬름 마이스터의 수업시대』나 헤르만 헷세의 교양문학(Bildungsroman)들처럼 세상을 편력하면서 나에게 없는 것을 부지런히 익히는 과정이었다. 군대 훈련이나 전근이나 산업시찰, 여행이나 영화 등 새로운 것을 접하는 것은 무엇이든 즐거웠다. 내게 맡겨진 사명은 필연처럼 다가온다는 믿음을 가지고 매일을 열심히 살았다. 작은 것, 큰 것 가리지 않고 주어진 일에 충실한 것이 내가 할 수 있는 평소의 임무라 생각하였다. 로맹 롤랑의 『장 크리스토프』 같이 진실을 추구하다 보면 언젠가 필연과도 같은 운명과 대면하게 되는 소설의 주인공이 나에게는 사실로 비쳤다. 이 시절에 나의 표어는 '어둠에서 빛을 따라 암중모색하는 마이스터,

그의 방법론은 변증법'이었고, 이것을 어느 책 표지에 기록해두었다. 진지하고 열심히 사는 가운데 천상배필(match made in heaven)의 배우자를 만나 신앙은 한층 더 굳세졌다.

2. 하드웨어의 교체 작업

 군을 제대하고 다시 대학생활로 복귀할 기회가 열렸다. 지금은 작고하신 대학의 석박사 지도교수님의 지극한 총애와 배려 덕분이었다. 그리고 1985년에 교수가 되었다. 헌법학을 학생들 앞에서 강의를 시작하였다. 교단에 설 때마다 대학 시절부터 자리 잡은 '올바른 것을 추구하고 그것을 실천한다.'는 마음의 좌표가 떠올랐다. 스스로를 점검해보면 여전히 나는 아는 것이 없었다. 다만 우리 사회에서 군사독재는 종식되어야 한다는 것은 이제 분명하였다. 그것을 외면한 채 헌법강의를 한다는 것은 떳떳치 못하게 느꼈다. 이런 자각이 수시로 나를 일깨웠다.
 군을 좋아하던 나였지만 군부독재는 잘못된 것임을 이제는 근거를 가지고 설명을 할 수 있게 된 것이다. 근거를 두고 설명하기(rationale, Begründung)는 학자에게는 필수적이고 시민들도 건실한 대화를 위해서는 갖추어야 할 기본 덕목이다. 헌법 그 중에서도 특히 국민주권은 나에게 많은 근거를 부여해주었던 상상력의 보고

(寶庫)였다. 민주화운동 투쟁기간 중에 가장 요긴하게 사용한 개념이 국민주권이었다. 지금은 정치인, 법률가 그리고 거리의 시민들이 쉽게 사용하는 구호가 되었지만 그때는 아직 그렇지 못했다. 군부독재란 국민주권에 배치되는 것이기 때문에 위헌이었다. 국민주권은 주권자인 국민으로부터 모든 국가권력이 나오는 것인데, 군사독재란 국가권력이 국민이 아닌 군부라는 일정 집단의 힘에 그 뿌리를 두기 때문에 잘못인 것이다. 대통령의 복장과 관계없이 권력의 원천을 군부에 두고 있으면 군부독재인 것이다.

군 제대 후 석사논문을 마쳤는데 주제는 「헌법해석학에 관한 변증적 연구」였고 곧장 박사과정에 진학하였다. 전임강사 2년 동안 꼭 써야 할 한 편의 의무 논문이 있었다. 나는 독일교수들이 취임강연으로 논문을 쓰듯이 의미 있는 논문으로 교수에 데뷔하고 싶었다. 그래서 쓴 것이 「헌법사항에 관한 프로그램적 연구」이다. 1986년 말까지 제출해야 할 이 논문의 집필기간 중에 미문화원점거사건이 있었고, 또 건국대 점거농성사건이 있었다. 모두 학생들이 주도한 반정부 투쟁이었다. 엄청난 학생들이 연행되고 재판받는 상황이었는데, 어느덧 교수가 된 나로서 최소한 이들의 시위행위를 헌법적으로 어떻게 변호해줄 수 있을까 그 논리를 찾는데 골몰했다. 우리 헌법의 기본권과 국민주권은 어디까지 보장하고 그 한계는 어디인가를 고찰하는 문제의식이었다. 고민한 만큼 헌법에 대한 인식의 폭이 넓고 깊어졌으며, 동시에 나의 독특한 헌법관이 생기게 되는 계기가 되었다. 논문을 마치고 나자 내 스스로 헌법교수로서의 자긍심과 실력이 한 단계 높아졌다는 생각이 들었다.

이렇게 분명한 헌법 인식이 차곡차곡 쌓이면서 그것을 강의하고 사회적으로 실천하는 것이 일상화되었다. 군부독재 종식은 나의 소명이 되었다. 그 일을 끝내기 전까지는 독일 유학도 포기하고 사생결단의 자세로 임하기로 결심했다. 배수진을 친 전사의 모습으로 변해갔다. 내가 소속한 대학에서도 교수회의 자율성 확보와 총장 직선제를 추진하였다. 국립대학의 총장들을 상부에서 낙하산으로 임명해 온 것은 이미 오랫동안의 관행이었다. 그리고 교수회도 의결권은 없고 오로지 심의권만 가져서 학내 결정에서는 형식적 절차에 불과했고 따라서 대학의 자치가 부정되고 있었다. 교수채용도 학과교수의 의사는 무시되었고 총장이 결정권을 행사했다. 이런 비민주적 대학을 몇 년에 걸쳐 투쟁하여 총장 직선제, 교수회의 의결권, 학과의 위상강화 등 대학자치를 회복하였다. 상위법인 교육법과의 충돌을 피해가면서 대학의 학칙개정을 이루는 일은 쉽지 않았다. 이렇게 해서 내가 몸담은 대학은 전국에서 가장 먼저 총장직선제와 교수회의 자율성을 확보한 선례를 남겼다. 1987년 6월 항쟁의 전후 시기였고 민주화는 시대정신이었기 때문에 가는 길이 외롭지는 않았다. 함께 하는 동료, 동지들이 많았다.

대내적인 성취와 더불어 대외적 활동도 병행해서 열심히 했다. 대통령 직선제 개헌 시국선언 참여로 시작했는데, 이것이 계기가 되어 결성된 민주화를위한전국교수협의회(민교협)에서 일익을 담당했다. 그 연장선에서 조만간 전국의 법학자들의 모임도 활성화되었고 젊은 그들과 함께 활발히 사회참여에 나섰다. 당시의 정국의 핵심 주제는 대통령 직선제 관철이었다. 대통령중심제 국가에서 대통령은 가장 중요한 국민의 대표자이다. 그렇기 때문에 대통령을 대통령선거인단이나 이전 유신헌법의 통일주체국민회의를 통한 간접선출 방식은 국민주권원리를 위반하는 것이기 때문에 이를 바로잡아야 하는 것은 헌법적 당위였다.

6월 항쟁 이후 사회 곳곳에서 자유와 해방 분위기가 물씬 느껴졌다. 새롭게 쟁취한 자유와 권리도 이것을 법으로 명문화시키는 것이 꼭 필요하다. 그래서 민주화운동과 관련해서 법학자들은 입법투쟁, 사법투쟁, 현장투쟁 등 범위를 넓혀서 커버해나갔다. 잘못된 법과 판례는 개정 혹은 폐지하고 새로운 법으로 대체해야만 자유와 권리가 정당한 힘을 얻게 된다. '법은 지배자의 착취수단'이라고 마르크스와 사회주의자들은 쉽사리 말하지만 그것은 부분적으로만 타당한 진술이다. 지배자도 자기의 힘을 권리로, 그리고 복종을 의무로 변형시키지 않는다면 지속적인 지배를 보장받을 수 없는 것이다(J.J.루소). 마찬가지로 피억압자도 일정한 권리를 쟁취했을 때 이를 법적으로 명문화시켜야 기정사실이 되고 다음을 향한 지지대로 사용할 수 있다.

1989년에는 비합법 상태에서 출범한 전교조가 당국으로부터 거센 탄압을 받았다. 수많은 전교조에 가입한 교사들이 해직되었다. 교육자인 교사의 지위가 노동자냐 성직자냐를 놓고 찬반 여론이 들 끓었다. 교단에서 학생들을 가르치는 교사가 노동자라는 말이 어울리지 않았던 탓이다. 그것은 곧 노동자에 대한 사회적 인식이 부족했다는 말이기도 했다. 사실 노동자라면 육체노동자를 떠올리고 양복을 입은 사무직 직원들을 노동자로 생각하는 것은 쉽지 않았던 때였다. 거기에다 학생들을 가르치는 교사들이 노동조합을 결성한다는 것은 국민들을 납득시키기가 쉽지 않았다. 그런데 노동자의 학문적, 법률적 의미로 보면 임금을 받는 피고용자들은 모두 노동자들이다. 그리고 교사들의 경우 권력구조의 측면에서 볼 때 노동자 지위를 인정받아 단체권을 보유해야만 권위적 상부권력과 대등하게 맞설 수 있다는 측면에서 조합 결성의 당위성이 존재하였다. 이렇게 전교조의 합법성을 적극적으로 주장하고 변론하고 나섰다. 대학과 마찬가지로 교육계도 자율성은 부재했으므로 억압적인 구조를 타파해야만 했다. 이후 전교조는 합법화되었고, 교육감이나 교장 직선제가 후속되었다.

이렇듯 민주화운동은 해방이후 40년 동안에 걸쳐 길들여진 강제와 타율의 틀을 깨는 운동을 의미했다. 여기에는 그동안 우리나라의 환경변화가 크게 기여했다고 볼 수 있다. 즉 경제성장과 시민사회의 성숙이 기존의 강압적인 구조의 교체를 요청하고 있었던 것이다. 이렇게 해서 국가기구 전반에 걸친 하드웨어 교체 작업은 성공적으로

마감되었다. 이후부터의 쟁론은 새로운 하드웨어에 담을 소프트웨어를 둘러싸고 일어났다. 민주화, 자율성은 구체적으로 무엇이고 어떻게 성취할 것이냐는 것이다. 국가에서 지방자치단체, 그리고 모든 부분사회까지 실현해야 할 그 논쟁은 지금까지 계속되고 있다.

3. 과학과 규범학

광주민주화항쟁을 겪었던 이후 1980년대의 시위는 이념과 구호의 과격성 측면에서 종전과 달라졌다. 헌법의 정상화에 대한 요구를 넘어 혁명을 외쳤다. 계급투쟁론에 입각한 노동자, 농민, 학생 등의 연대투쟁이 기본이 되었다. 군사정권은 국가보안법을 꺼내들어 시위자들을 가혹하게 처벌하였다. 국가보안법이 헌법의 특별법처럼 행세했다.

1980년대 중반 이후 민중주권론이 유행했다. 프롤레타리아혁명이나 계급투쟁과는 구별되는 다른 양상을 띠고 민중주권과 민중해방론이 등장한 것이다. 크게 보면 사회주의의 범주 내에 속한 것이었지만 민중운동은 경직되고 살벌한 계급투쟁론보다는 약간 유연한 우리 고유의 문제의식을 가지고 제기된 대안이었다. 민중신학, 민중교육, 민중역사론의 연장선에서 나도 민중법학을 화두로 삼아 새로운 법학의 갈 길을 모색해보았다. 당시 군부정권에 대항하는 운동세력이 사용했던 '민중'이란 '인민'과 다르지 않았다. 따라서 민중민주주의 운동은 곧 사회주의운동으로 보았기 때문에 국가보안법의 선상에 올려졌다. 물론 민중민주주의 주장자들은 '민중'은 '인민'과 개념상 차이를 가진 우리만의 사회과학적 개념으로 차별화했다. 외국에서도 한국의 민중운동을 보도하면서 people(인민)로 번역하지 않고 'minjung'이라고 별도의 호칭을 사용했다. 그렇다면 국민, 인민, 민중의 개념은 각각 어떻게 다를까를 고민해야 했다. 흔히 민중은 '정치적으로 탄압받고, 경제적으로 착취되고, 사회적으로 소외된 계층'이라고 정의했다. 그러니까 민중은 계급보다는 좀 더 경계구분이 불명확한 가운데 국민 중에서도 박탈된 계층, 힘없는 약자들을 지칭하였다.

국민이면서도 국민이라 할 수 없는 소외되고 탈락된 처지의 사람들은 실제로 주변에 많았다. 이 구별이 어느 정도 명확해진 것은 한국의 경제발전과 함께 드러난 광경이기도 했다. 다 같이 못살던 때는 사람들의 외관이나 생활방식도 구별할 여지도 없었다. 개발독재의 진행 가운데서 한국의 경제사정이 좋아지면서 잘사는 사람과 못사는 사람들의 행색과 행동 방식이 확연히 대비되었고, 계층 간 격차가 심화된 시대였다. 이런 시대 상황을 반영해서 70년대 중반부터 빈민과 창녀 등 하층민을 소재로 삼은 문학과 영화 등 사회고발작품들이 많이 등장하였다.『난장이가 쏘아올린 공』(조세희),『별들의 고향』(최인호 작, 이장호 감독),『꼬방동네 사람들』(배창호 감독) 등이 대중의 인기를 얻었다.

당시 1980년대 초 서울에 5성급 호텔들이 들어서기 시작했다. 주한미군의 외박과 외출 허용기준의 변화를 통해서 그 단면을 알 수 있다. 후진국과 선진국을 구별하는 데 민감한 미국인들은 한국의 우유나 채소, 소고기 등 모든 음식들을 위생기준에 미달 판정을 내리고 접근을 금지시켰고, 서울도 교통과 시위 등 안전성 보장 우려를 이유로 외출 제한구역으로 설정하면서 이태원 거리에 나가서 자신들의 음식과 문화를 즐길 수 있는 캠프문화를 조성했던 그런 시대였다. 하지만 80년대가 되면서 사정이 약간 달라지고 있었다. 한국의 고급 식당에서 미군 클럽보다도 훨씬 양질의 고급 육류 음식과 음료가 판매되기 시작한 것이다. 군대 내 사무용품도 미군측은 전동타자기를 넘어 컴퓨터를 도입하기 시작하였다. 그때 한국군측은 여전히 과거의 수동 타자기를 사용하고 있었다. 이만큼 문화격차가 컸던 것에서 벗어나 한국 사회의 일부가 고급화되기 시작한 것이다. 이것은 곧 우리 국민들 중의 일부가 여타의 국민들과 전혀 다른 서양식 문화생활을 누리게 되었음을 뜻한다. 생활풍습이 너무 달라지면 세상을 바라보는 상상력도 달라지고, 따라서 말만 국민의 동질성을 강조할 뿐 현실은 이질화되는 국민들로 바뀌고 있었던 것이다.

사회배경의 변화가 국민 개념의 분열을 촉발시켰다. 서로 다른 국민이 하나의 국민 아래로 포섭될 수 없다는 주장은 실감있게 전달되었다. 매일 접하는 도구들이 판이하게 다를 때 사용하는 말이 담는 의미전달 또한 달라지는 것은 정한 이치다. 주전자, 책상, 집과 같은 용어를 사용하면서 머릿속에 너무나 판이한 모습을 상상한다면 서로의 대화는 거리감이 생기고 종국적으로는 두 개의 국민으로 갈라지고 그것은 곧 국민의 파괴로 갈 것이다. 나의 머리 속에는 이런 추리와 문제의식이 생겼던 때였다. 그래서 나는 민중운동을 국민을 하나로 만드는 운동으로 받아들였다. 실제로 정치적 탄압, 경제적 착취, 사회적 소외자들은 하루빨리 루소의 사회계약론이 말한 그 압제의 사슬에서 풀려나 자유로운 국민이 되어 살아가야 한다는 생각이 들었다.

이렇게 나는 국민주권론의 '회복' 차원에서 민중주권론을 해석하고 수용하였다. '민중주권의 회복을 위하여', '민중과 법이 하나 되는 그날을 위하여'라는 구호를 당시에 즐겨 사용하였다. 그런데 주변으로부터 나의 민중주권 '회복'에 대해 질문을 받은 적이 있었다. 요컨대 민중주권이 언제 한번이라도 존재한 적이 있었느냐는 반문이었다. 민중주권은 역사상 실제로 존재한 예가 없었고, 그것은 우리가 앞으로 '수립'해야 할 장래적 과제라는 것이다. 이런 논지가 바로 유물사관이 강조하는 바였다. 유물사관에 따르면 인류는 노예제, 봉건제, 자본주의 사회라는 역사적 발전단계를 걸어왔고, 자본주의는 사회주의를 지나 공산사회로 진입하게 되는데 그때에 계급지배의 도구인 법은 사멸되고(wither away), 각자는 필요에 따라 배분받게 되는 평등한 사회가 실현된다고 설명한다. 간단명료한 역사발전에 관한 도식이다. 자본주의 종식과 함께 노동해방과 인간해방의 날이 온다고 한다. 이런 공식에서 볼 때 민중주권은 '수립'하는 것이지 '회복'되는 것이 아니며 민중과 법이 하나 되는 날은 어불성설이라는 결론에 이른다. 왜냐하면 법이 사라질 때 민중이 해방되는 것이기 때문이다.

마르크스 사회주의는 부르주아 학문이 중세기 사고를 탈피하지 못한 관념론이라 규정짓고 자신의 이론이야말로 근대의 과학적 이론이라고 자부하였다. 신학이나 형이상학에 뿌리를 두었던 중세기적 규범론과 달리 유물론은 탈중세과정에서 생긴 자연과학에 기초를 두기 때문에 근대이론이라는 점은 맞다. 하지만 과학이 지배적인 오늘날에도 규범은 여전히 중요하고, 특히 자연과학을 모델로 하는 사회과학은 유사과학에 지나지 않는다. 많은 추상화와 단순화를 통한 과학으로 만든 이론이기 때문에 자연과학의 필연법칙과 비교해서 훨씬 낮은 신뢰도를 가질 수밖에 없다. 다양한 사회과학과 철학의 이론들은 부분적 진리성을 가지고 우리에게 유익을 준다. 어떤 하나의 특정 이론이 완벽한 진리성을 가진 것은 없다. 전체 진리가 아니라고 배척할 필요도 없다. 다만 상황에 맞추어 이론들을 선용하는 지혜가 필요하다고 본다.

어쨌든 나는 왜 '회복'이 '수립'과 다르고 오히려 민중운동을 위해서 규범론이 사회과학이론보다 더 유익한 것인가를 설명하였다. 과학의 견지에서 보면 '회복'이라는 것은 입증되지 않는 사실이기 때문에 틀린 말이다. 그런데 규범적으로 생각해보자. 국민주권 개념은 모든 국민이 주권자라는 말이다. 부자와 가난한 자, 권력자와 피억압자, 착취자와 피착취자 가릴 것 없이 국민이라면 모두 주권자이다. 우리 헌법은 이 사실을 받아들여 선언한 것이다. 제1조 제2항 "대한민국의 주권은 국민에게 있고"란 표현은 존재규정이자 당위규정이다. 즉 국민이 주권자라는 것은 이 시대의 사실로 존재하며(be) 동시에 주권은 국민에게 있어야 한다는 당위로도 주어져있다(shall). 슈미트(C. Schmitt)가 말하는 절대적 헌법을 형식적 헌법으로 옮겨 놓은 것이다. 이 시대의 보편규범(자연법)을 선언한 실정법인 것이다. 따라서 모든 국민이 국민주권의 실현을 위해 노력할 때 민중들의 주권이 '회복'되는 것이라고 말했다.

이렇게 보면 회복이나 수립이나 각각의 입장에 서서 보면 다 맞는 말이다. 다만 헌법학자로서의 나의 판단은 규범적 확신이 있어야 실천력도 커진다고 보고 있다. 특히 "해야 하기(shall) 때문에 할 수 있다(can)"(Du kannst, denn du sollst)라는 임마누엘 칸트가 강조한 것이다. 이 경구는 본래 교회전통의 믿음의 표현이라고 하는데 나는 이것을 아주 의미심장한 실천적 행위준칙으로 받아들이고 살아왔다. 박정희 당시에 유행한 '하면 된다'(can-do spirit)는 말은 한국 근대화운동을 이끈 구호라고 세계인들로부터 인정받았다. 잘잘못을 따질 겨를도 없이 그냥 잘 살아야 한다는 절박한 시기에 효과를 낸 구호였다. 맨주먹으로 땅을 일구던 시절의 구호이다. 그때보다는 한 단계 발전한 이제는 '당위'를 생각하고 실천을 할 때라고 생각되었다. '해야 하므로 할 수 있다'(I shall, I can)는 말로 국민정신을 재무장하면 한층 업그레이드된 사회가 되리라고 본다.

우리는 살아가면서 무수한 것들을 방치한 채 무심히 살아가지만 어느 순간 어떤 일이 나에게 당위로 다가와 마음에 꽂힐 때 그것을 나의 의무로써 받아들여 자발적으로 헌신하게 되는 경험을 종종 하게 된다. 한밤중이라도 산 너머 사는 한 노인이 죽기 전에 종부성사를 받고 싶다는 전갈을 받았을 때 전혀 마다하지 않고 그를 향해 달려간 레미제라블의 주교님이 생각난다. 도덕적 당위가 몸에 배어 그의 인격이 되었기에 그 주교가 물건을 훔치다 잡힌 장발장의 마음을 바꿔놓을 수가 있었던 것이다. 천성산 도롱뇽을 보호해야 한다고 KTX 터널 공사를 중단하라고 100일 단식을 행했던 지율스님의 경우도 있었다. 당위로 주어지면 자발적으로 임무를 수행할 수 있는 것이 사람의 마음이다. 그래서 비과학적으로 보이는 규범론은 과학보다도 훨씬 강력하고 위대한 일을 만들어내는 힘을 가진다. 종교와 도덕규범보다는 하위 단계이지만 헌법규범을 정점에 놓고 법규범적 사고를 하는 평균적 시민의 사회와 국가를 공화주의는 상정하고 있다. 요즘 나는 이것을 주권자적 인간(sovereign person)이라고 불러 헌법의 인간상으로 제시하고 있다.

4. 군부정권의 종식

이렇게 입장이 다른 사회주의이론의 운동세력과 합세하여 규범학도로서 군사독재 청산 운동을 함께 했다. 그렇게 탄압이 거센데도 불구하고 운동세력은 굴하지 않고 도전은 계속되었다. 민주화운동은 4·19 이후 무수한 저항권의 연장선에 서있기 때문에 연륜과 투쟁방식도 깊고 풍부했다. 운동권 밖의 시민들도 반 군부정서가 높아졌기 때문에 군부정권의 국민적 지지기반은 더욱 약화되었다. 마침 박종철 고문치사 사건은 범국민적 공분을 사게 되었고 이와 함께 전두환 정권은 막을 내렸다.

그렇게 80년대를 지나 90년대 문민정부까지 이르렀다. 군부독재를 종식시키기 위한 민주화운동은 1987년을 고비로 정점을 찍었지만 이후 노태우 집권 5년 동안은 민주화로 가는 과도기로 잔류 군부와 운동권과의 치열한 공방전이 전개되었다. 소련 붕괴, 동유럽 자유화, 독일통일 등 엄청난 국제환경 변화 속에서 노태우 정부는 탈냉전 시기에 적합한 북방정책을 통해 러시아, 중국과 수교하고, 7·7선언으로 북한과의 교류를 하고 금강산개발과 관광사업, 남북한 탁구 단일팀 구성 등 군부정권의 자유화 무드가 조성되었다. 화해 분위기에 편승해서 운동권은 종전에 비해 더욱 과감한 공세로 노태우 정부를 시험대에 올려놓았다. 문익환 목사, 임수경 학생 등의 북한 입국 등으로 정부의 개방정책의 진위를 시험하는 듯했다. 국가보안법은 여전히 작동했고, 언제든지 군부정권의 부활이 가능해 보이는 교착의 시기였다.

김영삼 문민정부가 들어서 전광석화로 군부 내 하나회 세력을 제거하였다. 그리고 전두환, 노태우 두 전직 대통령이 내란죄로 구속 기소되어 재판에 회부되어 각각 무기징역과 징역 17년을 선고받았다. 이후 김대중, 노무현 등 선거에 의한 평화적 정권교체를 이루었다. 민주주의와 법치주의가 정상적 궤도를 달렸고 군부정권시대는 막을 내렸다. 이와 함께 나 자신과의 약속도 일부 해제할 수 있게 되었다. 스스로 걸어 잠갔던 빗장을 푼 것이다.

교수가 된 이후 처음으로 해외여행에 나섰다. 군부정권시대 이후의 내가 할 일이 무엇인가와 한국사회의 역사적 좌표는 어느 지점에 서있는 것일까를 읽고 생각하고 토론했다. 제일 집중해야 할 일은 연구였다. 약 15년 간 외부 일을 이유로 소홀히 방치했던 영역들이 몰라볼 정도로 변해 있었다. 낯설기도 하고 미안하기도 하고 돌아가서 거기에 내가 설 자리는 없었다. 한 부분에 투신해서 성취를 이룬 보람과 의미는 분명 값어치 있는 것이었지만 소홀히 하는 바람에 멀어진 장소와 사람의 경우는 이미 다른 모양으로 변해버려서 과거는 낯선 곳이 되고 말았다. 두 가지 일을 동시에 할 수 없는 것이 바로 사람의 능력의 한계라는 것을 절감하게 되었다. 그래서 스스로 겸손해야 하고 절제해야 한다는 것도 배웠다.

하지만 나로서는 로버트 프로스트의 시처럼 '가지 않은 길'에 대해 결코 미련을 갖지 말고 버려둘 일은 아니었다. 왜냐하면 처음부터 싫어서 떠난 것이 아니고 불가피한 일로 떠났는데 귀향길이 막힌다는 것은 억울한 생각마저 든다. 더구나 그 영역은 학자로서의 나의 본령(本領)이었다. 대학원 진학도 학문을 위해서 한 일인데 아무리 군부정권 종식이라는 실천영역에서의 활동이 있었다 치더라도 그로부터 생긴 학문적 낙후와 부진을 극복하지 못한다면 결코 충실한 교수라 할 수는 없을 것이었다. 학문적 갭을 메꾸는 일이 우선적 과제였다.

2007년 두 번째 안식년을 맞았을 때 나는 영국과 유럽 배낭여행에 나섰다. 런던의 의회 앞 서점에서 책 한권을 구입하였는데 '영국의 노예제 폐지 과정'에 관한 논문집이었다. 나중에 읽으면서 알게 되었는데 1807년에 영국이 최초로 노예무역을 폐지했다는 것과 1834년 노예제를 완전 폐지한 것이다. 요즘은 아는 사람들이 많아졌는데, 그때까지만 해도 법학자들은 미국의 노예제 폐지만 알았지 영국의 노예제는 들어보지 못했던 터였다. 그런데 내막을 보니 당시 세계 최고 경제 강국이자 정치 선진국이었던 영국이 폐지법안의 선구를 달렸던 것이다. 그러니 링컨의 노예제 폐지는 영국에 비해 30년이나 늦었던 것이다. 이와 함께 터득하게 된 사실이 있다. 즉 세계 최강국은 비단 경제, 군사상 최강국일 뿐만 아니라 보편규범 즉 헌법의 최강국이어야 한다는 것이었다.

이런 결론을 역사상 비추어 보면 나의 확신이 거의 맞는 것 같다. 즉 역사상 제국(Empire)으로 불렸던 페르시아, 로마, 오스만튀르크, 영국, 미국을 보면 그 시대 문명의 중심지였다. 그래서 뮌클러(H. Münkler)는 제국의 영토와 영향력이 확대되는 이유가 정복에 의해서만이 아니고 제국을 선망하는 주변국가들이 스스로 편입해 들어오기 때문이라고 설명한다. 패권과 팽창을 함의하는 제국주의는 배격해야 하지만 제국은 바람직한 것이라고 한다. 이런 연구서를 접하면서 나는 우리도 헌법제국을 실현하면 좋겠다는 꿈이 생겼다. 적당한 규모의 경제와 군사력을 갖추면서도 특별히 민주주의와 인권을 핵심으로 하는 헌법 발전을 최정상으로 끌어올려서 주변 국가들에게 모범과 선망의 대상이 되는 나라를 건설하는 것이다. 그렇게 해서 우리의 선한 영향력이 동아시아부터 세계 곳곳으로 많이 퍼져 나간다면 그것이 곧 제국이 되는 것이다. 헌법제국에 대한 꿈은 야심이 아니고 많은 사람이 품으면 품을수록 더 바람직한 소망인 것이다. 그렇게 해서 세계국가라는 이상에 한걸음 더 나아가게 되면 얼마나 좋을까? 이렇게 민주주의 이후 우리나라의 갈 길에 대한 꿈을 갖게 되었는데 이것이 내가 생각하는 공화주의다.

그러나 이하에서 보듯이 우리나라는 나의 생각과 다르게 군부정권 종식의 형국을 보여주지 않았다. 정치권을 보면 운동권 출신이 포진한 민주당은 김대중과 노무현의 두 차례 집권 이후에도 보수우파 정당을 군부정권 보듯이 대화상대라기 보다 타도 대상으로 규정짓고 있다는 느낌을 받고 있기 때문이다.

5. 지체된 과거청산

그런데 사회곳곳에 남아있는 군부독재 시대의 잔재는 어떻게 청산할 수 있을까? 남아있는 군사 문화를 시민문화로 대체해야만 진정 민주주의 사회라 할 수 있다. 예컨대 김영삼 문민정부는 일제식민지를 상징하는 서울 중앙청을 부숴버렸다. 광화문 거리에서 북한산까지 시야가 훤히 뚫렸다. 1995년 해방 50주년을 맞아 희년(jubilee) 기념사업으로 군사정권 시대에 데모 등으로 학업을 중단했던 이들에 대한 일제 구제조치를 시행했다. 대학에서도 학생들에 대한 감시와 데모 방지에 주력했던 학생처를 학생에 대한 서비스 부서로 기능을 전환시켰다.

시민운동단체들은 아르헨티나의 군사정권 청산 실패사례를 교훈으로 삼아 불법행위에 대한 '불처벌(impunity)'도 불법임을 강조했다. 동시에 1990년 이후 남아프리카공화국에서 40년 만에 흑백차별(아파르트헤이트)이 폐지됨에 따라, 1994년 대통령으로 당선된 만델라 하에서 투투 대주교가 주도한 '진실과 화해 위원회'가 우리 과거청산의 모범이 되었다. 진실규명을 하고 가해자가 잘못을 인정하면 과거 행적을 묻지 않고 용서함으로써 가해자와 피해자 간의 궁극적 화해를 이루는 성공적 모델이었다. 이후 지금까지도 우리의 경우는 국민적 화해를 그들만큼 이루지는 못했다. 남아공에서는 데 클레르크 백인 대통령(대행)이 만델라를 석방하고, 만델라 대통령 아래서 부통령으로서 아파르트헤이트 철폐를 공고히 하는 데 적극적 협력을 했던 게 결정적이었다. 우리에게서는 찾아볼 수 없는 감동적인 장면이었다. 위 세 사람은 모두 노벨평화상을 수상하였다. 남아공은 1995년부터 4년간 활동 후 종료 보고서를 제출했다. 반면 우리의 과거청산은 어언 30년 이상 계속되고 있다. 그동안 진실규명에 역점을 두었으나 가해자처벌은 미약했던 편이고 이후 피해자 배·보상, 재심, 악법개폐 등이 주요내용이 되었다. 그러니까 과거청산의 종국 목적인 용서와 화해가 결여되었다. 1990년대 이후 5·18민주화운동에 관한 특별법 제정을 시작으로 거창사건법, 4·3사건법, 의문사규명법, 민주화보상법, 동학농민명예회복법, 친일재산귀속법, 군의문사법, 부마항쟁보상법, 여순사건법, 삼청교육피해자법, 진실화해위원회법 등 20여건의 특별법들이 제정되었다. 해방 이후 국가권력에 의한 피해자 사건들의 진상이 많이 규명되었다. 피해자에 대한 명예회복과 경제적 배·보상도 행해졌다. 물론 여전히 진행 중이다. 그럼에도 불구하고 과거사 작업을 통해 얻은 청산과 화해는 그리 뚜렷하지 않다. 당연히 따라와야 할 국민통합의 기운도 느낄 수 없다. 오히려 최근에는 과거사 관련 활동은 정치 진영간 골을 좁히기보다 간격을 더 키우는 것 같아 보인다. 이렇게 진영간 대립이 더욱 심화되고 있다.

상당하다 할 정도로 자세히 과거청산 작업을 해왔음에도 불구하고 상처가 치유되지 않고 오히려 간격이 더 커지는 이유는 무엇일까? 남아공의 과거사 청산작업의 결과를 충분히 알 수는 없지만 짧은 시간에 성공한 사례라고 할 때, 우리나라는 그 많은 기간과 인원과 예산을 투입하고도 화해와 평화의 결과물을 얻지 못한 이유는 어디 있을까?

생각해보면 각종 과거사위원회의 활동 개시는 민주화운동 주체 세력이 추진한 것이지만 이후에는 과거의 가해자였던 국가 기관이 함께 참여해서 활동 실적을 남기고 있는 것이다. 특히 외국에서는 드물 정도로 피해자에 대한 물적 보상, 배상의 시행은 우리나라의 산업화 세력이 이룬 경제적 축적이 없었다면 쉽게 생각하지 못할 일을 우리나라가 진행하는 것이라고 생각한다. 그렇다면 여야, 보수와 진보 가릴 것 없이 좀 더 적극적으로 과거청산의 자리에 참여하여 진실규명, 명예회복, 가해자 사죄표명, 피해자에 대한 보상과 배상을 하여 국민적 화해와 국민통합에 기여하는 것이 효과적일 것이라고 본다. 이와 같이 분명 무엇인가 본질을 놓친 채 양적 청산에만 치중했던 것이 아닌가 하는 아쉬움과 의문이 든다. 화해를 통한 국민통합을 이루지 못하는 한 과거사 작업은 국민들을 편가르기 하는 데 기여할 뿐이다. 비용·효과의 측면에서라도 완전한 용서와 화해를 할 수 있는 방안이 향후에 꼭 마련되어야 할 것 같다.

6. 격화되는 진영대립

87년 이후 여야간에 잠시 진영대립이 가라앉은 것은 YS나 DJ처럼 노령의 거물 정치인들 덕분이었는가? 어쨌든 이 시기를 지나면서 진영간 갈등은 다시 고개를 든 것이 사실이다. 노골적으로 심각성이 드러난 것은 이명박 정부 때로 보인다. 노무현 전직 대통령에 대한 검찰수사가 행해졌다. 뇌물죄였다. 대통령 영부인에게 10여 억 원이 전달되었다는 것이다. 정치인 뇌물사건 치고는 크지 않은 금액이었지만 이 사건으로 노 대통령은 검찰에 소환당하고 수사 도중에 투신자살하였다. 그의 죽음 이후 이명박의 전직 대통령에 대한 정치보복을 항의하는 목소리가 높아졌다.

전말은 난 잘 알지 못한다. 모든 싸움이 그렇듯이 싸움의 이유는 항상 많을 수밖에 없다. 수사가 중단되었으므로 사실관계도 알 수 없으나 뇌물수수는 사실이었던 것 같다. 그것은 노 대통령의 성격상 만약 조작된 수사였다면 그냥 참고 넘어갈 리가 없었기 때문이다. 많은 사람들이 그랬듯이 나도 평소에 노무현의 솔직 담백성을 좋아했다. 국회의원 시절 정치를 할 때는 그렇게 소탈하고 변함없는 인물을 찾기란 결코 쉬운 일이 아닐 텐데 그것을 해낸 분이다. 오히려 대통령이 된 이후 이전에 비해 유쾌함이 적어지고 냉소적 태도와 직선적이며 공격적 발언이 많아져서 다소 의아하게 생각하기는 했다.

그가 보여준 퇴임 후의 모습도 이례적이었다. 지방 고향으로 내려가서 농사일을 하면서 향토적으로 살아가는 모습은 바람직한 공화국 시민상을 유감없이 보여주었다고 평가했다. 퇴임 대통령이 귀향해서 살아간 것은 우리나라에서는 처음이었기 때문이다. 영화「글라디에이터」의 주인공 막시무스가 자신의 군사적 임무를 끝낸 후에 최고 권좌 황제의 자리를 마다하고 가족을 찾아 홈커밍하기를 더 염원하던 모습에서 나는 공화주의자를 보았다. 주인공은 로마 공화국 시대에 실재인물인 킨키나투스 집정관을 모델로 했던 것 같다. 하지만 노 대통령의 경우 몸은 지방에 와있었지만 지지자와의 정치적 연결고리는 그대로 간직했던 모양이다. 그것이 화근이 되어 이명박 정부의 검찰 개입이 시작된 것이 아닌가 싶다. 만약 이 추측이 맞다면 문제의 발단은 양쪽 모두에 있었다고 말해야 옳아 보인다.

퇴임 대통령의 자세는 매우 중요한 문제이다. 퇴임 후 일정기간은 그가 존재하는 것만으로도 정치적 영향력을 발휘할 수 있기 때문에 최대한 중립적인 자세로 조용히 살도록 노력해야만 한다. 이와 관련하여 헌법 제90조를 보자. 국정의 중요한 사항에 관한 대통령의 자문에 응하기 위하여 국가원로로 구성되는 국가원로자문회의를 둘 수 있다고 규정한다. 동시에 이 위원회의 의장은 직전 대통령이 된다는 내용이 있다. 이처럼 전직 대통령의 공적 개입은 현직 대통령의 국정자문에 응하는 정도가 적합할 것이다.

퇴임 대통령이 국가를 위해 봉사하는 선례를 남기면 국내외의 복잡한 난제를 푸는 데 효과적일 수도 있을 것이다. 우리나라에서 헌법의 이 규정은 한 번도 실천된 적이 없다. 과거의 전두환, 노태우는 물론 노무현 이후에도 박근혜와 이명박 모두 수감되었으니 전직 대통령들의 국가에 대한 봉사 기회는 전무하였다. 이들 대통령들은 모두 대통령 취임에 즈음하여 헌법준수의 약속을 국민 앞에 엄숙히 선서했던 사람들이다. 헌법과 법령의 준수에 누구보다도 철저해야 했다. 그러나 현실은 그와 달랐다. 법적 심판을 받은 경우에도 전직 대통령들이 국가의 법집행에 대해서 승복의 자세를 보여 준 예는 없었다. 대부분 소속 정당을 달리하는 후임자에 의해 처벌을 받았기 때문에 그들은 자신에 과해진 형벌을 정치적 보복으로 받아들였다. 다시 말해 우리나라는 최고 공무원인 대통령부터 헌법과 법령 준수의 모범사례를 보여준 적이 없다는 것이 매우 아쉽다.

미국의 경우 카터나 클린턴 전직 대통령이 각각 1994년, 2009년 대통령 특사나 개인자격으로 북한을 방문하여 전쟁위기를 방지하거나 핵개발의 긴장관계를 해결한 적이 있었다. 이렇듯이 중요한 것은 퇴임 대통령의 봉사와 중립의 자세다. 후임자 정치에 대한 개입은 자제해야 하고 국민에 대한 봉사자로서의 역할만 하면 된다. 이런 경계선을 넘어서면 반드시 현직 대통령과의 갈등과 충돌이 돋아날 수밖에 없다.

또한 일단 배후 의도와 관계없이 검찰 수사 내용이 사실이라면 그것을 인정하는 태도가 바람직한 것이다. 그래서 원래 모습의 노무현이었다면 "이런 일이 있었네요. 참 낭패감이 드네요. 어쨌든 박 사장이 우리 안사람에게 준 돈이라면 나한테 준 돈이라 봐야 하고 그러니 제가 마땅한 처벌을 받겠습니다."라고 쾌활하고 정직한 자세로 임했으면 훨씬 좋지 않았을까하는 아쉬움이 들었다. 그랬으면 그는 우리나라는 물론 세계적으로도 정말 멋진 전직 대통령으로 평가되었을 것이다. 동시에 이후의 대통령들의 부정부패에 대해서도 10억만 받아도 감옥간다는 좋은 선례를 남겼을 것이다. 그런데 과거의 진솔함과 유쾌함은 어디로 가고 우울한 죽음의 길을 선택했는가? 참으로 안타깝다. 유서에서 절대 보복은 안 된다는 말을 강조한 것으로 기억한다. 하지만 그것은 주변 사람들에게 오히려 참지 말라는 쪽으로 작용했을 것이다. 그래서 이후 본격적으로 정치보복이 행해졌다고 본다. 이런 추리는 정직했던 정치인, 때 묻지 않은 노무현의 최후를 아쉽게 생각한 나만의 생각이다.

나는 이를 계기로 정직성의 상징인 인도의 모한다스 간디와 연결시켜 생각해 보기로 했다. 간디의 자서전은 부제로 '나의 진실 추구 이야기'를 붙였을 정도로 정직한 글로 유명하다. 나는 「법률가로서의 간디」라는 주제의 논문을 썼다. 주제를 한정해서 변호사였던 간디는 흙탕물 범벅인 민·형사사건에서 어떻게 법조인을 했을까를 살폈다. 영국 변호사자격을 받았던 그는 젊은 변호사로서 형사사건을 맡았을 때 만약 변호 도중에라도 의뢰인이 진범이라는 것을 알게 된 경우에는 그의 변호를 거부하고 대신 빨리 검사를 찾아가 자신의 유죄를 자복하고 반성과 선처를 구하라고 조언했다고 한다. 또한 민사사건에서도 판결이 무한정 길어지면 변호사의 수임료는 챙길 수 있지만 당사자들은 비용지출이 늘어날 것이 뻔하기 때문에 두고 지켜보는 것이 양심상 부담이 갔기 때문에 상대편 변호사를 만나 상의한 후 조정과 화해의 방법으로써 원고와 피고 모두에게 유리한 방법을 찾아주었다. 오늘날 서양과 우리나라에서 많이 독려하는 재판 외적 분쟁해결방법 즉 대안적 분쟁해결(ADR; Alternative Dispute Resolution)의 선구를 이루었다.

또한 인도 독립운동과 관련해서 처음에는 시위를 이유로 본인과 많은 인도인들이 붙잡혀 들어가 재판받을 때 법정에서 자신들의 무죄나 혹은 감형을 주장했었으나 이후에는 마음을 바꿔 심판하는 법관에게 법정 최고형을 요구하는 전략을 취함으로써 식민통치자 영국법원의 압제적 권위를 단번에 무너뜨려 놓았다. 이렇게 해서 그는 인도에서도 남아프리카에서와 같이 비폭력저항운동(사티야그라하)으로 독립운동을 전개하였다. 간디는 인도 독립 이후 종교적 이유로 인도와 파키스탄의 분단을 막기 위해 단식 등 혼신의 노력을 기울이다가 극우파 힌두교도의 총탄에 맞아 최후를 맞이하였다. 어쨌든 정직했던 노무현의 마지막 죽음이 규범적 선택보다는 정치적 선택이었다는 점이 아쉽고 안타깝다.

이후 민주당의 새누리당(국민의힘의 전신)에 대한 적대적 공세는 당연히 거세졌다. 그때만 해도 대통령에 대한 탄핵이라는 것은 그리 쉽사리 생각지는 않았던 것 같다. 노무현 당시도 야당이 시작한 탄핵발의는 아니었다. 이후로 이명박이 압도적인 표차로 대통령으로 당선되었음에도 불구하고 운동권은 딴지를 걸고 나섰다. 반민주세력의 집권이라고 규정짓고, 친일, 군부세력의 후신이라고 딱지를 붙여 공격하였다. 그래도 이명박은 5년의 임기를 채웠다. 다시 한나라당

박근혜가 당선되면서 반정부 저항이 거세졌다. 그때 세월호 침몰 사고가 발생했다. 안산에 있는 고등학교의 어린 학생들이 사망한 사건은 전 국민적 애도 물결을 일으켰고 조만간에 정치사건으로 비화되었다. 원인규명으로 정부와 유가족 단체와 연합한 시민단체 간의 의견 대립이 치열했다. 그 연장선에서 집권당의 분열과 최순실 사태로 인하여 박근혜는 탄핵을 선고받아 파면에 이른 최초의 대통령이 되었다.

탄핵 여파로 궤멸되다시피 된 새누리당이었기 때문에 집권한 문재인정부에 대한 지지는 시종 고공행진하였다. 그가 회고록에서 말하듯 "남북미 정상들의 만남은 한반도 평화프로세스가 몽상이 아니라 실현 가능하다는 것을 보여줬다. 격변의 시기에 대한민국을 위기에서 희망으로, 대립에서 번영으로, 변방에서 중심으로 이끈"(『변방에서 중심으로』, 김영사, 2024) 성공적 외교를 보여주었다. 만약 더욱 승승장구했더라면 외교적 성과 하나만으로도 대통령으로서의 치적을 남겨 나머지 실정도 모두 덮었을 것이라고 본다. 그러나 하노이에서의 북미간의 회담이 결렬되면서 남북관계와 북핵문제는 무위로 돌아가고, 코로나 감염병 대처에 골몰할 수밖에 없었다.

문 정부가 패착을 보인 것은 국내정치에서이다. 초기부터 적폐청산의 이름으로 박근혜 정부의 대통령 비서실, 각료, 사법부, 국정원 등 전반에 걸쳐 적폐청산의 대상으로 규정짓고 그들을 속박해 들어갔다. 마치 쫓기는 적의 무리를 쫓고 또 쫓듯이 벼랑에 선 새누리당(이후 국민의힘)을 전멸시키려는 듯한 과도한 적개심을 나타내었다. 정치가 아닌 청산이었다. 민주당은 야당을 군사독재의 잔재로 간주하고 투쟁 정치를 했다. 이미 민주화 30년이 지난 마당에 허깨비를 앞에 세워두고 칼질하는 무모함은 결국 민심의 이반을 초래했다. 이때부터 민주주의자에 대한 조롱과 경멸이 표면화 된 것 같다. 군사정권에 고문과 구타, 의문사 등 몸 바쳐 희생한 운동가들의 도덕성에 대한 존중은 과거의 일이 되었고 이제는 이들도 기성 정치인들과 같이 권력과 돈을 탐하는 부류로 보기 시작했다. 그러니까 말만 바르게 하지 행동은 비루한 '내로남불' 집단이라고 민주당을 보는 인식이 달라졌다. 이 즈음에 조국 사건이 터져 야당의 이런 확신에 확실히 못을 박았다.

문재인의 임기 종반 2년은 조국 법무부장관과 윤석열 검찰총장 간의 타이틀 도전자 결정전이었고, 윤석열은 박범계와 추미애 법무부장관 등 대통령의 호위무사들과 치열한 싸움 끝에 마치「소림사 18동인」의 관문을 통과한 검객처럼 승리자가 되어 국민의힘의 대통령 후보자로 스카우트되었다. 이후 민주당 후보자가 된 이재명과의 타이틀 매치에서 챔피언이 되었다. 윤석열은 삼국지의 여포를 생각나게 하는 인물이다. 힘으로는 유비, 관우와 장비 세 사람과 동시에 맞붙어 싸울 정도로 무적의 용사였다.

대통령이 된 후 그는 청와대로부터 국방부 자리로 집무실을 옮기고 기자들과의 출근 도어스테핑을 시행하는 등 구중궁궐의 왕조 이미지의 대통령들과 다르게 영국이나 미국의 집무실처럼 거리로 나온 대통령이 되려는 노력을 보였다. 이런 초기 시도들이 나날이 발전해서 정착되었으면 또 하나의 획기적인 멋진 국민의 대통령이 되었을 것이다. 그러나 검찰총장에서 직접 대통령이 된 그를 민주당 진영에서는 전혀 믿지 않았고 오로지 정치검찰로 규정짓고 적대적 공세를 취하였다. 내막은 잘 모르지만 언론과의 관계도 원활하지 않은 것 같았다. 도어스테핑도 중단되었다.

무엇보다도 부인 김건희에 대한 학위논문 표절과 도이치모터스, 무속인과의 밀접한 접촉설 등 사적 스캔들에서 최재영 목사 접촉 후의 명품백 수령 사건, 명태균 사건에서 밝혀진 인사 개입설 그리고 수많은 가짜뉴스까지 덧붙여져서 들어서 유쾌할 수 없는 자질구레한 사건들이 연일 톱뉴스가 되었다. 세월호에 버금가는 이태원 참사 사건과 채상병 사건 등도 덧붙여졌다. 이런 것들이 주요 이슈가 되면서 대통령의 권위와 품위도 함께 추락해갔다. 대통령에 관한 이런 하찮은 것들을 화제로 삼으면서 국민들의 품격도 함께 떨어져 갔을 것이다.

이처럼 정치양극화와 적대적 진영대립은 비단 정치권에만 국한되지 않고 나라 전체를 속속들이 좀먹어 들어간다는 점에서 더욱 큰 문제가 되는 것이다. 대통령에 대한 전투태세 대형으로 조직을 갖춘 민주당은 이재명 대표로 일극화된 전체주의적 정당으로 변해 버렸다. 우리 헌법 제8조는 정당의 조직과 운영이 민주질서에 위배되지 않아야 함을 강조하고 있는데, 엄밀한 의미에서 이재명의 민주당의 운영과 행태를 보면 유사 위헌정당 정도로 간 것이 사실이다. 22대

총선 공천과정에서 보여준 반민주적 의사결정과정은 비명횡사 친명횡재라는 말을 유행시켰다.

전투조직으로 편성된 정당이 목표를 대통령 탄핵으로 설정하고 모든 노력을 그에 집중했던 것 같았다. 국민의 국회라는 본분을 떠나 하루빨리 대통령을 거꾸러뜨려 집권을 실현하는 것이 당의 실제 목표가 된 듯 했다. 공격 패턴도 약한 것에서 시작해서 점차 강도를 높여 갔다. 처음에는 국회내 조사특위를 통해서 관계인 소환과 혼내주기로 시작하더니 이후에는 특검설치법안 발의를 계속했고, 이태원 사건을 계기로 행자부장관에 대한 탄핵소추의 칼을 휘두른 후부터는 탄핵의 묘미에 탐닉하였다. 민주당만으로도 얼마든지 탄핵소추가 가능하기 때문에 국회가 행정부를 혼내주고 벌주는 방법을 찾아낸 듯 하였다. 처음에는 헌법의 취지에 어느 정도 부합하는 탄핵발의로 시작하였지만, 이후에는 수없는 탄핵소추를 연속적으로 감행하였다. 감사원장, 중앙지검장, 검사, 방통위원장 등 28명이었다고 한다. 이후 대통령 권한대행을 맡았던 총리까지 탄핵해서 29명이 되었다.

탄핵이란 직무집행에 있어서 헌법이나 법률에 위배한 명확한 사실이 발생했을 때 비로소 꺼내들어야 할 기속재량행위 성격을 갖는다. 이런 탄핵 카드를 국회의원의 특권이나 자유재량행위로 생각하고 사격훈련 하듯 아무 때나 발사하기 시작한 것이다. 이런 난동적 행위의 목표는 대통령의 운신의 폭을 좁히기 위한 전술적 공격으로 보였다. 그 결과 피해는 국가와 국민이 되었다. 기관장 없이 차석대

행체제로 만들어 놓으니 국가기관을 곡해하고 파괴하는 행위라 하지 않을 수 없는 상황이 연출되었다. 헌법적으로 보면, 국회가 대통령의 임명권을 침범한 남용사례라고 보이는 대목이다. 이상의 진술은 헌법준수를 원하고 있는 공화주의자로서 내가 느꼈던 일련의 정치과정을 요약한 것이다.

　이 과정에서 윤석열에 대해 답답하게 생각한 것도 많다. 우선은 기자회견을 통해 본인의 속에 담은 답답한 심정을 평소에 해소시키는 것이 너무 없었고, 이태원 사건이나 채상병 사건 등은 보수당의 대통령으로서 민주당과는 다른 인권보장의 법논리를 제시했어야 하며, 부인 관련 스캔들은 그때마다 일찍 해소시켰어야 했다. 그리고 야당의 지속적 공세에 대하여 거부권이라는 수세만 취하지 말았어야 했다. 대통령과 정부, 그리고 여당 측에서는 거대 야당의 공격에 맞서 공세를 행함으로써 정치 이슈의 전환과 정치적 협상을 유도하는 방식을 취했어야 하는데, 그렇게 하지 않은 것도 의문이 가는 대목이다.

　비록 소수당이라고는 하지만 108명이나 되는 의원수를 가진 국민의힘도 훨씬 더 공세적인 방식을 찾을 수 있었을 것 같고, 대통령 또한 비록 공포탄 효과라 할지라도 국회해산을 골자로 하는 개헌발의, 양원제 개헌발의, 국회의원 임기 2년 단축 개헌발의, 위헌정당해산 청구 등으로 야당을 공략해갔다면 비상계엄 선포보다는 훨씬 정치적 방식으로 최선의 방어를 했다는 인식을 남겼을 듯하다. 그런데 이런 세세한 단계는 다 생략한 채 단 한 번의 공격이 비상계엄 카드였다. 국민으로서는 납득할 수 없는 무지막지하고도 무모한 폭탄투하를 시도했던 것이다. 탄핵심판 과정에서도 전 단계의 과정을 충분히 거친 후에(exhaust) 최후로 계엄을 발령했다고 하면 훨씬 이해를 많이 받았을 수 있었으리라고 본다.

7. 공화주의의 시대적 요청

　돌이켜보면 국민들이 새로운 정치를 바라고 있다는 것이 명백히 표출된 적이 있었다. 2007년 창조한국당의 문국현과 2011년 서울시장과 이듬해 대통령선거후보로 나선 안철수가 바로 그 예다. 두 사람 모두 정치신인들이었음에도 불구하고 참신성과 탈이념, 탁월한 실력, 진영에 매이지 않은 중도정치인에서 국민적 인기가 매우 높았다. 특히 안철수는 당시 국민적 여망을 한몸에 안고 있었다. 안철수가 가졌던 몇 가지 특징들 즉 젊다는 것, 운동권과 무관하다는 것, 의사이자 IT기업 창업자이고, 사회적 기부를 많이 하였으며, 정직하게 보인다는 것 이 모든 것들은 바로 당시의 국민들이 바라고 있었던 정치적 상징들이었다. 이후 안철수는 국민이 품은 안철수 이미지에 부응하지 못했지만 중도지향의 정치인으로서는 상당한 성과를 남겼다. 즉 2010년 이전부터도 국민들은 이제는 진영대립을 벗어나야 된다는 간절한 바람을 가지고 있었다고 보인다. 나도 국민이 원하는 안철

수 같은 인물이 대통령이 되면 좋겠다고 자발적으로 도와주고 싶었다. 캠프를 찾아가 돕기를 청했으나 면담이 이루어지지는 않았다.

　이후 2018년 9월에 이와 같은 뜻을 가진 사람들이 모여 '21세기 공화주의클럽'을 출범시켰고 두 권의 책을 발간하고 오늘까지 모임을 이어가고 있다. 이 책에는 위원 다섯 분이 공화주의의 필요성과 개념과 나아갈 길에 대해서 기고했다. 대체로 일치된 내용은 공화국은 비지배적 자유와 공공선 실현을 목적으로 한다는 것이었다. 비지배적 자유(liberty as non-domination)란 독립적 자유(liberty as independence)라고 불리기도 하는데 공화국은 구성원들이 예속이 아닌 진정한 자유인이 되어야 한다는 것이다. 개인에 대한 국가권력의 간섭 배제라는 소극적 자유에 그치지 않고 자의적 지배가 아닌 법의 지배(rule of law)를 통해 비지배적, 독립적 자유가 실현된다. 법의 지배는 공동선(common good)을 추구하는 제도이다. 공동선은 신법이나 자연법과 같은 지고한 이념이지만 구체적 내용은 시대에 따라 변화해 왔다. 사람은 독립된 개체이자 사회와 연결된 존재이다. in-dividual이란 영어단어는 두 개의 의미를 동시에 담고 있다. 공동선을 갖춘 사회라야만 개인의 자유도 보장될 수 있는 것이다.

　이렇게 설명해도 공화주의는 인접한 개념들인 자유주의나 민주주의와의 차이가 선명하게 떠오르지 않는다. 군주권력의 구속에서 벗어난 정치운동이 자유주의라면 민주주의는 더 많은 사람에게 자유주의를 갖게 하자는 운동이다. 자유주의의 주인인 시민들은 자본과 지식을 갖춘 집단이었다. 그렇기에 민주주의 요구에 부응하기 위해서는 더 많은 구성원들에게 자본과 지식을 나눠주어 시민과 동등한 위치까지 만들어야 했다. 현실에서 그 실현은 하루아침에 될 일이 아니기 때문에 시민의 위치에 오르지 못한 집단들 특히 노동자계급에게 특별히 노동자 기본권 보장과 사회보장제도를 통하여 정치적, 경제적으로 최대한의 평등한 지위를 추구하였다. 이런 노력은 인류사에서 볼 때도 아주 소중한 일로써 지금까지 지속되고 있다.

더 많은 구성원들이 자본 혹은 지식의 보유를 실현함으로써 시민사회를 구성토록 하는 것이 민주주의의 목표이다. 이를 이루기 위해서는 한편으로는 기득권자들의 자발적 참여가 필요하고 다른 한편으로는 신입 계층들의 절제된 요구가 필요하다. 그렇지 못할 때 양 계층은 갈등과 충돌로 나아가게 된다. 이것을 조화하고 해소시키기 위한 역할이 국가의 정치권력에 주어진다. 정치권력은 평소에는 선거에 의해 구성되지만 비상적으로는 혁명에 의해 수행된다.

마르크스·레닌 사회주의는 노동계급의 단결을 통해 이기적 시민시대를 뒤엎자고 했다. 그 결과 좌파사회주의(소비에트)가 혁명을 일으켜 러시아를 비롯해 유럽을 유행처럼 휩쓸면서 이로부터 방어하고자 우파사회주의(나치)가 형성하여 양단간에 세계전쟁으로 비화되었다. 전쟁은 나치의 패배로 끝나고, 그후 40여년 만에 소비에트사회주의도 붕괴했다. 대한민국은 이런 국제적 변화 속에서 식민지도 겪고 해방을 맞기도 했다. 해방과 함께 분단되었다. 사회주의로 국가를 세운 북한과 자유민주주의로 국가를 세운 남한 대한민국 사이에 전쟁도 치루고 냉전도 겪었다.

사회주의 몰락과정에서도 북한은 변함없이 더욱 강고한 사회주의체제를 유지했다. 그래서 분단을 넘어 통일을 염원하는 국민들은 북한과 친하게 지내자는 입장도 있고, 강하게 밀어붙이자는 입장도 있다. 이런 두 입장이 각각 대한민국의 좌파와 우파 정권이 되었다. 우파정권이 계속 집권을 하면서 40년이 지났다. 우파정권은 독재로 집권연장을 취했기 때문에 국민적 저항도 많았지만 국가기초를 세우고 산업발전과 경제적 성공을 거둔 측면에서는 지지자들도 많았다. 저항했던 집단이 민주당이 되었고, 비판적지지 집단이 국민의힘의 뿌리라 할 수 있다. 그렇게 해서 양당체제의 복수정당제를 지향하는 것이 우리나라다. 말만 복수정당제였지 독재정권하에서는 정권교체가 불가능했다. 정권교체가 없는 나라는 민주주의 또한 없는 나라다.

다행히도 1987년 이후 정권교체를 이룸으로써 경제와 정치 양면에서 성공한 나라가 되었다. 그런데 잘 나가던 우리나라의 헌법발전과 민주화가 후퇴의 길로 들어선 것은 정말 불운한 일이라 하지 않을 수 없다. 민주주의의 후퇴는 곧 공화주의의 후퇴이기도 하다. 민주주의의 회복, 그리고 공화주의에 대한 박차를 위해서 나는 이렇게 후퇴하게 된 원인을 찾아 시정해야만 한다. 당연히 이렇게 된 원인은 한편으로는 진영대립의 심화에 있고, 다른 원인은 헌법에 대한 무지에 있다고 확신한다. 진영대립의 심화에 대한 치유방안은 양자간의 합의문서인 헌법에서 찾을 수밖에 없다. 헌법 존중은 그래서 중요하고 그만큼 헌법에 대한 이해를 높여야 한다. 이런 문제의식이 내가 공화주의 운동에 몸담고 있는 이유이다.

공화주의에 대한 학계의 관심은 1990년대에도 있었다. 그 당시에 나는 좌파운동에 몸담고 있었기 때문에 중도 지향의 공화주의론자들에 대해서는 별 관심이 없었다. 나라가 심하게 우경화되었을 때 진정한 중도는 좌파에 서있어야 한다는 개인적 확신이 있었다. 사회의 중심을 잡는 것이 중도라 한다면 우경화 군사독재 상황에서 중도를 외치는 것은 약간의 효과는 있을지언정 실천적으로는 현상 변화에 영향을 미치지 못하고 우경화에 흡수될 수밖에 없는 것으로 이해했다. 우파가 있으면 좌파가 있고, 극우가 있으면 극좌도 생기고, 그 역도 맞다. 나는 지금은 가급적 중도지향의 평균적 사회가 되기를 바랄 뿐 좌파나 우파의 존재 자체를 부정하고 싶지는 않다.

어쨌거나 나는 현재 중도 지향의 공화주의자이고 그래서 과거에 집필되었던 공화주의 이론서들이나 논문들을 찾아서 읽는다. 그분들의 연구 실적이 있었기에 지금 나의 공부가 도움을 받고 있기 때문에 그 분들께 감사하고 있다. 이렇게 사회는 분업적으로 일을 하고 발전하는 것이지 나의 일이 전부라는 생각은 접어야 할 깨달음을 얻은 것이다. 2011년 출간된 『좌우파사전』도 찾아보았다. 어떤 개념이나 정책에 대한 좌우파 시각을 각각 정리한 책이다. 또한 한면희의 『제3정치 콘서트』(늘품플러스, 2012)도 양극단으로 가는 정치에 대한 새로운 정치를 그린 책이었다. 위 필자들은 좌우의 진영간 대립을 우려하면서 그 해소를 위해 제작한 책들이다. 그런 걱정과 노력이 곳곳에서 있었음에도 진영간 적대적 대립은 여전히 지속되었고 마침내 오늘과 같은 국가적 대란을 저질러 놓고 만 것이다.

    나의 경우 약 20년 운동과 투쟁의 진영에서 몸을 담았다. 실제로 활동은 절반이고 나머지는 관성으로 있었던 기간이다. 같이 어울렸던 또래 집단이 항상 주변에 있으니 과거의 화제가 항상 따라 붙기 마련이어서 관성은 오래갔다(die hard). 민주화운동 단체의 사고와 행동에 대한 장점과 단점을 많이 알게 되었다. 시대변화에 따라 여기도 그만 '떠날' 때가 되었다는 생각이 든 것이다. 정반합의 이행 기차가 왔다. 그러니까 과거의 의식화되기 이전 시기, 의식화되어 운동세력에 몸담았던 시기를 각각 정과 반이라 한다면 이제 합의 명제를 향해 나를 찾아 나서는 시기가 온 것이다. 합의 명제가 나한테는 공화주의로 집약되었고, 그 개념에 대한 포착이 쉽지 않았다. 21세기 공화주의 클럽이 발간한 『21세기 공화주의』(인간사랑, 2019)에서 나는 공화주의의 핵심을 성경에서 인용하여 설명하였다. 즉 출애굽기를 민주주의 운동 시기라 한다면 가나안 땅으로 입성하는 여호수아편은 공화주의 운동으로 보고자 했다. 주요 내용만 간추리면 다음과 같다.

    내 영광과 애굽과 광야에서 행한 내 이적을 보고서도 이같이 열 번이나 나를 시험하고 내 목소리를 청종하지 아니한 그 사람들은, 내가 그들의 조상들에게 맹세한 땅을 결단코 보지 못할 것이요 또 나를 멸시하는 사람은 한 사람도 그것을 보지 못하리라(민수기 14:22~23)

너희 시체가 이 광야에 엎드러질 것이라 너희 중에서 이십 세 이상으로서 계수된 자 곧 나를 원망한 자 전부가, 여분네의 아들 갈렙과 눈의 아들 여호수아 외에는 내가 맹세하여 너희에게 살게 하리라 한 땅에 결단코 들어가지 못하리라(민수기 14: 29~30)

(모세가) 그들에게 이르되 이제 내 나이 백이십 세라 내가 더 이상 출입하지 못하겠고 여호와께서도 내게 이르시기를 너는 이 요단을 건너지 못하리라 하셨느니라(신명기 31:2)

모세가 여호수아를 불러 온 이스라엘의 목전에서 그에게 이르되 너는 강하고 담대하라 너는 이 백성을 거느리고 여호와께서 그들이 조상에게 주리라고 맹세하신 땅에 들어가서 그들에게 그 땅을 차지하게 하라(신명기 31:7)

네 평생에 너를 능히 대적할 자가 없으리니 내가 모세와 함께 있었던 것같이 너와 함께 있을 것임이니라 내가 너를 떠나지 아니하며 버리지 아니하리니

강하고 담대하라 너는 내가 그들의 조상에게 맹세하여 주리라 한 땅을 이 백성에게 차지하게 하리라

오직 강하고 극히 담대하여 나의 종 모세가 네게 명령한

> 그 율법을 다 지켜 행하고 우로나 좌로나 치우치지 말라 그리하면 어디로 가든지 형통하리니(여호수아 1:5~7)

젖과 꿀이 흐르는 땅 가나안은 하나님께서 이스라엘 백성에게 약속한 땅이다. 그래서 애굽의 노예에서 해방시켰고, 광야에서 약속의 땅에 들어갈 수 있는 백성을 만들기 위한 훈련을 시킨다. 자유인이 되기 위해서는 헌법에 해당하는 십계명을 비롯해 수많은 법도와 세세한 율례 준수에 대한 훈련이 시작되었다. 가장 큰 훈련은 이 모든 것을 주관하신 하나님에 대한 감사와 믿음이다. 해방된 1세대 백성들은 이 훈련에서 실격판정을 받았다. 이들과 함께 모세도 가나안 입성을 하지 못했다. 광야에서 제1차 계수 당시에 20세가 되지 않았던 제2세대가 가나안 입성의 기회를 얻었다. 단, 1세대 백성 중에서 오직 믿음 있는 두 사람 여호수아와 갈렙만이 입성의 기회를 허락받았고, 여호수아는 모세를 이어 지도자가 되었다. 하나님은 여호수아에게 특별히 자주 엄명을 내린다. "좌로나 우로나 치우치지 말고 오직 내 말을 들으라"는 명령이었다. 이 명령을 잘 지킨 여호수아의 지도하에 이스라엘 민족은 요단강을 건너 마침내 약속의 땅 가나안에 도착하였다. 여기서 가나안은 우리에게 민주공화국에 해당하는 비유로 읽혔다. 공화국에 들어가기 위해서 우리는 법을 지켜야 한다. 법을 통하여 자유를 얻어야 공화국 시민이 된다. 노예로부터의 해방이 곧 자유는 아닌 것이다.

8. 후퇴하는 민주주의

　최근 영국 주간지 이코노미스트지 부설 이코노미스트인텔리전스유닛(EIU)이 발표한 '민주주의 지수 2024'에서 한국은 10점 만점에 7.75점을 받아 전년의 8.09점 보다 크게 떨어졌다는 소식이 들려왔다. 지난 7~8년 동안 가장 관심가지고 찾아보았던 지수였다. 당연히 내가 보는 판단과 비슷하니까 신뢰도 갖고 지켜봤다. 우리나라는 세계 17위까지 올라간 적이 있고 이후에는 20위권 초반 대에 있었다. 일본과 비교해서도 순위가 번갈아가며 앞뒤에 있었다. 짧은 역사 속에서 참 대견스런 성적이라고 자부했다. 이를 기초로 향후 목표를 5위권 안으로 진입하는 대한민국이 되었으면 하는 것이 또한 공화주의자로서의 희망 리스트로 올라 있었다. 그런데 이게 무슨 꼴인가? 2006년 EIU가 지수 산출을 시작한 이래 한국이 받은 가장 낮은 점수라 한다. 세계 순위도 167개국 중 22위에서 32위로 내려갔다. 그동안 '완전한 민주주의' 국가군에서 '결함 있는 민주주의' 군으로 추락한 것이다.

　이렇게 된 직접적 원인은 윤석열의 계엄선포 때문이다. 어떻게 이런 후진국형 사고를 실행에 옮겼을까? 이와 관련된 법적 책임은 전적으로 윤석열이 져야 한다. 다만 위에서 지난 약 15년간의 왜곡된 진영정치의 흐름을 살펴보았듯이 이번 사고는 이미 내연되고 있었던 정치 분규가 외부로 폭발한 것이라 보지 않을 수 없다. 그런 점에서 법적 책임은 윤석열에게 있다 하더라도 정치적 책임은 민주당도 같이 져야 한다고 본다. 만약 내란죄라면 내란에 이르게 한 동기 부여는 거의 민주당이 제공한 것이 아닌가 한다. 물론 이를 막지 못한 것은 대통령이지만, 민주당의 행위는 대통령의 수족을 하나씩 둘씩 거침없이 절단해가면서 침입해 오는 도적떼들의 행패였다. 이들의 진로를 방해하는 인물들은 지위고하를 막론하고 탄핵의 칼을 휘둘렀다. 사법부 판사들에게도 판결 잘못하면 탄핵시킬거야라는 엄포도 평소 거침없이 내뱉었다. 탄핵에 앞서 소환된 고위직 공무원들에 대한 질문을 하는 태도를 보면 마치 삼권분립 국가가 아닌 공안위원회가 반동분자를 색출하는 듯한 고압적 자세를 연출했다. 다수당에 의한 의회독재라는 말이 나올 수밖에 없었다.

민주당의 정치행패와 그 배후에서 이를 추동한 운동권은 자신들의 잘못이 어디에 있는가를 찾고 반성해야 한다. 그들은 다른 시대를 살고 있다. 바뀐 것을 감안하지 않고 과거의 투쟁관을 그대로 끌고 다니고 있다. 그래서 잘못이 어디 있는지 조차를 모른다. 특히 6월 항쟁 후 꼭 30주년을 맞은 해에 터진 범국민적 촛불시위는 민주화운동이 시대에 역행하기 시작한 분수령이라 할 수 있다. 왜냐하면 촛불시위의 결과물로 집권한 민주당이 시위의 의미를 아전인수로 해석했기 때문이다.

물론 역사에 대한 의미부여와 해석은 사람마다 시각에 따라 다를 수 있음은 인정한다. 사람마다 살아온 시기와 역정이 다르기 때문이다. 다만 나는 민주주의의 성숙을 위한 공화주의적 해석으로 말하고 있다. 나의 판단이 객관적 상황에서 크게 벗어나지 않았다고 보는 것은 그렇게 높은 지지율을 누렸던 문재인의 민주당이 결국 차기 집권에 실패했다는 데서 입증되었다. 그래서 나는 지금 여야 모든 정치권을 문책할 수 있다. 그 긴 과정의 과거청산을 통해서도 속 시원한 결과물을 얻지 못하고, 과거의 구태의연한 구호를 30년이 지나도록 버리지 않고 범죄도시를 방불케 하는 위법, 범법, 위헌적 행위들을 서슴없이 저지르는 정치판을 만든 것은 양당 모두의 책임이라 하지 않을 수 없다.

    대통령은 법적 책임을 지면 될 것이지만, 민주당은 어떻게 책임을 질까? 대통령 탄핵이 결정되면 국회의원들도 함께 전원 사퇴가 정답일 것 같다. 그러나 그런 생각을 할 리가 없다. 집권 기회가 새로 열리는 것만이 그들의 목표였기 때문이다. 여기에 대의제 민주주의의 한계가 발견된다. 주권자인 국민들에 의한 직접민주주의라도 당장은 개입할 여지가 없다. 어쨌든 국가를 이 지경으로 몰고 온 국회의원들은 크게 반성하는 표현을 하지 않으면 안 된다.

9. 사법부의 진영화?

이런 정치 파국에 이르는 동안 또 하나 아주 심각한 사항이 목격

되었다. 사법부에 대한 불신이다. 사법부가 양분되어 판결하는 지 그 진위를 나는 알지도 못하고 믿고 싶지도 않다. 그러나 정규 언론과 특히 유튜브, 카카오톡 등 소셜미디어의 시사평론을 보면 사법부(법관, 변호사, 검찰)도 정치권 못지않게 양 진영으로 갈라졌다고 한다.

    국회와 달리 사법부는 헌법과 법률, 그리고 법관의 양심 등 기준이 뚜렷한 가운데 중립성과 독립성을 요구받는 기구이다. 법관도 다양한 생각과 판단을 보장한다. 법관의 독립은 대학의 학문의 자유와도 같다. 하지만 여러 가지 세계관과 학문적 이론을 바탕으로 하되 이 사건에서 '대한민국의 헌법과 법은 무엇인가'를 찾아 결론을 내리는 과정이 우리 사법의 목표라 할 수 있다. 정치적 판단도 일부 작동할 여지는 있을 것이다. 그렇지만 헌법과 법에 우선한 정파적 견해는 허용될 수 없다.

    그러나 작금의 법관들에 대한 비판은 구속영장 발부와 기각, 유죄판단과 무죄판단이 나올 때 마다 편가름으로 해서 해당 판사의 이력과 정치적 성향, 친구관계 등이 샅샅이 파헤쳐진다. 그렇게 해서 법관에 대한 성향분석이 유행하고 있다. 특히 윤석열 탄핵심판과 관련해서 극도로 예민해진 지지자들은 6명 이상의 찬성이 있어야 탄핵 인용이 된다는 것을 알고부터는 헌법재판소 재판관들의 성향들을 매우 상세하게 들여다보기 시작했다. 문재인과 윤석열 중 누가 임명했는가, 김명수 대법원장과 조희대 대법원장 중 누가 임명했는가, 민주당과 국민의힘 중 누가 임명했는가부터 시작해서 표계산을 해나갔다. 당파적 입장에 따라 찬반을 구분하는 방식이었다. 여기에 가장 요란하게 떠오른 문제가 우리법연구회와 국제인권법연구회 출신 재판관들이다. 마지막으로 미임명된 재판관 1명도 우리법연구회 출신이기 때문에 그의 임명 반대는 더욱 목소리 높여 외쳐졌다. 사법부의 독립, 법관의 중립성 원칙은 모르는 국민이 없을 것이다. 하지만 정치적으로 예민해지면 여야가 갈려서 재판결과에 대해 호오를 분명히 하고 환영과 비난을 반복해오고 있다. 듣다 보면 일리가 있는 주장이 당연히 섞여 있다. 이런 것들이 은근히 차후 사법부의 개선에 도움을 주리라고 생각한다. 그러나 과열된 사법판결 비난과 담당 법관에 대한 험담은 결코 바람직하지 않다. 이렇게 된 것도 진영대결 정치의 결과물일 것이다.

    법관의 성향분석은 미국에서 법현실주의(legal realism)라는 이름으로 1920년 당시에 하나의 학문분과로 유행한 것이기도 하다. 특히 미국 연방대법관으로 30년 재직한 홈스(Oliver Wendell Holms, 1902~1932년 재임)는 '법은 논리가 아니라, 경험', '법이란 법원이 실제로 무엇을 할 것인가에 대한 예언이다.'란 유명한 말을 남겼다. 법이란 단지 이론적인 규율 분석만으로는 발견되지 않고 오히려 이것은 법조인에 해를 끼칠 뿐이다. 법의 사회적 컨텍스트(문맥)를 무시하면 안 된다. 프랭크(Jerome Frank)는 이를 더욱 진전시켜 법원판결의 불확실성을 강조하였다. 성문화된 규율만으로는 부족하며, 배심원의 선입견, 법관의 특유한 선입견, 법관의 인격과 재판에 대한 예감(judicial hunch)과 같은 논리외적 요소가 판결에 작용하는 것이라고 보았다. 현실주의자는 컴퓨터를 이용한 판결과 판사에 관한 자료축적, 사이버네틱스, 법계량학, 행태주의론을 동원해서 재판예측 기술을 높이는 데 역점을 두었다. 그러니까 이런 시각에서 본다면 법관의 판결 관련해서 여러 예측이 나오는 것은 자연스런 일이다.

최근에 집필된 리처드 포스너의 『법관은 어떻게 사고하는가』(한울, 2016)를 봐도 우리가 법관에 대해 우려하는 그런 문제들을 그대로 가지고 있음을 알게 된다. 법경제학 저서로 유명하고, 연방항소법원에 30년 이상을 재직한 학구파 판사 겸 법학자인 저자는 법관들의 실제 판결을 분석한 뒤 대체로 9개의 사법행태로 구별하였다. 저자 또한 우리의 관심과 다르지 않았다. 예술적 탁월함에 고정된 불변의 기준이 존재하지 않듯이, 사법 판단의 탁월함에도 고정 불변의 기준은 존재하지 않는다. 미국 법관들의 판결에는 명백하게 정치적인 요소가 있다는 것은 실증적 자료가 뒷받침한다. 증거는 압도적으로 많지만 법관들 자신이 그 증거를 일부러 무시할 뿐이다. 그 증거를 무시하는 이유는 법관들 스스로가 민주당이나 공화당에 고용된 일꾼이 아니라는 것을 알기 때문이다.

그러나 포스너가 보기에는 '정치적'이란 말이 그렇게 저열하고 당파적인 의미라고 이해할 필요가 없다고 한다. 심지어 연방대법관들은 당연히 정치적이라 한다. 그런데 어느 법관이라도 자신을 임명한 대통령은 이번 사건에서 어떻게 생각할까를 염두에 두고 판결하지는 않을 것이라는 것이다. 법관들은 마치 야구 심판처럼 자신이 본 투구방향을 보고 볼과 스트라이크를 판정할 뿐이라는 것이다. 투구(=사실)는 투수가 던진 것이고, 볼과 스트라이크의 판정기준은 이미 누군가 정해놓은 룰(=법규)이기 때문에 자신은 중립적일 뿐이라고 자부한다. 이렇듯 법관의 다수는 자신의 판결에 정치적 성향이 전혀 영향을 미치지 않았다고 진심으로 믿는다. 하지만 진실은 법관에게도 무의식과도 같은 선입견이 활동할 여지가 있으며, 따라서 정치적이며 개인적인 측면을 남긴다. 이데올로기와 정치적 성향은 불가피하다는 것이다.

우리의 법조 수준도 높아졌기 때문에 포스너의 여러 가지 설명이 우리에게도 대부분 와 닿는다고 생각된다. 즉 포스너의 주장을 통해서 우리도 미국과 같은 그 길을 지금 가고 있다고 위안을 삼을 수 있다. 다만 문화적 차이를 볼 때 그가 단언한 '정치적이란 말이 그렇게 저열하고 당파적인 의미라고 이해할 필요가 없다'는 확신이 우리에게도 과연 타당할까 하는 데는 의문이 가는 부분이다. 상명하복, 권위주의, 정치적 야심 등이 여전히 거칠게 작동 중인 우리 사회이기 때문이다. 그래서 헌법과 법과 양심에 따르면서 정치성이 개재된 재판이 아니라 저열할 정도로 좌우로 갈린 당파성에 의해 지배되는 재판 출현에 대한 두려움이 우려되는 것이 현실이다. 비단 헌법재판소뿐만 아니라 사법부 일반에 걸쳐 실제로 좌우로 양분되는 당파적 판결이 난무하는 상황이 온다면 그것은 망국의 경보라 하지 않을 수 없다.

공정한 판사가 없으면 사회가 존재할 수 없는 것이다. 고대 왕조

시대 이후 군주는 판관을 겸하였다. 그렇게 해서 사회질서와 명령계통이 유지된 것이다. 근대에서는 입법, 집행, 사법의 권력이 분화되었다. 사법권은 세 개의 권력 중에서 가장 약한 존재이지만, 인권의 최후보루이자 국가 존립의 정당성과 신뢰에 대한 지탱점이라는 점에서 가장 큰 의의를 가지고 있는 것이다. 이 점을 인식하여 사법부 자신은 물론, 사법부 구성에 관여하는 대통령이나 국회도 국가와 헌법의 권위를 존중하는 관점에 서있어야 함을 잊지 말아야 한다.

10. 헌법과 국민통합

이상에서 반복되어 강조한 가장 핵심주제는 우리 사회가 처한 정치적 양극화, 적대적 진영관계였다. 2016년 촛불시위를 계기로 과거의 투쟁정치를 해소하고 대화정치로 회복하는 노력을 기울이지 못했던 것이 시대에 역행하고 정상적 국가발전을 저해시켰다. 대의제 민주주의로 정치를 안정시키고, 대한민국의 정체성 문제도 더는 시비거리가 되지 않도록 해결했어야 했다. 공화주의의 관점에 서게 되면 자신의 견해를 주장할 뿐만 아니라 타인의 견해도 충분히 경청하고 존중하는 자세로 성숙시키는 것이다. 그렇게 되면 이제까지의 적대적 관계로 타도와 척결 대상이었던 상대방의 입장을 최대한 공감해보고자 의견을 경청하고 생각해보는 자세다.

'역지사지'란 말은 클리셰(cliche)라 할 만할 정도로 진부하게 들린다. 하지만 진영논리가 팽배, 만연한 우리 정치사회에서는 여전히 필요한 덕목이다. 자연 생태계를 보면 천적이 항상 존재한다. 약자에게나 강자에게나 예외 없이 그들의 천적이 존재한다. 인간사회도 예외가 아닌 듯하다. 그래서 좌파가 형성되면 그에 비례해서 우파도 형성되고, 극우가 형성되면 또한 극좌도 형성된다. 그래서 극우를 경멸한다면, 그 반대의 극좌가 존재함을 찾아보아야 한다. 극우나 극좌 모두를 피한다면 그 사회는 온건한 중도가 대세가 될 것이다. 중도를 중심으로 양편에 보수와 진보가 형성되면 그게 양당제요, 복수정당제이다. 그것이 최선의 이상이다. 좌우가 양극화로 가면 사회가 분열할 것이고 중도로 집중되면 사회는 안정될 것이다.

이를 위해 헌법과 법치주의가 균형추처럼 존재한다. 헌법과 법에 대한 존중이 공화국을 보장한다. 반대로 헌법과 법을 한 집단의 정치목표보다 하위의 수단에 불과한 것으로 간주한다면 공화국은 오지 않는다. 그런데 우리나라의 정치와 헌정사를 보면 군사독재 당시보다는 나아졌지만, 민주화 이후의 대통령과 정치인들의 헌법인식도 여전히 일천한 수준에서 머물러 있다는 생각이 든다. 지금은 국민 통합(integration)이 필요한 때다. 여기서 가장 필요한 역할이 헌법이다. 다음 장에서는 헌법에 관한 여러 가지 시사적인 문제를 다룰 것이다. 헌법 준수를 어렵게 만드는 역사적, 환경적 요인도 아울러 점검되어야 하리라 본다.

제2장 제헌과 개헌을 다시 생각하며

1. 개헌 논의의 재등장

정치인들과 국민들은 우리가 당면한 정치문제에 관한 해법을 논하다가 어느 새 개헌을 결론으로 도출할 때가 많다. 특히 많이 언급된 사안은 현재의 제왕적 대통령제는 문제가 많으니까 내각책임제로 바꾸자라든가, 대통령 임기를 4년 중임제로 하자라든가, 감사원의 위상을 대통령 직속기관에서 독립기관형이나 국회 소속 감사원으로 바꾸자, 헌법 전문에 5·18민주화운동을 추가하자라든가, 분권형 지방자치 조항을 신설하자는 등 많은 것들을 수시로 언급한다. 이런 발언들은 정치문제를 성문법 개정을 통해서 해결했으면 좋겠다는 취지에서 나오는 것이다. 하지만 또 다른 반대 견해들이 제시되기 때문에 현실에서는 개헌이 쉽게 진전되지 않는 것을 경험하게 된다. 2016년 후반부에 시작된 박근혜 대통령에 대한 탄핵요구와 촛불시위의 전개, 2017년 3월 10일 탄핵결정과 대통령의 파면, 이후 문재인 정부의 출범이 있었다. 문 정부는 개헌을 약속하고 이를 추진하였다. 2018년은 국회와 정부와 헌법학계는 개헌을 위한 토론회를 많이 가졌다. 하지만 결국 여야간 합의가 되지 않아 개헌추진 작업은 종결되었다. 탄핵과 촛불시위가 아니었다고 하더라도 이즈음은 개헌이 요구되는 시점이었다. 1987년 개정된 이래 30년이 지난 시점이었고 우리가 확실히 선진국 대열에 진입했기 때문에 그에 따른 헌법의 일부 개정이 필요하였다. 헌법학자인 필자에게도 개헌작업을 위해 일 좀 같이 하자는 주변의 권유도 있었다.

하지만 나의 개헌에 관한 입장은 다른 사람들과 사뭇 달랐다. 그래서 그들과 함께 할 수 없었다. 나는 이미 2015년 전후에 개헌의 필요성을 인지하고 그 방법을 생각해보았다. 당시에 한참 각광을 받았던 것이 우리도 독일과 같이 다당제, 연합정부, 의원내각제가 필요하다는 주장이었다. 온갖 스펙트럼의 정당을 흡수하는 것이야말로 복지국가와 성숙한 민주주의의 과제라고 생각되었다. 그래서 의원내각제 제안과 주장에 크게 매료되었던 것이 사실이다. 하지만 우리나라에서는 의원내각제(내각책임제)에 대한 신뢰가 없다. 1960년 잠시 존재했던 장면 내각이 너무 무능하고 무질서해서 결국 5·16군사정부가 등장하는 배경이 되었다. 의원내각제는 민주적인 정부형태인 것은 맞지만 현실에서 국민의 지지를 받기는 어려울 것으로 판단되었다. 또한 우리나라는 미국 헌법을 추종하는 경향이 강하다는 것과 남북분단 상황에서는 역시 대통령중심제가 의원내각제보다는 훨씬 선호될 것이라고 생각되었다. 의원내각제도 대통령중심제보다도 더 강력한 정부가 될 수 있다는 것도 이론과 실례를 통해 입증할 수 있었지만 국민들 내면에 있는 부정적 이미지를 먼저 바꾸지 못한다면 그 추진이 어렵겠다는 것이 나의 판단이었다.

만약 정치인들이 정말 의원내각제를 원한다면 먼저 우리 헌법에 있는 내각제적 요소를 최대한 활성화시키고 그것이 잘 되어서 국민들 사이에 인식과 지지도가 높아졌다고 판단될 때 그때 개헌을 추진하면 좋겠다고 보았다. 우리 헌법은 제헌 당시에 의원내각제로 작성된 기초위원회안을 놓고 축조심의를 했다. 그 과정에서 국회의장이었던 이승만이 의원내각제안 대신 미국식 대통령중심제안을 요구하고 나섰다. 그래서 초안 작성의 중심역할을 했던 유진오가 급히 수정작업을 하다보니 대통령제와 내각제안이 병존하는 결과가 된 것이다. 즉 대통령과 부통령도 있는 대통령제를 기본으로 하지만, 국무원과 국무총리도 존치하게 되었던 것이다. 이후의 개헌과정이 있었지만 우리나라는 부통령은 없고 여전히 국무총리와 국무위원과 국무회의를 가지고 있는 혼합된 형태의 대통령중심제 국가이다. 그리고 가급적 헌법조문을 건드리는(수정, 삭제, 신설) 개헌보다는 있는 헌법의 최대치를 확보하는 노력이 선행되어야 할 것과 이를 위해 풍부한 판례축적, 하위 법령들의 개폐를 통해 헌법의 실질적 개헌과 선진화를 기하는 것이 바람직하다는 입장을 가졌다. 요컨대 우리 헌법을 명목적 헌법에서 벗어나 실질적 규범헌법화가 나의 개헌 목표가 된 것이다.

　이런 견지에서 볼 때 문 정부 출범초기 전개된 정부와 국회의 개헌추진을 보니 한눈에 무망해 보였다. 의욕은 대단했지만 국민들의 다양성과 전문성을 전혀 고려하지 않은 무모하기 짝이 없는 추진계획으로 보였다. 즉 개헌작업 진행에 대한 예측이 완전히 결여되었기 때문에 학자와 정치인, 각계각층의 전문가들의 논의는 무성하겠지만 결실은 기대할 수 없으며, 정부는 출범초기의 귀중한 시간을 개혁이라는 이름으로 엉뚱한 곳에 허비할 것이 예견되었다. 결국 개헌추진 작업은 그렇게 도중 하차했다. 국내외의 환경변화가 있든가 혹은 큰 정치적 변란이 발생하면 개헌 요구와 필요성은 따라서 증대된다. 2024년 12월 3일 윤석열의 비상계엄선포로 헌정사에서 세 번째 대통령 탄핵소추가 이루어져 탄핵선고를 앞두고 있다. 이번 탄핵국면에서는 종전과 달리 양당 지지자간의 엄청난 대립으로 치닫고 있다. 체제전쟁, 유사내전이라고 호칭될 정도로 심각한 상황이다. 이런 정치적 비상 상황이 정치권으로 하여금 또다시 개헌논의를 불러일으키고 있다. 어차피 다가오는 개헌이라면 이를 효과적으로 대처할 필요가 있다. 이를 위해 과연 개헌이라는 무엇인가를 알아보고자 한다. 향후의 구체적 개헌 논의가 효과를 보기 위해서는 비록 딱딱하지만 최소한의 개념 설명과 이론을 이해하는 것이 필요할 듯하다.

2. 헌법제정과 헌법개정

　헌법학에서는 헌법제정(제헌)과 헌법개정(개헌)을 구분한다. 일반인들은 개헌도 헌법을 바꾸는 것이니까 헌법제정이라고 말할 때도 있다. 그러나 헌법이론에서는 제헌과 개헌은 확실히 구분해서 다룬다. 개정은 제헌의 하위개념이다. 헌법제정권력(제헌권)은 주권자인 국민만이 가진다. 헌법개정권력(개헌권)도 대부분 국민이 가지지만 정하기 나름으로 국회 등의 기관에게 개정권을 부분적으로 부여할 수도 있다.

　우리나라에서 제헌권은 1948년 5·10선거에 의해서 소집된 헌법제정을 위한 국회를 구성해서 그해 7월 12일에 제정되었고, 현행 헌법은 그 후에 1987년 10월 29일 국민투표에 의해 아홉 번 째 개정되고 1988년 2월 25일부터 시행된 것이다. 제헌권은 헌법을 시원적으로 창조하는 힘을 말한다. 따라서 다른 상위의 법규범에 의해 법적 효력이 주어지는 것이 아니라 스스로에 의해 스스로를 창조하는 근원적인 권력이다. 제헌권은 주권과 동일한 개념으로 보고 있다. 주권은 국가의사와 국가질서를 전반적이고 최종적으로 결정할 수 있는 대내적 최고성, 대외적 독립성을 가진 권력인데 이것이 헌법제정으로 구체화된다. 입법권·집행권·사법권의 총합을 뜻하는 통치권은 주권의 하위 개념이다. 마찬가지로 통치권은 제헌권에서 연원되는 하위 개념이다. 헌법 제1조 제2항의 '대한민국의 주권은 국민에게 있고'는 곧 제헌권의 주체가 국민이라고 선언한 규정이다. 1948년 제헌국회에서 제정된 헌법 전문(前文)을 읽어보면 보다 뚜렷하게 이해할 수 있다. "유구한 역사와 전통에 빛나는 우리 대한국민은 (…) 단기 4281년 7월 12일 이 헌법을 제정한다."고 선언하였다. 이후 우리나라는 아홉 차례의 개헌을 실시하였다. 1987년 제정한 현행헌법 전문은 "(…) 1948년 7월 12일에 제정되고 8차에 걸쳐 개정된 헌법을 이제 국회의 의결을 거쳐 국민투표에 의하여 개정한다."로 끝을 맺고 있다. 즉 현행헌법은 9차 개정헌법인 것이다.

헌법의 개정이라 함은 헌법에 규정된 개정절차에 따라(형식적 요건) 기존의 헌법과 기본적 동일성을 유지하면서(실질적 요건) 헌법의 특정조항을 의식적으로 수정 또는 삭제하거나 새로운 조항을 추가함으로써 헌법 형식이나 내용에 변경을 가하는 행위를 말한다. 그러니까 기존의 헌법을 기준으로 형식적 요건이나 실질적 요건을 위반하는 경우는 헌법이 바뀌었다고 해도 그것을 개헌이라고 하지 않는다. 개정절차를 무시하고 새로운 헌법전을 편성한 경우 그것은 헌법의 '폐제'라고 부르는데, 이것은 정변 혹은 쿠데타 등에 의한 정권담당자의 교체가 일어난 경우다. 헌법제정은 헌법제정권력자의 교체 즉 주권자의 교체(예를 들면, 군주에서 국민으로 혹은 국민에서 인민계급으로 바뀔 때)에 대해서만 그렇게 부른다. 즉 헌법제정은 혁명을 일컫는 말이다. 우리 헌정사에서는 한 번의 제헌만 있었고, 나머지는 개헌이었다. 정변이 있을 때마다 우리는 공화국 차수를 부여해왔다. 4·19이후 제2공화국, 5·16이후를 제3공화국, 유신헌법 기간을 제4공화국, 12·12와 5·18 이후를 제5공화국, 6·10 이후를 제6공화국이라 한다. 엄밀한 의미로 보면 우리 헌정사는 한 번의 공화국만 있었고, 그 아래서 비상시적 개헌에 의한 정권 교체만 다섯 차례 있었을 뿐이다. 헌정사에서 가장 많이 일탈했던 유신헌법은 헌법폐제 즉 정변 혹은 쿠데타에 해당되지만 개헌의 일종으로 산입하고 있다. 유신헌법은 형식적 요건과 실질적 요건을 모두 위반하면서 새로운 헌법전을 편성한 경우였다.

다른 법과 마찬가지로 헌법도 일정한 기간이 지나면 규범과 현실 간에 간격이 벌어지고 규범력이 상실될 정도에 이르면 그에 대한 대체가 불가피하게 된다. 그래서 개헌이 필요하다. 개헌의 형식과 방법과 절차는 나라마다 다양하다. 그런데 중요한 것은 헌법에 규정된 개정절차에 따르더라도 기존 헌법과의 '동일성 유지'를 하지 못하는 경우라고 판단되면 개정을 할 수 없다. 이것을 헌법개정의 한계라 한다. 아무리 국민주권자라 해도 넘어설 수 없는 개헌의 한계가 있는 것이다. 개헌권은 헌법에 의해 조직되고 헌법에 의해 제도화된 권력이므로, 헌법을 제정한 헌법제정권력자(국민주권)를 변경하거나 제헌당시의 국민적 합의인 헌법의 기본적 가치질서는 변경할 수 없다. 이 점에서 헌법전에 규정된 130개의 헌법조항들은 형식적으로는 효력이 동일하지만, 내용적(실질적)으로는 상하, 경중의 관계가 있는 것이다. 주권자, 인간의 존엄과 가치, 법 앞에 평등, 권력분립원리와 같은 헌법의 기본적 가치질서에 관한 규정은 그 밖의 규정(대통령제냐 의원내각제냐, 대통령과 국회의원의 임기 등)에 비하여 실질적으로 상위의 효력을 가진다고 본다. 즉 같은 헌법조문 중에서도 절대적 헌법(헌법핵)과 상대적 헌법(헌법률)의 구별이 있는 것이다. 개헌은 절대적 헌법(헌법핵)은 침범할 수 없고, 상대적 헌법(헌법률)만을 대상으로 하는 것이다.

이상의 설명이 제헌과 개헌의 차이점에 관한 기본 설명이다. 헌법학자들이라면 대체로 동의하는 내용이다. 하지만 현실에서 이와 관련한 헌법 케이스가 발생하면 다양한 논의와 주장들이 나타난다. 무엇이 절대헌법(헌법핵)이고 무엇이 상대헌법(헌법률)이냐에 관하여 입장이 다를 수 있다는 것이다. 의견이 분분해지면 공론장에서의 토론이 필요하고, 이것을 수습하는 것이 정치의 영역이다. 정치가 잘 이루어지도록 하는 매체가 언론이다. 그래서 수준 높은 정치와 언론의 기능이 중요하다. 그 결과 정치적 합의가 이루어지지 않으면 개헌은 할 수 없게 된다.

이상의 헌법이론을 기초로 해서 최근 20년 간 각 대통령 임기 중 발생했던 주요 헌법관련 사례에 관한 검토를 하고자 한다. 강조하고자 하는 것은 헌법 = 헌법조문이 아니라는 것이다. 헌법은 헌법조문에서 출발하지만 훨씬 다채로운 근거를 통해서 발견된다는 것을 보여주고자 한다. 향후의 개헌 논의에 참고가 되기를 희망한다.

3. 몇 개의 헌법 사례들

1) 사례1: 노무현 정부의 수도이전과 관습헌법

2003년 2월 대통령으로 취임한 노무현은 대통령 공약사항이었던 수도권 인구집중의 방지와 국가의 균형발전을 위하는 목적으로 「신행정수도의건설을위한특별조치법」을 제정하였다(2004. 1. 16). 법 시행 후 신행정수도건설추진위원회가 발족되어 8월에는 신행정수도 입지도 확정지었다. 이에 대해서 일부 서울 거주 청구인들이 헌법소원을 청구하였다. 이에 대한 헌법재판소는 인용판결을 하였다. 수도이전법률이 위헌이란 것인데 그렇다면 어떤 헌법조항을 위반했느냐하는 것이었다. 헌법에는 "서울이 대한민국의 수도이다."라는 규정이 없기 때문이다. 그런데 헌재는 새로운 헌법논리를 제시하였다. 가히 획기적인 일이었다. 헌재는 대한민국의 수도가 서울인 것은 우리 헌법에 명문의 조항은 없으나 오랜 세월에 걸쳐 확립된 헌법관습으로서 소위 불문헌법에 해당하는 것이다. 이 사건 법률은 우리나라의 수도를 서울로부터 충청권의 어느 특정지역으로 이전하는 것을 확정한 법률로서 '수도는 서울'이라는 위 불문의 헌법사항을 변경하는 내용을 가진 것이다. 즉 관습헌법에 배치될 뿐만 아니라, 헌법개정에 의해서만 변경될 수 있는 중요한 헌법사항을 단순법률의 형태로 변경한 것이기 때문에 위헌이다라고 판단했다.

헌재는 이 판결을 통해 헌법을 새로 창조했다. 혹은 새로 발견했다고 말해도 좋다. 이 결정을 통해서 새로운 헌법이 추가되었고 향후에 수도이전을 하려면 반드시 헌법개정을 통해서만 가능하다고 한 것이다.

이 판결로 인해서 참여정부의 거대한 국가균형발전계획에 제동이 걸렸다. 변호사 출신이었던 노무현의 반응이 언론에 나왔는데, "관습헌법이라고? 난생 처음 들어보는 말이네."하면서 헌재의 판결에 시큰둥한 반응을 보였다. 많은 국민들과 법조인들도 헌재의 결정문에 당혹해 했지만 그렇다고 딱히 반대논거를 마련하기도 쉽지 않았다. 관습헌법은 1980년대 헌법교과서에서 처음 소개된 개념이었다. 그러니까 그 이전에 사법고시를 준비했던 사람들은 민법, 상법에서의 관습법은 잘 알았지만 관습헌법은 처음 들어보았을 것이다. 나는 이 판결이 우리 헌법이론을 풍부하게 해준 것에 대해서 높은 평가를 하고 있다. 헌법이 성장하기 위해서는 여러 경험을 거칠 필요가 있는 것이다. 1948년 이래 오랫동안 명목화된 헌법으로 남았다가 민주주의, 인권의식과 헌법재판의 활성화로 인하여 서서히 규범헌법으로 성장해가는 과정이 소중한 것이다. 헌법전의 존재만으로는 헌법이 있다고 말할 수 없다. 헌법전의 내용이 이 사회에서 규범력을 가져야 한다. 또한 위 판시내용을 통해 우리는 헌법이란 헌법전에 표현된 것만이 아니라는 것을 알게 될 것이다. 헌법정신과 헌법원리들은 헌법전의 배후에 존재하지 직접 조문으로 표현되지는 않는다. 이처럼 성문헌법 외에도 불문헌법이 함께 헌법을 형성하고 있는 것이다. 일반 국민들은 '헌법전에 적혀있지 않은 헌법'에 많이 의아해할 것이다. 그러나 그것은 어려운 것이 아니다. 평소에도 우리들은 모두 상식(common sense)으로써 옳다 그르다 판단하면서 대화를 나누고 있다. 헌법전에 적혀있지 않은 헌법이란 바로 이런 국민의 상식을 바탕으로 한다.

2) 사례2: 박근혜 정부의 위헌정당해산심판

박근혜는 2013년 2월 대통령으로 취임하였다. 재임시 우리 헌정사상 최초로 정당해산심판이 있었다. 노무현 대통령에 대한 탄핵도 그랬지만 최초의 헌법 사건이었다는 점에서 역시 획기적이었다. 헌법 제8조 제4항은 "정당의 목적이나 활동이 민주적 기본질서에 위배될 때에는 정부는 헌법재판소에 그 해산을 제소할 수 있고, 정당은 헌법재판소의 심판에 의하여 해산된다."는 규정이 실효성을 발휘한 것이다. 정당해산이란 국가의 강제력으로 정당을 해산시키는 행위이므로 민주국가에서는 있어서는 안 될 일이다.

우리나라도 가입하고 있는 유럽평의회의 베니스위원회가 2000년 공표한 정당해산 가이드라인이 있다. 즉 정당의 금지 혹은 강제해산을 사법기관에 제소하기 전에 최대한 실제적 위험의 존재 확인, 과잉금지원칙의 준수를 특별히 강조하였다. 민주국가라면 위험성이 있는 정당이라도 정당해산이라는 방식보다는 선거를 통해 자연스럽게 퇴장시키는 것이 순리라는 것이다. 그럼에도 불구하고 극단적 정파의 조직과 활동이 비대해지고 국민에 미치는 정치적 영향력이 위험하다고 판단되면 국가의 인위적 개입이 불가피하게 된다. 극단의 정파가 예컨대 1% 미만의 소수 정당으로 존재한다면 정치활동의 자유의 영역으로 보장되어도 무방하다. 극좌와 극우, 좌와 우의 정파는 생태계적으로 대칭 스펙트럼을 형성한다. 그러나 상황에 따라 한쪽으로 편향성이 나타날 수 있다. 그것도 자연의 평형상태 회복력과 같이 순환되는 것은 자연스런 일이다. 우리의 지난 현대역사도 극우와 극좌를 연상시킬만한 극단을 달려온 것이 사실이다. 다만 이제는 선진국형 정치를 실현할 때임에도 불구하고 여전히 과거의 정치행태를 벗어나지 못하는 것이 문제인 것이다. 극좌와 극우 정파에 대처하는 정치적 해결의 길은 중앙지향의 정치분포를 형성하는 길이다. 양당정치는 있되 양극화 정치는 피하는 것이다. 이런 원만한 정치풍토에서는 극우나 극좌에 대해서 크게 염려할 필요가 없게 된다. 이것이 공화주의가 지향하는 정치목표다.

통진당 해산청구사건을 통해서도 헌법의 실효성은 더욱 커졌다. 헌법 제8조 제4항의 민주적 기본질서가 무엇이냐는 것을 처음 구체화시켰고, 민주적 기본질서의 '위배'의 의미를 좀 더 명확히 하는 기회가 되었다. 또한 헌법적·법률적 흠결부분을 헌재가 메웠다. 즉 헌재의 해산결정으로 정당이 해산되는 경우에 그 정당 소속 국회의원이 의원직을 상실하는지에 대하여 명문의 규정이 없으나, 정당해산심판제도의 본질은 민주적 기본질서에 위배되는 정당을 정치적 의사형성과정에서 배제함으로써 국민을 보호하는 데에 있는데 해산정당 소속 국회의원의 의원직을 상실시키지 않는 경우 정당해산결정의 실효성을 확보할 수 없게 되므로, 해산결정이 있는 경우 그 정당 소속 국회의원의 의원직은 당선방식을 불문하고 모두 상실되어야 한다고 정리하였다. 헌법재판소의 판결이 헌법발전에 기여하는 것은 이런 법적 흠결(구멍; loopholes)을 보충하는 과정을 통해서다.

3) 사례3: 문재인 정부의 개헌추진

2017년 5월 출범한 문 정부는 2018년 2월 대통령직속 정책기획위원회 정해구 위원장을 포함한 33명으로 구성된 국민헌법자문특별위원회를 출범시켰다. 위원회는 홈페이지를 통한 여론 수렴과 지역별 시민토론회를 거쳤다. 청와대는 3월 19일 대통령 개헌안 발의 일정을 공개하였다. 개헌안은 3차에 걸쳐 국민에게 공개되었고, 법제처의 심사를 거친 개헌안은 3월 26일 국무회의의 심의 후 대통령에 의해 발의되었다. 개헌안이 관보에 공고되었다. 헌법 제129조에 따라 개헌안은 대통령이 20일 이상의 기간 이를 공고하여야 한다. 국회는 헌법개정안이 공고된 날로부터 60일 이내에 의결하여야 하며, 국회의 의결은 재적의원 3분의 2 이상의 찬성을 얻어야 한다(제130조

제1항). 5월 24일 국회 표결에 들어갔으나 야당(자유한국당)의 전면 불참으로 의결정족수에 미달(114/192명)하여 자동으로 폐기되었다. 국회는 매우 일찍부터 헌법개정특별위원회를 가동했는데 결국 여야 간의 입장차가 워낙 커서 개헌은 불발되었다.

대통령안이나 국회안 모두 현행법보다 진일보한 내용이 많이 포함되었다. 하지만 대통령안의 경우 토론회는 거쳤다고 하지만 사실상 일방통행식으로 개정안이 만들어졌으며 숙성되지 않고 설익은 내용들이 많이 반영되었다. 국회는 헌법학계의 협력도 받았다고 하지만 역시 국민의 입장에서 보면 전문가들의 일방적 견해로 볼 수밖에 없었다. 참신한 내용이라고 꼭 개헌해야만 하는 것은 아니다.

더구나 대통령안이나 국회안 모두 개정안이 헌법 전문과 본문 130개 조문 전체를 손질하는 전면개정안이었다. 실로 방대한 개헌추진안이었다. 나는 이런 무모한 헌법개정을 추진한 대통령과 청와대, 국회 모두가 얼마나 헌법에 대한 식견이 짧은가를 알게 되었다. 그들은 국가를 마치 신장개업이나 리모델링하려는 듯 왕성한 의욕을 가지고 개헌에 임했던 것 같다. 하지만 헌법은 국민의 것이지 정부(입법, 사법, 행정)의 것도 아니고 전문가의 것도 아니다. 누구보다도 국민이 알아야 한다. 국민들은 헌법전의 내용을 잘 모른다. 공화국은 헌법을 시민종교로 하는 세속국가를 지향한다. 공화국에서 헌법은 시민들의 바이블에 해당된다. 그렇다고 시민들을 헌법물신주의자로 만들자고 하는 말은 아니다. 다만 공동체 시민으로서 공통의 규범인 헌법지식을 상식으로 갖추어야 한다는 것이다. 교회 다니는 신자가 주일 마다 예배에 참석해서 목사님 설교만 들어도 성경을 많이 알게 되는 것처럼 국민도 헌법을 바이블처럼 친숙하게 접하는 것이 바람직하다. 영국의 대헌장(마그나카르타) 이후의 서양헌법 역사처럼 군주에 대항하여 권리를 한 두 개씩 차곡차곡 쟁취해온 그 나라의 시민들과 국가는 헌법조문의 소중함을 몸으로 기억하게 된다. 하지만 우리의 경우는 서양헌법을 단번에 이식해서 건국했기 때문에 헌법규범이 우리 생활로 침투되어 있지 않았다. 다행히 지난 80년 가까운 세월 속에서 특히 몇 번의 저항권 행사를 통하여 헌법을 우리의 것으로 체득하게 되는 소중한 경험을 쌓았다. 그 결과 이만큼 선진국이 된 것이다.

헌법은 국가권력과 국민 인권 전반에 걸쳐 가장 기본적인 원칙을 담고 있기 때문에 근본법(fundamental law), 기본법(basic law)이라고 부른다. 어떤 국민들도 헌법과 무관한 영역에 살고 있지는 않다. 국가 생활 곳곳의 가장 중요한 규범들을 한 곳으로 모아 편찬한 것이 헌법전이다. 그러므로 국가나 공동체의 대표자로 선출되는 사람은 말할 것도 없이 헌법지식이 필수 사항이며, 일상에서도 현명한 관리자나 지도자가 되기 위해서는 한 번쯤은 헌법전 통독을 할 필요가 있다. 공무원 시험준비생들은 그나마 한번 정도 읽어볼 기회를 갖게 된다. 사법고시생들도 과거에는 시험 때만 준비했고, 법조인이 되면 헌법은 소송상 거의 필요가 없었다. 현행 헌법 시행 이후 비로소 헌법소원, 위헌법률심판, 권한쟁의심판, 탄핵심판, 위헌정당해산심판 등 헌법재판이 활성화되면서 헌법지식이 확대된 것으로 보인다. 특히 헌법재판소의 헌법소원심판은 헌법의 대중화에 많이 기여하였다. 큰 사건은 언론에서 보도하기 때문에 뉴스를 통하여 국민들은 헌법조문의 내용을 전에 비해 많이 터득하게 되었을 것이다.

이런 관점에서 보면, 전면개헌이란 그나마 축적된 국민의 헌법지식을 다시 원점으로 되돌려 놓는 엄청난 부작용을 초래한다. 새로운 내용으로 개헌추진 하려는 의도는 좋지만 그것은 권위적이고 일방적인 자세일 뿐 국민의 헌법이해를 혼란시키는 이상의 효과를 낳지 않게 된다. 요컨대 개헌을 추진하려면 그럴만한 절실한 필요가 있어야 하고, 그 경우 개정내용을 분명히 해야 한다. 국민들이 알 수 있도록 많은 토론회를 거쳐 국민의 의견을 피드백 받고, 여론 조사를 통해 대개 6~70% 이상의 지지를 받는 경우 그때 국민투표에 부쳐 통과시키도록 하자는 것이다. 국민들이 개헌의 이유와 내용을 분명히 알게 하기 위해서는 가급적 한 두 개의 조문만을 대상으로 하는 원 투 포인트 개헌이 바람직하다. 물론 수 개의 조문들이 하나의 세트를 이루는 경우라면(예컨대 의원내각제로의 개헌, 지방자치단체의 분권화 개헌 등) 그 경우는 관련 조문수가 많아져도 관계없다. 이런 이유 때문에 헌법이론상 전면개헌은 금지된다.

또한 향후의 개헌을 위해 미리 말해둘 사항이 있다. 문 정부의 개헌추진은 중도 하차했지만 만약 당시에 국민투표에 회부되었다고 가정한다면, 대통령은 담화문을 통해 국민투표를 하는 국민들께 드리는 다음과 같은 친절한 당부말씀을 드렸어야 한다. 즉 "국민들께서는 이번 공고된 136개의 헌법개정안을 읽어보시고, 만약 하나의 조문이라도 동의할 수 없거나 반대의견을 가지실 경우에는 개헌안 찬반 투표에서 반대 란에 투표를 하셔야 합니다."는 것을 밝혀야 정직하다는 것이다. 만약 백 여 개 조문 중에서 몇 개 조문이 아주 마음에 든다고 전체 개헌안에 찬성표를 던지게 되면 통과된 그 헌법이 이후에 미칠 부작용을 상상해보자. 헌법 조문 하나마다 가지는 중요성, 하나의 단어와 문구, 문장이 해당 분야에 미치는 영향의 지대함을 안다면 전면개정안을 추진하는 것이 얼마나 무모하고 위험한 발상인가를 알게 될 것이다.

여기서 흥미로운 한 가지를 더 첨언한다면 문 대통령이 공고한 전면개헌안 제3조 제2항 신설조항은 "대한민국의 수도에 관한 사항은 법률로 정한다."는 것이 포함되어 있었다. 노무현 대통령 당시에 내려진 헌재의 관습헌법 판례에서 수도이전은 헌법개정을 통해서만 가능하다라는 판시문을 위배하여 헌법이 아닌 법률로써도 가능하게 하는 개헌안을 추진하려 했던 것이다. 즉 위헌적 헌법개정을 하려 했던 것이다. 이런 헌법적 사고는 헌법개정의 한계를 부인하는 법실증주의적 헌법관에 해당되며 어떤 내용이라도 형식요건에 부합하기만 하면 개헌이 가능하다는 형식적 입헌주의 입장인 것이다. 그 종국에는 정파의 목적 달성을 우선순위에 두고 헌법과 법을 수단으로 보는 태도라 할 수 있다. 형식적 법치주의와 형식적 입헌주의는 여전히 우리 정치인들 사이에 만연한 병폐이다. 만약 그때의 헌법안이 통과되었더라면 한 정당이 대통령 집권과 국회의 압도적 과반수 의석을 점하는 경우에는 수도를 마음대로 바꾸는 파국을 초래할 수도 있었을 것이다.

4) 사례 4: 윤석열 정부에서의 사례들

① 대통령 임기단축 개헌의 시도

2022년 5월 대통령에 취임한 윤석열은 압도적으로 기울어진 여소야대의 21대 국회를 물려받아서 국정운영에서의 운신의 폭이 좁았다. 검찰총장 때부터 민주당 정부와의 치열한 대결 속에서 대통령으로 당선되었기 때문에 민주당과는 이미 원수지간이 되었다고 표현해야 맞다. 특히 민주당 대표가 된 이재명과는 마치 검사와 범죄인 관계처럼 동석해서 대화를 진행할 수 없게 되었다. 양극화된 적대적 진영정치는 최고조에 달했고 수적 열세에 놓인 대통령과 여당은 새로운 일을 할 수가 없었다. 임기 시작과 더불어 시작된 대통령 탄핵구호는 시종 그치지 않았다. 정치공세는 계속되었고 이태원참사, 채상병 사고 등 정치적 악재들과 김건희 여사 등 자질구레한 문제를 풀지 못한 것은 전적으로 대통령의 정치적 무능력 탓이다. 제22대 총선은 활로를 찾을 수 있는 기회였다. 분위기가 그렇게 나쁘지 않았지만 야당의 완승으로 끝나고 여소야대의 분점정부가 확고하게 되자 윤석열의 남은 3년 임기는 그 전망이 암울할 수밖에 없었다. 탄핵이 여의치 않게 되자 대신 나타난 구호가 대통령 임기단축 개헌이었다. 당초 조국혁신당의 조국 대표가 제기하고 나섰던 구호였다. 거대 야당의 의석수가 뒷받침되고 있었기 때문에 개헌을 통한 대통령 퇴진 방식도 위협적이었다. 대통령 임기단축 개헌 방식은 이후 비상계엄 선포 후에 국회의 대통령에 대한 탄핵소추가 압박해오자 이에 대처하기 위해 국민의힘 대표였던 한동훈이 탄핵소추 대신 임시방편으로 꺼내들었던 카드로 사용되기도 했다. 탄핵소추가 성사되면서 이 방안도 결국 꼬리를 감추게 되었다.

　　지금은 현안에서 사라진 문제지만 대통령 임기단축 개헌이란 것도 조금만 들여다보면 이게 헌법적으로 불가능한 제안이라는 것을 알아야 한다. 대통령이 엄연히 재직 중인데 탄핵이 어렵게 되자 개헌을 통한 대통령 강제퇴임을 시키자는 발상이었다. 예컨대 헌법부칙에 한 조문을 추가해서 "현직 대통령은 (언제로) 임기를 종료한다."는 조항을 넣는다고 해보자. 어떤 문제가 생겼을까? 이런 개헌방식은 첫째, 대통령의 임기 종료는 자진사퇴(헌법에 규정되지는 않았으나 너무나 당연한 내용)와 탄핵 외의 방법이 없다(헌법 제65조). 단 하나 예외적인 경우는, 대통령이 내란 또는 외환의 죄를 범한 경우는 재직 중 형사상 소추가 가능하고 유죄로 확정될 경우 자격정지로 인하여 대통령직을 면하게 된다(헌법 제84조). 이 점에서 임기단축을 위한 개헌방식으로 대통령 임기를 종료시키는 것은 제65조와 제84조의 제도적 취지를 위배한 것으로 종국적으로 헌법 제70조("대통령의 임기는 5년으로 한다.")를 위반하는 결과가 된다. 둘째, 국회 다수가 헌법을 발의하고 마지막으로 국민투표에 의해서 개헌이 확정된다고 하더라도 이와 같은 개헌은 한 개인의 공무담임권을 침해한 인권박탈법이 되어 헌법 제10조(인간의 존엄과 가치)에 위배되는 행위가 된다는 것이다. 국회와 국민 모두 일정한 정치 목적을 위해서 위헌적 행위를 저지를 뻔 했던 것이다. 위헌에 위헌을 거듭하는 국가기관과 국민들이 된다면 헌법의 정당성은 훼손될 수밖에 없다.

② 한덕수 대통령 권한대행에 대한 탄핵소추

윤석열 대통령은 탄핵소추가 되자 직무에서 배제되었다. 이어 한덕수 권한대행 체제가 시작되었다. 민주당은 한 대행에게 헌법재판관 3명을 추천하고 이를 임명하도록 요구했으나 한덕수는 여야 합의를 해오기 전에는 임명을 거부하겠다고 밝혔다. 곧바로 한덕수에 대한 탄핵발의와 소추결의가 이루어졌다. 탄핵소추는 헌법 제65조 제2항이 국무총리에 대한 규정에 따라 국회 재적의원 과반수의 찬성으로 통과시켰다. 이것은 야당 단독으로도 얼마든지 가능한 숫자였다. 이렇게 일반 국무위원, 감사원장, 검사 등을 27차례 탄핵소추를 했고, 28번째는 대통령 탄핵소추, 그리고 29번째로 권한대행이 당한 것이다. 전례가 없었던 권한대행에 대한 탄핵이 행해졌기 때문에 또 다시 헌법문제로 떠올랐다. 헌법학자들 사이에서도 일부는 대통령에 대한 탄핵소추의결을 국회 재적의원 3분의 2로 가중시킨 것은 대통령이 국민에 의해 '선출'되었다는 점이 고려된 사항이라고 했다. 선출직 공무원과 임명직 공무원 사이의 차별점을 논거로 삼았다.

필자의 견해는 헌법의 대통령에 대한 특별한 보호 장치는 선출에 의한 국민적 정당성 외에도 대통령 중심제 국가에서 대통령에 부여된 권한을 보장함으로써 국정 안정을 기하고자 한다는 취지가 작동한다고 본다. 즉 견제와 균형이라는 권력분립원리라는 헌법원칙이 반영되었다는 것이다. 따라서 대행체제가 된다고 해도 정부와 국회 사이에 견제와 균형 관계는 이루어져야 하기 때문에 대통령과 동일한 의결정족수가 적용되어야 한다고 본다.

이후 한덕수 대행에 대한 탄핵소추는 헌재에서 기각되었다. 헌재의 다수의견은 대행에 대한 국회의 재적의원 과반수 소추의결 정족수는 합헌으로 보았다. 이렇게 헌재의 오판으로 인해서 국회의 다수당 횡포의 길이 합법화되었다. 향후에도 대통령의 탄핵소추가 발생하게 되면 대행체제로 가야 할 정부는 하루아침에 국회의 수하에 놓이게 되는 것이다. 그런 일그러진 헌법 모양을 그려준 헌재의 이번 판결은 일대 실수라 하지 않을 수 없다. 헌법의 빈틈과 구멍을 현명하게 보완할 기회를 놓치고 오히려 잘못 메꿈으로써 향후 개헌방식을 통하지 않으면 시정할 수 없게 만들어 버렸다.

③ 소결론과 평가

이상의 몇 가지 예를 통해서 우리 헌법의 발전 정도를 가늠해보게 된다. 2010년대가 되면 한국의 민주주의는 세계 20위권 내외에서 평가를 받기 시작했다. 특히 헌법재판소의 활동은 적어도 아시아에서는 최강 헌법국가임을 자랑하게 되었다. 몽골, 인도네시아 등에서 한국의 헌법재판소를 모델로 하여 수입해갔다는 이야기도 들었다. 아주 반가운 소식이었다. 그런데도 위에서 본 바와 같이 일부 사례를 통해서 보면 여전히 우리 사회의 헌법인식의 깊이가 경박하다는 느낌을 지울 수 없다. 그것도 법률가 대통령이나 고급정치인들의 발상이 그 정도에 머무르고 있다는 것은 매우 아쉬운 부분이다. 노무현, 문재인, 조국, 한동훈, 윤석열, 이재명 이들은 모두 변호사나 법학교수 출신들이다. 그리고 현재 22대 국회의원 중 60여명이 법조인 출신이라고 알고 있다. 그럼에도 불구하고 이와 같은 엄청난 탈법 혹은 위헌에 유사한 행위들이 난무하는 것일까? 첫째 이유는 법철학적 깊은 고민과 경륜이 없는 율사 출신 정치인이 되었기 때문이라고 고백해야 맞을 것 같다. 하지만 이것보다 더 강력한 이유는 법률가들이 사법부가 아닌 국회라는 정치의 장에 오면서 집권논리에 휘둘리고 극단적 진영정치에 가담하게 되면서 균형 잡힌 법보다는 당파성 우선이라는 마법에 빠졌기 때문이라고 보인다. 정치 양극화는 헌법과 법률도 가차 없이 쓰레기로 만들어 버리고 있다.

그나마 다행스런 것은 헌법의 깊이와는 별도로 법기술(legal skill)은 정말 능수능란하게 발전했다. 해당 법조문과 판례를 기반으로 하는 법논리 논쟁은 놀랄 정도로 달라졌다. 지난 세월 무수히 쌓인 소송실무와 법규와 판례, 법조인들의 실력이 높아진 결과다. 이것도 헌법발전을 위해서는 귀중한 자산이다. 이런 수많은 논쟁을 통해서 헌법의 빈틈도 메꾸고 헌법의 뿌리를 튼튼히 만들 것이기 때문이다.

4. 향후 개헌 방향에 관하여

이미 위 도입부에서 밝힌 바와 같이 내가 가진 개헌방향의 소견은 최소한 원칙을 기조로 한다. 그리고 웬만하면 현행 헌법을 최대화시키기 위해 법률, 제도개선, 정치문화를 개선하도록 한다. 그렇게 해서 국민의 헌법인지도를 높이는 한편, 헌법에 대한 존중심도 고양시키는 효과를 얻도록 하자는 입장이다. 하지만 이번 탄핵정국은 정치적 갈등을 최대화시켰고 따라서 개헌논의는 불가피하다고 본다. 그래서 일각에서는 개헌관련 토론회를 개최하고 있다고 전해진다. 양원제도 나오고, 대통령 4년 중임제도 나오고, 국회해산권도 주장된다.

필자가 말하고 싶은 개헌의 내용이 하나 있다면 적대적 진영논리를 조금이라도 진정 또는 해소시키는 방안을 제시하는 일이다. 골자는 간단하다. 즉 대통령의 5년 임기보장을 분명히 하는 것이다. 그럼으로써 임기 도중 정권탈취의 야심을 접게 하는 것이다. 그 한 방법은 미국식 부통령제를 도입하고 대통령의 임기종료일 및 취임일을 헌법으로 고정시키는 것이다. 강조점은 우리 정치권의 주요 관심사가 집권당의 조기퇴진에 집중되기 쉬운 헌법의 제도적 취약성을 보강하자는 것이다. 그렇지 않으면 앞으로도 집권에 실패한 진영은 상대방 쓰러뜨리기에 골몰할 경향이 농후할 것이다. 적대적·극단적 진영정치가 갖는 문제의 핵심은 정책목표 달성보다도, 오직 집권만이 초미의 관심사가 된다는 데 있다.

  대통령중심제가 의원내각제에 비교해서 장점이 있다면 대통령이 의회의 신임 여부와 관계없이 재직하므로 임기 중 집행부의 안정과 권위가 유지될 수 있다는 것이다. 그런데 우리나라는 미국과 달리 대통령의 임기 5년의 보장이 불투명하다. "대통령이 궐위된 때 또는 대통령당선자가 사망하거나 판결, 기타의 사유로 그 자격을 상실한 때에는 60일 이내에 후임자를 선거한다."(헌법 제68조 제2항)와 "대통령이 궐위되거나 사고로 인하여 직무를 수행할 수 없을 때에는 국무총리, 법률이 정한 국무위원의 순서로 그 권한을 대행한다."(헌법 제71조)가 준비되었을 뿐이다. 이에 비해 미국은 대통령 임기 4년이 확고하다. "대통령과 부통령의 임기는 …… 임기가 만료했을 해의 1월 20일 정오에 끝난다. 그 후임자의 임기는 그때부터 시작된다."(미국 수정헌법 제20조). 대통령이 궐위 혹은 유고되면 부통령이 남은 임기를 채우게 된다. 1947년의 대통령승계법에 따라 대행하는 것은 우리와 같다. 부통령 외에 하원의장, 상원임시의장, 국무장관, 재무장관 등의 순서로 되어 있다. 1967년 수정헌법 제25조가 이를 보완하고 있다.

최근에 드러난 탄핵제의 남용방지책도 마련되어야 한다. 앞으로도 여소야대 정부는 얼마든지 생기게 되는데, 과반수를 점한 야당이 탄핵을 남발하더라도 문제가 안 되는 길이 헌법재판소에 의해 열려버린 것이다. 매우 중대한 문제이기는 하지만 이것을 대통령의 국회해산권이라는 권한부여를 통해 해결하는 것은 바람직스럽지 않다. 우선 국회가 자율성 기관으로서의 모범을 보여야 한다. 기울어진 의석수라고 하더라도 소수당의 의견을 최대한 존중하는 성숙한 모습을 발휘해야 한다는 것이다. 다수의 독주와 횡포로 가면 국회가 가지는 민주적 대표성을 여지없이 상실하게 된다. 여야 간 합의와 숙의 민주정치를 위해 상임위원장 배정문제, 의사절차를 존중해서 진행하는 것을 기대하는 수밖에 없다. 모든 문제의 근원은 헌법에 대한 존중의식이 낮다는 것과 입헌주의를 더욱 형해화시키는 극단적 진영정치에서 비롯됨을 다시 한 번 절감하게 된다.

이하에서는 우리나라의 헌법발전의 위치를 점검하는 한편 현재 큰 저해 요인이 된 극단적 진영정치의 원류를 규명해보고자 하는 시론을 펴보고자 한다. 우리 헌법발전은 서양에 비해 역사가 짧았음에도 불구하고 압축성장의 형태로 빠르게 이루어졌다는 것은 다 아는 사실이다. 이제는 선진국이 되어 편안하게 순항만 할 때도 되었다고 생각하지만 여전히 의외의 돌발사고들이 연출됨으로써 조심하면서 거친 도로 위를 달릴 수밖에 없는 안타까운 형편에 처해 있다. 고속성장 가운데 방치되고 외면한 허점들이 곳곳에 잠복하고 있기 때문일 것이다. 가장 오래된 헌법역사를 가진 영국 등 유럽국가들은 물론이고 200년 이상의 민주주의와 입헌주의의 모범을 보이고 있는 미국도 처음부터 이런 제도로 정착된 것이 아니고 그동안 무수한 시행착오를 거쳐 오늘에 이르렀다는 점을 위안으로 삼으면 좋을 것이다. 이하의 논의를 통해서 우리의 역사를 좀 더 총체적이자 화해의 눈으로 직시함으로써 우리가 사는 현재가 과거의 잘못된 유산에 의해 지배당하는 일이 없도록 개안된 문제의식을 가졌으면 좋겠다고 생각한다.

5. 근대화와 헌법 성장

1) 우리 헌법의 기원

2025년 현재 한국의 헌법(=공화국)은 어느 정도 수준에 서있을까? 헌법의 규범력(normativity) 관점에서 상대적 비교로 진행하고자 한다. 제1장에서 약간 언급했듯이 영국 이코노미스트지 부설 기관(EIU)이 발표한 '민주주의 지수 2024'에서 한국은 10점 만점에

7.75점을 받아 전년의 8.09점 보다 크게 떨어졌다. 세계 순위도 167개국 중 22위에서 32위로 내려갔다고 한다. 이 평가를 감안하면 우리 헌법은 다시 70점대로 추락한 것으로 볼 수 있다. 최근 5년은 80점까지 올랐다고 보이는데 최근의 비상계엄선포로 인하여 한국 민주주의의 위신이 추락한 것으로 보인다. 2015년 헌법 교과서 집필할 당시 우리 헌법수준은 75점 정도까지 올라왔다고 생각했다. 문민정부와 국민정부를 지나가던 2000년에 합격점수인 60점을 돌파하여 이후 참여정부와 이명박 정부 당시에 각각 65점, 70점을 찍었다고 보인다. 그러니까 대략 2000년을 넘어오면서 우리는 '명목헌법'을 벗어났다. 군부정권 종식을 알리는 1987년 6월 항쟁 당시는 40점을 주고 싶다. 과락점수를 줄 수밖에 없다. 하지만 군부정권 시대에도 정부조직은 분화되었고, 법전의 세분화는 진행되고 있었다. 헌법 발전에서 사회분화와 각 분야를 지탱하는 개별법의 생성은 매우 중요한 의의를 지닌다. 그리고 국민 일부는 지속적으로 저항권을 행사했고 국민주권과 인권의 중요성 인식은 높아가고 있었다. 그래서 40점을 부여할 수 있다. 그렇다면 1987년에서 40년 거슬러 올라가 마주치는 1948년 제헌 시기는 몇 점 정도였을까? 그 사이에 6·25동란이 발발했던 것을 감안해도 해방직후 우리는 헐벗은 상태에 놓여있었다. 1948년 1인당 국민소득은 35달러, 소작료 농가는 60%, 농민의 85%가 땅 한 평 가지지 못한 소작농이었다고 한다. 헌법도 없었고 선거도 처음 경험하였다. 15점 이상을 주기 힘들 것 같다. 그런 수준에서 총선거와

헌법제정과 정부수립을 했던 것이다. 공화국 유지조차 힘든 상황이었다고 보아야 한다. 그 상태에서 70년 만에 오늘날의 발전을 이룬 것이다. 그렇다면 일제치하 1919년 3·1운동 시기의 한국인들의 공화국 의식 수준은 10점 이하로, 그것보다도 0점을 막 벗어난 3점 이하로 봐야 정당할 것이다. 1919년은 조선 왕조와 유교의 문화, 일제의 식민지문화, 그리고 개명된 민족주의와 공화국 시민의 문화가 혼재된 상태에 있었을 것이다. 그래도 이것이 있었기 때문에 기미독립선언서가 낭독될 수 있었고, 자주독립에 대한 요구가 곳곳에서 외쳐졌고, 마침내 상해에서 이 상황에서 임시정부를 만들고 건국 논의를 시작했던 것이다. 이 씨알이 오늘날 한국이 세계 10대 강국으로 성장한 역사의 분수령이었던 것이다. 우리 국민 모두가 감사하고 소중하게 받아들여야 할 보석과도 같은 존재임에 틀림없다. 비록 작고 어렸지만 공화국 시민정신이 중심에서 원동력을 이룬 3·1운동이었다. 우리는 다시 이것이 형성된 과정을 알기 위해서 그 기원의 추적을 멈출 수 없다. 그것이 현재 우리 헌법의 원천을 찾는 작업이기 때문이다.

2) 근대화

① 공화국 실현의 축적 과정

공화국, 헌법과 같은 개념은 근대화의 산물이다. 한국의 근대화의 기점은 언제일까? 참고로 문학자들의 입장을 살펴보았다. 한국

소설사에서는 1890년대에서 1910년대에 이르는 시기를 근대계몽기, 개화기, 애국계몽기 등으로 부르는데 이때를 한국 근대소설의 출발기로 보고 있다 한다. 정확한 기점은 관점에 따라 다른데, 영·정조 때부터 시작되었다는 설, 갑오경장 설, 애국계몽기 설이 있다. 근대소설의 출현 배경은 개화사상의 출현, 근대적 인쇄술과 전기의 보급, 신문 발행, 한글운동의 확산 등을 주요 요소로 들고 있다.

정치학자들은 근대화를 다른 관점에서 바라본다. 근대화란 서양 정치제도가 우리나라에 전면적으로 도입된 시점을 뜻한다고 본다. 그것은 곧 서양식 국가와 법개념 도입과 관련되는 것으로 1876년 조일수호조규 제1관이 그 시작이었다. "조선국은 자주지방(자주국가)으로서 일본국과 평등한 권리를 보유한다."는 이 규정은 기존의 사대자소의 원리에 입각한 유교적 국제질서의 전면적 부인을 의미하는 것이었다. 서양의 주권론이 처음 소개된 것은 국제법을 통해서다. 1864년 중국에서 『만국공법』이란 이름으로 번역된 휘튼(Wheaton)의 국제법이었다. 유길준의 『서유견문』제3편 '방국의 권리'에서도 주권을 설명한다. 박규수는 실학과 개화파를 이어주는 역할을 한 인물이었는데, 그는 어린 고종에게 주권의 중요성을 가르쳤다. 1897년 대한제국은 조선이 주권국가가 된 해이다.

역사학자의 견지에서 보면 우리의 근대화 기점에서 서양의 공화국을 처음 소개한 최한기의 『지구전요』(1857)를 빼놓을 수 없을 것이다. 1883년 박문국이 발간한 최초의 신문 「한성순보」에서 '구미입

헌정체'를 소개한 적이 있다(1884. 1. 30). 군민동치(입헌군주제)와 합중공화(민주공화제), 헌법과 선거제에 대한 설명이 있었다.

　이웃나라 일본의 메이지유신(1868)은 한국인들에게도 서양 정치체제가 임박하고 있음을 느끼게 했을 것이다. 갑신정변, 동학민란, 갑오경장으로 개화의 파고는 계속 밀려왔다. 공화제의 필요성을 주장하고 나선 집단은 독립협회(1896)였다. 독립협회는 현실을 감안해서 고종황제에게는 입헌군주제로의 개혁안을 제시하였다. 2차에 걸쳐 이루어진 만민공동회는 최초의 국민회의요, 헌법제정회의요, 의회의 성격을 두루 가졌던 집회였다. 만민공동회는 「헌의6조」와 「의회설립안」 등 의견들을 모았다. 1898년 10월 31일 고종은 그 건의를 수용했다. '군민공치' 즉 입헌군주제를 지향한 것이었다. 공화주의의 싹이 트고 있었던 것이다. 이후 사태가 돌변하여 독립협회와 독립신문은 활동이 종료되었다(1899년). 만민공동회와 독립협회가 와해된 후 흩어졌던 인사들은 공화정신을 더욱 다지면서 확대와 구체화의 길을 걸었다.

　근대국가는 다면적인 것이며 동시에 통일적인 것이다. 국가 내의 사회가 다양하게 분화되고 각 분야마다 종전과는 구별되는 특징을 보여주기 시작했고, 이를 통틀어서 하나의 국가로 형성되는데 이를 근대국가라 한다. 유럽의 경우 자본주의의 발달, 관료제 형성, 국민의 군대, 도시화, 신분제도 철폐, 인본주의 사상과 예술, 법치주의 등 이런 현상들이 사회 저변에 자리 잡으면서 그 위에 형성된 국가가 근대국가이다. 근대국가로 오면 주권자는 군주가 아니라 저변의 시민들로 교체된다. 이와 같은 근대국가에 대한 전망 속에서 전통적 민족주의 대신 근대적 민족주의로 바뀌어야 한다는 것이 대한제국 이후 일제 치하에서 지속적으로 이루어졌다. 근대 민족주의 운동은 왕조를 대체하는 혁명운동이자 개화운동이자 백성이 국가의 주인이 되는 사회를 예비하는 운동이었다.

1905년 을사늑약 체결과 대한제국의 몰락 과정에서 민족주의는 물론 공화주의 확산의 계기가 되었다. 특히 안창호 등에 의해 결성된 비밀결사인 신민회는 본격적으로 공화제를 지향했다. 후일 상해임시의정원의 중심이 되는 인물들이 여기서 배출되었다. 공화제는 미주 한인사회에서 조직한 공립협회(1905), 대한인국민회(1910)로 이어졌다.

국제적 환경 변화도 공화제를 촉진시켰다. 1911년의 중국 신해혁명, 1차 대전 이후의 러시아(1917)와 독일의 공화제로의 전환(1919)이 있었다. 이러한 배경에서 1917년에는 조소앙이 기초한 「대동단결선언」이 발표된다. 이 모든 것들이 3·1운동의 선구를 이루었다.

② 공화정신의 온상이 된 사회 분화

이상에서 본 사건들이 3·1운동과 민주공화국 건설까지의 선행 작업과 그의 계승과 축적 활동이었다면, 공화정신이 동시대의 다른 사람들과 분야들에게 전파되고 영향력을 확대시키지 못했다면 3·1 운동은 역시 가능하지 못했을 것이다. 공화주의의 전파는 사회 분화 속에서 사람들 사이를 조금씩 침투하여 들어가서 새로운 시민으로 바꾸어 갔다. 언론과 학술과 교육과 교회와 예술과 오락 등의 온갖 영역에서 대화와 문서와 표현에 섞여 점차적으로 확산되었을 것이다. 분화 과정에서 가장 큰 기여를 한 매체를 꼽는다면 단연 '한글'이었다. 서재필이 만든 독립신문은 언문(한글)을 사용했다. 더 많은 사람들에게 알리고 깨우치도록 하기 위함이었다. 한글 보급은 문학자들이 가장 앞서서 행했다고 보인다. 그래도 전달의 한계는 여전히 존재했다. 높은 문맹률 때문이었다. 광복 직후 남한 지역의 문맹률은 12살 이상 전체 인구 약 천 만 명의 78%로 높았다고 한다. 그래서 1945년 건국준비위원회에서나 미군정에서 문맹 퇴치를 주요 과제로 삼았다고 한다.

1900년대에 들어서면서 종전과 다른 개화기 소설이 등장했다. 신소설과 현대소설, 현대시로 이어지는 문학사의 흐름을 개관하면 10년도 채 안되어 서양의 온갖 문학 사조들이 압축적으로 경험되는 것을 보게 된다. 자연주의, 사실주의, 추상주의, 모더니즘, 프로문학(사회주의), 파시즘 문학 등 근대에서 현대까지 다 망라하고 있다.

공화국에 대한 전문 지식은 정치학과 법학의 초기 학자들의 활동을 통해서도 전파되었다. 이외에도 중앙과 지역의 언론 매체와 수많은 학교 설립, 직장과 결사체와 집회, 교회를 비롯한 종교단체 활동 등을 통해 대중들은 지속적으로 새로운 소식과 정보를 접하면서 깨우쳤다. 이렇듯이 사회 분화와 더불어 민주주의와 공화국 사상은 여러 지식과 사조에 묻어서 전국 곳곳으로 전파되었다. 일단 신분제가 풀린 이상 사상과 표현의 자유는 일정한 제약 속에서나마 생산과 재생산을 반복하면서 사람들의 일상생활 속으로 파고들었다. 그렇게 해서 대중은 바뀌고 있었다. 문학 외에도 대중가요와 고전음악, 연극, 영화 등의 보급도 대중 정서의 근대화에 크게 기여했을 것이다.

또한 근대적 문명의 출현이 사람들의 의식을 변화시켰다. 예컨대 전차와 기차의 출현을 보자. 1899년 9월 18일 노량진과 제물포를 잇는 33.2km 철길이 깔렸다. 새로운 교통수단은 사람들에게 근대적 시간 분할의 관념을 심어주었고, 자연 속에서 자연을 즐기던 전통적 자세에서 이제는 자연을 대상으로 감상하는 근대인으로 바뀌기 시작하였다. 동시에 새로운 교통수단은 승객의 성별, 출신, 나이를 문제 삼지 않는 평등사상의 전파자이기도 하였다(송찬섭 외『근현대 속의 한국』, 2014). 양장, 양복이 들어오고, 단발과 고무신, 구두 등도 오래된 사회의 고정관념을 타파하기 시작했다. 쌀밥 대신에 서양빵, 케익, 수프, 아이스크림 등 서양음식과 어묵, 다꾸앙, 초밥, 뎀뿌라 등 일본식품, 커피와 담배, 양주의 등장으로 의식주 모두에서 변화가 일어난 것이다. 그와 함께 새로운 기술교육과 직업인들이 출현하였다. 이런 생활과 환경 변화가 모두 근대사회로 넘어가는 과정에 있었던 일들이다.

③ 3·1운동

일제의 조선 정책은 기본적으로 동화주의를 목표로 하면서도 '무단통치'를 행했다. 무단통치에 의한 동화주의 실시는 일한관계에서는 기대할 수 없는 것이었다. 한국인들은 1919년 3·1운동으로 식민통치에 대한 거부와 자주독립의 선언을 거족적으로 전개하였다. 한일병합 10년도 안 돼서 나타난 한국인의 저항은 일본 통치를 당황케 하였고, 간판을 무단통치에서 문화정치로 바꿨다. 3·1운동은 이전의 온갖 공화국 개화사상이 흘러들어온 큰 호수와 같은 것이었으며 이 물이 흘러가 향후 우리나라의 방향을 결정하게 되는 혁명적인 사건이 되었다. 이를 계기로 한국인들은 민족의식, 자주의식이 각성되었고 정치 활동도 활발해졌다. 중국과 러시아 지역에 거점을 둔 임시정부와 미국 거주 교포들을 중심으로 한 독립운동, 대한민국 임시헌장의 제정 등은 해방 후 건국의 주춧돌이 되었다. 임시정부도 조직을 만들고 재정을 조달하고 인원을 관리하기 위해서는 정치 활동을 그치지 않았다. 근대적 민주공화국 건설의 초보적인 활동과 훈련을 해나가고 있었다. 정당 활동도 경험했다. 그러나 임시정부 중심의 독립운동 이외에도 여러 형태의 정치 방식이 일제 치하의 한반도에서도 있었다. 1948년 헌법제정과 정부수립에는 이들의 참여와 역할이 작지 않았다. 이들은 독립운동을 하는 대신 식민통치 아래서 서양정치 방식을 답습하고 한국의 살 길을 모색하였다. 이들도 해방 이후의 정치와 사회 각 분야에 참여하여 근대화에 영향을 미치게 된다. 우리는 독립운동가들과는 다른 길을 걸었던 한국인들의 정치 행태를 아울러 살펴봄으로써 우리의 건국과 헌법 제정 역사를 좀 더 현실적이고 폭넓게 조망할 수 있으리라고 본다.

6. 진영정치의 원류: 일제치하에서 한국인의 정치활동

1) 네 갈래의 정치행태

신채호는「조선혁명선언」(1923)에서 일제하 정치운동가들을 내정독립운동자, 참정권론자, 자치론자, 문화운동자들로 분류하여 각각을 비판하였다. 또한 외교론과 준비론을 미몽이라 치부하고 민중직접혁명을 주장하였다. 이 당시의 신채호는 러시아 혁명의 영향을 받아 무정부주의자가 되어 있었다. 신채호의 설명에 따라 일제치하의 한국인들의 정치 행태를 네 개의 집단 즉 독립운동, 자치운동, 참정권청원운동, 사회주의운동으로 대별해 볼 수 있다. 독립운동은 상해임시정부가 대표적이다. 상해임시정부는 통합을 위한 노력에도 불구하고 끝내 통합정부를 구성하지 못했다. 1944년 민족혁명당과의 합작 형태를 갖추었지만 여전히 연안 지역 조선의용군(김두봉, 무정)과 동북항일빨치산운동(김일성)과의 통합까지는 이루지 못한 채 해방을 맞이한다. 자치운동론은 대표적으로 동아일보의 김성수와 송진우, 이광수, 최린과 같은 인물들이 있다. 참정권청원운동은 국민협회(협성구락부의 후신)의 민원식이 있었다. 사회주의운동은 1918년 이르쿠츠크공산당 조선인지부(1월)와 하바롭스크의 한인사회당(6월)에서 시작되었다. 고려공산당, 조선공산당 이후 국내와 해외에 걸쳐 조직과 활동을 가졌다. 일제하의 정치운동이 대별된 것이다. 다른 한편 정치운동은 종교별(천도교, 기독교, 불교, 대종교 등)로도 활약이 컸다는 것을 빼놓을 수는 없을 것이다.

　일제하에서 정치 행위를 위와 같이 4가지만 국한해서 볼 때, 즉 독립운동, 자치파, 참정권청원파, 사회주의운동 이들의 공통점이 하나 있다. 그것은 모두 당장 이루어지지 않을 것을 주장했다는 것이다. 독립운동가들도 일본과의 무기 체계나 국제정세에서 도무지 승리할 수 없다는 것은 알았다. 다만 미래를 위해서 힘을 기르고 의지를 불태우고 민족정신을 키우며 주로 고향을 떠난 이국땅에서 외롭게 싸워간 것이다. 자치파나 청원파도 일본이 영국을 비롯한 유럽국가와는 달라서 결코 식민지로 삼은 조선에게 자치나 참정권 기회를 부여 할 리가 없다는 것을 알았다. 그래도 일본인들과 얼굴을 맞대면 그저 시키는 일만 하는 것이 아니고 조선을 위한 새로운 대안을 제시하면서 일본인들을 생각하게끔 했다. 인도나 베트남에 대한 영국과 프랑스의 식민통치와 비교해서 일본은 왜 그렇게 못하느냐하고 묻게 되면 일본인들도 즉석에서 답변하기가 멋쩍거나 약간은 수치스러웠을 것이다. 일본이 유럽에 비해 정치적 후진국임을 인정하는 격이 되기 때문이다. 일본인들조차도 일부는 조선인들에게 자치나 참정권 부여가 옳다는 주장들을 하는 학자나 정치인들이 있었다. 단지 일본이 그런 일을 감당하기에는 정치적 수준이 낮았기 때문에 중앙 정치에서 이를 받아들이지 못했다.

사회주의자들의 주장은 당시 세계적으로 유행했던 새로운 사상이었다. 그래서 지식인들 사이에 많이 퍼졌다. 일본인들도 다수의 사회주의자가 있었다. 유럽에서나 동아시아에서나 희망적인 대안으로 어필해왔던 이데올로기였다. 사회주의자들은 조선과 일본의 노동자·농민과 같은 사회적으로 열악한 지위에 있는 사람들에게 자본가에 대항하도록 의식과 행동의 변화를 촉구하였다. 조선의 독립운동가들이나 사회주의자들은 일본제국을 적대적 관계로 설정했다는 점에서 공통점을 갖는다. 그래서 일제는 이들 집단을 금지하고 탄압했다. 이렇게 일본이 조선에 대해서 갖는 현실적 관심은 조선 식민지를 발판으로 만주, 중국과 동남아까지 식민 지역을 확대함으로써 일본을 강국으로 만들어 유럽과 동렬의 위치에 올라서는 것을 목표로 두었다. 조선의 이들 네 개 집단은 현실 가능성이 거의 없는 것을 일본에게 요구하고 주장하고 공격하였을 뿐이다. 중요한 것은 이런 작업을 추진하는 가운데 조선 사회가 바뀌고 있었다는 것이다. 이런 생각들은 각각 사회 여러 분야에서 일하는 사람들의 사고에 직간접적으로 영향을 미쳤다.

제일 확실한 것은 독립하자는 구호다. 조선인이라면 누구나 환영할 구호였기 때문이다. 하지만 독립하면 어떤 나라가 될까하는 생각을 해보면 그것은 좀 아득한 문제가 된다. 다시 대한제국으로 돌아갈까 아니면 새로운 나라, 그 새로운 나라는 어떻게 만들고 국민들은 어떻게 되는가? 이와 관련한 전망들이 한국인들 사이에 자리가 잡혀야 된다. 국민계몽의 문제다. 그래서 실력양성론이나 준비론이 나온다. 이들은 부지런히 교육사업에 몰두했다. 독립군 찬양론, 자치론을 하자는 것은 무슨 뜻인가? 일본인들과 똑같이 조선인에게도 참정권을 달라는 것은 무엇인가를 생각했을 것이다. 그러면서 왕조 때와는 다른 국가론, 국민의 권리, 민족주의, 국가기관 등 근대 정치와 헌법에 대한 기본 관념들이 떠오르기 시작했을 것이다. 가능하지도 않는 것을 목표로 두고 그를 되풀이해서 주장하는 가운데 일제하의 한국은 이렇게 조금씩 바뀌어 간 것이다. 적어도 조선왕조의 백성에서 새로운 근대 시대의 사람들로 변화하고 있었다.

2) 5·10총선거와 제헌국회 구성

총유권자수는 7,840,871명, 의석정수는 200석, 소선거구제로 실시되었다. 입후보자 총수는 942명이었다. 그중 무소속이 85명(42.5%), 대한독립촉성국민회 55명(27.5%), 한국민주당 29명(14.5%), 대동청년단 12명(6%), 조선민족청년단 6명(3%), 대한독립촉성농민총연맹 2명, 대한노동총연맹 1명, 교육협회 1명, 단민회(檀民會) 1명, 대성회(大成會) 1명, 전도회 1명, 민족통일본부 1명, 조선

공화당 1명, 부산 15구락부 1명이 당선되었다. 무소속을 제외한 16개 집단이 의원 1명 이상을 배출했다. 또한 1석도 얻지는 못했지만 30개 집단이 어느 한 지역 이상에서 출마를 했었다. 즉 46개의 정당(혹은 48개)이 이름을 걸고 제헌국회에 참여한 것이다.

이렇게 해방 이후 50에 육박하는 정치 집단의 수가 있었다. 그 중 16개 집단이 당선자를 냈다는 것은 아직 정당정치가 정착되지 않았던 그 시대에 약간의 정치 훈련을 거친 사람들이 곳곳에 산재해 있었음을 반영한다. 독립운동집단이 아닌 국내파(한민당 등)가 3분지 1 이상을 차지한 것이 주목할 부분이다. 제헌국회를 시작으로 정치도 70여년을 거쳐 오늘에 이르렀다. 만약 일제 강점기의 네 가지 유형의 정치 집단이 해방 이후 어떤 정치적 경로의 길을 걸었는가를 추적할 수 있다면 오늘날의 정치 지형을 이해하는데도 큰 도움이 되리라 본다. 특히 우리 사회의 이념적 분화로 인한 정치적 양극화는 분명 이들 뿌리와 무관하지 않는다고 본다. 현대 정치사의 전개에 대해서는 향후의 연구과제로 남겨둔다.

7. 일제하 정치집단 간의 길항관계

1) 국가민족주의와 통일민족주의

근대 민족국가는 민족주의의 기반 위에서 형성되었다. 우리는 개화기 이후 압축적으로 진행시켰다. 그 결과 현재의 헌법도 민족주의를 반영한다. 헌법전문을 보면 "유구한 역사와 전통에 빛나는 대한국민은"으로 시작되고, "정의·인도와 동포애로써 민족의 단결을 공고히 하고"라는 내용이 있다. 이렇듯 대한민국은 민족주의를 기반으로 성립한 국민국가라 할 수 있다.

서희경은 대한민국 정통성 논의를 전개하면서 우리 헌법상 3·1운동의 의의와 임시정부에 대한 평가를 시도했다. 3·1운동에 대해서는 우파와 좌파의 입장이 상이했고, 임시정부에 대해서는 이승만과 김구 사이에 의견이 갈라졌다. 결과적으로 남한만의 단독정부를 주장했던(1946. 6. 3. 정읍발언) 이승만의 견해가 대세가 되어 대한민국 헌법 제정과 정부수립을 마쳤다. 이승만도 임정 중심의 정부를 구성하려는 시도를 했지만, 미국이 이를 거부한 이후로 대한임정봉대보류론의 입장에 섰다. 미 국무성은 해방 후 대한임정의 귀국을 허락하는 조건으로 미군정이 남한지역의 유일한 합법정부임을 서약하라고 요구했다.[1] 임정 대표는 이를 거부하고 개인 자격의 귀국을 수용하게 되었다. 그리고 입국 후 임정과 미군정은 계속 갈등을 빚었다.

단독정부 결정 과정을 이해하려면 북쪽의 변화를 동시에 살피지

01 　김구, 『백범일지』, 돌베개, 2003, 400쪽.

않으면 안 된다. 제2차 세계대전의 승전국이었던 소련의 스탈린은 동유럽에서와 거의 같은 정책을 북한에서 진행했다. 이에 따라 김일성은 이미 1945년 12월 17일 '혁명적 민주기지론'을 공표하고, 건당, 건군, 건국의 과업을 강력히 추진하고 있었다. 소련은 1946년 1월 15일 미소공동위원회 대표단을 서울로 파견했다. 하지만 바로 그날 평양에 북조선 중앙은행이 설립되었다. 2월 8일에는 북조선임시인민위원회와 인민군 간부양성사관학교인 평양학원이 창설되었다. 이후 대대적인 토지개혁과 주요 산업에 대한 국유화를 단행하였다. 북쪽 좌익 진영은 이미 단정노선을 진행시키고 있었고, 남한의 반탁운동과 관계없이 별도의 나라 건설을 추진하고 있었던 것이다.

이승만의 국민총선거론에 대해서 김구는 임정봉대론을 끝까지 포기하지 않았다. 그러나 김규식은 소극적이나마 신생 대한민국을 지지했다.[2] 서희경은 같은 글에서 김구와 그 지지자 노선을 민족주의로, 이승만과 그 편을 국가주의로 분류했다. 평소 필자의 경우도 우리나라 정치사를 이해하기 위한 두 흐름을 통일민족주의자와 국가민족주의자로 구분하고 있었던 터라 서희경의 이런 분류에 대해 공

---

02 서희경,「헌법 전문과 대한민국 정통성 논의」, 이동수 외,『한국의 정치와 정치이념』, 인간사랑, 2018, 190~199쪽. 185쪽.

감이 간다. 국가건설의 필요성, 다급성을 강조한 이승만의 입장과 선통일후정부수립의 입장을 견지했던 김구 사이의 차이가 있었다. 필자가 보기에는 이승만도 민족주의자였다. 하지만 그는 정세 판단을 해볼 때 이제는 국가건설(정부수립)이 절실히 필요한 것으로 판단했다. 그런 의미에서 그의 입장을 국가민족주의자로 부르는 것이 좋다고 생각했다. 그에 비해 김구의 입장은 국가를 뒤로 미루었다는 점에서 통일민족주의자로 구별하였다. 전자가 대체로 보수정당(현재의 국민의 힘)의 주류로 흘러왔고, 후자가 진보정당(현재의 더불어민주당)의 맥을 형성하고 있다고 보인다.

문제는 남한 단독정부로 출발한 대한민국의 정통성에 대한 인정 여부에 있다. 통일민족주의자들은 대한민국 정통성을 부인하는 입장에 서고 지금까지도 계속된다. 이 책의 공동필자인 조민 대표의 경우 정통성 문제를 지속적으로 강조하였다(『21세기 공화주의와 공동선, 한국』제4장 참조). 야당의 태생과정과 통일민족주의자들의 관계를 좀 더 엄밀하게 들여다보면 한민당과 신익희, 조병옥 등으로 시작된 야당은 제1공화국에 적극적으로 참여했던 사람들이다. 즉 이들은 대한민국의 정통성을 의심하지 않는다. 또한 김구와 함께 단독정부에 참여하지 않은 임정인사들(대표적으로 조소앙)도 1950년 국회의원 총선거에는 대거 참여하여 대한민국의 정통성에 대한 의문은 해소된 상태였다. 그러나 김구가 세상을 떠난 뒤에도 통일민족주의의 흐름은 오랫동안 제도정치권 밖에 머물면서 야당에 편승하고 합세하여 반독재 민주화투쟁에 참여해왔다. 그리고 6월 항쟁 이후 민주화 진전에 따라 민주당과 진보정당들에 대거 합류하였다. 그 결과 여전히 대한민국의 정통성문제는 극단적 진영논리의 바탕으로 잠복하고 있다.

정작 이승만과 김구는 모두 우파 정치인이고 다만 건국과정에서 다른 길을 걸었을 뿐이다. 하지만 이때부터 이분화된 두 노선의 추종세력은 오랫동안 이념적 상극 관계에 서서 갈등과 투쟁의 연속선상에서 성장 변화해왔다. 그 가운데서도 두 노선은 각각 산업화와 민주화라는 귀중한 결실을 거두게 되었다. 대한민국을 세계적인 선진국의 대열로 끌어올려놓는데 기여한 것이다.

산업화와 민주화는 상보관계로써 존재한다는 것은 분명하다. 경제의 뒷받침 없이 인권 상승을 기대할 수 없고 반대로 민주화 없이 창조적인 산업화를 기약할 수 없는 것이다. 그렇기 때문에 어느 일방이 두 가지 공적 모두를 독식할 수는 없는 것이다. 그렇다면 이제는 두 정치 진영은 과거의 적대적이고 상극적인 투쟁 관계는 청산하고 바람직한 선진 국가로 만들기 위한 견제와 조화를 통한 정치 진영으로 거듭나는 일대 변신을 꾀할 때가 당도했다고 보인다.

그럼에도 불구하고 두 정치 진영은 여전히 상대방을 타도하거나 궤멸의 대상으로 삼는 구태의연한 자세에서 탈피하지 못하고 있다. 그럼으로써 마침내 이들은 나라의 발전에 기여하기는커녕 퇴보의 늪으로 빠뜨리고 국가의 위기 상황마저 초래하고 있는 실정에 와있다. 집단적 반성과 성찰이 필요한 시점이다. 두 집단 모두 자만과 오만과 과욕은 금물이고 겸손과 이해와 양보의 미덕이 절실히 요구된다.

　필자는 우리나라에서는 언급해서 이득 볼 것이 하나도 없는 일제하의 정치행태를 들여다보고자 한다. 흔히 친일인사들로 치부되는 부류들이 일제하에서 정치를 배우고 나름의 정치 행위를 해나갔던 흔적을 보여주고 싶어서이다. 물론 역사학자가 아니라서 그것을 온전히 드러낼 능력은 없다. 나는 다만 그들도 한반도에서 조선인으로서 나름의 표현의 공간을 확보하고자 힘을 썼고 그런 것들이 모여 해방 후 정치공간에서 나라 세우는 작업에 부분적으로 참여하면서 우리의 정치사에 족적을 남겼다는 사실을 보여주고자 하는 것이다.

　일제하의 정치행태는 해외 독립운동에서와 마찬가지로 국내에서도 좌와 우의 정파로 갈라져 때로는 상호 비난을, 때로는 상호 협력을 시도하였다. 그런 가운데 성공과 실패, 투옥과 테러, 대중의 조롱 등 험한 인생의 길도 맛보았다. 그렇기 때문에 친일행적이 있었다는 이유로 무조건 그들의 존재 자체를 부인하거나 기억과 기록에서 생략시키고자 하는 것은 그 역시 식민지적 유산에서 자유롭지 못한 사고라 할 수 있다. 진정한 친일청산을 원한다면 얼마든지 그들의 행적에 대해서도 직시를 하고, 그 행위의 원인과 과정과 결과에 대해서도 설명할 수 있어야 한다고 본다. 그런 자세를 가질 때 우리는 다시 한 번 문화적 르네상스를 맞이하게 될 것으로 믿는다.

위에서 언급한 바와 같이 오늘날의 한류문화도 반공이라는 금기를 깨뜨리면서 얻은 소산이 적지 않다고 보는데, 우리는 개인적·사회적 금기를 깨뜨려야만 자유를 얻게 되고 그래야 사상과 표현의 자유의 지평 또한 확대되는 것이라고 본다. 비록 필자의 논의가 매우 제한적이고 일천한 지식의 표출이라고 하더라도 우리 헌법과 정치발전을 설명하기 위해 꼭 필요한 내용에 한정해서 사용되었다는 점을 이해 바란다.

2) 상해임시정부의 유일당 운동

3·1만세운동의 적자로 탄생한 상해 임시정부 독립운동 진영은 처음에는 임시정부 구성에 집중하다가 조만간 흩어진 해외의 독립운동 단체들을 하나로 통일시켜야 된다는 절실한 과제와 당면하였다. 대한민국의 임시정부다운 모습을 갖추기 위해서는 반드시 실현해야 할 작업이었다. 이것은 민족유일당 운동으로 나타났다. 안창호, 홍진, 김구 등 임시정부의 지도자들은 이를 위해 힘을 쏟았다.

이것은 특히 중국의 국민당과 공산당의 국공합작을 계기로 우리에게도 압박으로 다가온 시대적 요구 사항이기도 했다. 이들은 '민족대당', '일대혁명당' 등의 이름으로 결성의 목표를 설정하였다. 중국 관내 지역에서 민족유일당 운동이 첫 열매를 맺은 곳은 베이징이었다. 임시정부가 충칭(重慶)에 정착한 이후 중국 관내 지역 독립운동의 한 축을 이루고 있던 좌파 계열의 조선민족혁명당, 조선민족해방동맹, 조선혁명자연맹도 임시정부에 합류했다. 좌우합작이 이루어진 것이다.

조선민족혁명당 등 세 단체는 임시정부와 관계없이 독자적으로 활동하다가 1942년 7월 무장세력 조선의용대를 광복군에 편입시켰고, 이어 임시의정원에도 참여했다. 임시의정원의 의원 수가 23명에서 44명으로 크게 늘었을 뿐만 아니라 임시의정원 자체가 독립운동 각 진영의 통합 기관이라는 상징성까지 갖게 되었다. 10월 25일 임시의정원 개회식에서 임시정부의 외무장 조소앙은 임시정부를 대표해 "과거 무수한 방법의 대립, 과거 무수한 단체의 난립, 과거 각 당파의 대립이 의정원으로 완전히 통일되었다."는 치사를 했다. 그래서 이때부터의 임시의정원을 '통일 의회'라고 부르기도 한다.

'통일 의회' 개회 다음날인 10월 26일 홍진은 세 번째로 임시의정원 의장에 선출되었다. 그가 좌우 양 진영에서 모두 받아들일 수 있는 인물이었기 때문이다. 1944년 4월 20일에 열린 임시의정원 임시회의는 의장 홍진의 사회로 임시정부의 마지막 헌법인 대한민국임시헌장을 통과시켰다. 여야 합의로 탄생한 임시헌법이라는 점에서 대한민국임시헌장의 의미는 각별하다.

그리고 새로 개정된 임시헌법에 따라 임시정부의 조직도 개편되었다. 주석에는 한국독립당의 김구, 부주석에는 조선민족혁명당의 김규식이 선출되었다. 국무위원으로는 한국독립당의 이시영, 조성환, 황학수, 조완구, 차리석, 박찬익, 조소앙, 조경한, 조선민족혁명당의 장건상, 김붕준, 성주식, 김원봉, 조선민족해방동맹의 김성숙, 조선혁명자연맹의 유림이 선출되었다. 1944년 4월 26일 주석·부주석을 비롯한 국무위원들이 감서인인 임시의정원 의장 홍진 앞에서 취임 선서를 함으로써 합작 정부가 정식으로 출범했다. 이로써 1942년 10월 '통일 의회'에서 시작된 합작이 임시정부에서 완성되었다. 명실상부한 합작정부가 된 것이다.

1919년 9월 한 차례 이루어졌던 합작을 25년 만에 다시 이루는 데 성공했다는 사실은 독립운동의 역사, 아니 우리 민족의 역사에서 중요한 의미가 있다. 다만 상당한 성공을 거둔 좌우합작이었지만 여전히 연안지역 조선의용군(김두봉, 무정)과 동북항일빨치산운동(김일성)과의 통합까지는 이루지 못한 채 해방을 맞이한다. 그들은 해방 후 북한 정권의 주력이 된다.

3) 신간회 운동과 사회주의

1919년 3·1운동 후 일본의 문화정책에 의해 정치적 자유의 공간이 부분적으로 열렸다. 민족주의자 진영은 타협주의의 민족개량주의파와 비타협주의의 민족혁명파로 분열하였다. 많은 지식인들이 계몽운동에 주력하였다. 이들의 언로는 동아일보, 조선일보 등 신문과 잡지를 통했고, 조선경제회, 조선교육협회 등 많은 결사체를 만들어 국권회복을 도모하고자 하였다. 1924년 동아일보는 5회에 걸쳐 이광수가 집필한 사설 '민족적 경륜'을 게재하였다. 이 논설은 민족개량주의를 강조하는 것으로 동아일보 간부인 김성수, 송진우, 천도교 간부인 최린 등의 자치운동의 논리를 대변한 것이었다.

한편 또 다른 진영은 조선일보 간부인 신석우, 안재홍, 백관수 등이 속했는데 이들은 민족혁명파라고 불렸다. 이들은 일제에 대해서 비타협주의를 취했다. 이 점에서 민족개량주의를 기조로 했던 동아일보와 대립하였다. 조선일보 그룹은 공산주의자와의 협력 속에 민족협동전선의 결성을 결의하였다. 좌익 진영의 집단 중 하나인 조선청년총동맹은 1924년 4월 비타협주의의 민족주의자와의 연대를 주장했다. 이후 공산주의 서클인 북풍회도 이에 동조하였다. 동아일보도 소극적 참여에 나선다.

1927년 1월 서울에서 김준연, 홍명희, 신채호, 안재홍, 한용운 등 28명이 발기인이 되어 민족단일당인 신간회를 결성할 것을 발표했다. 신간회는 조선민중으로부터 열렬한 지지를 받았다. 이듬해 창립 1주년에는 지회가 123개, 회원 3만 명이 될 만큼 커졌다. 조선총독부는 회원의 약 4할이 공산당원이라는 이유로 탄압을 강화하였다. 신간회의 강령에는 노동자의 스트라이크나 농민의 소작쟁의, 학생운동을 적극 지원하여 민족해방운동을 하자는 것이 포함되었다. 공산주의세력이 신간회의 헤게모니를 장악했던 것이다.

1929년에 신간회는 1월에 있었던 원산총파업을 적극 지원하고,

11월 3일의 광주학생사건에서는 허헌, 김병로 등 법률가를 현지에 파견하여 학생들을 지원하였다. 이에 조선총독부는 12월 13일 신간회 본부회관을 포위하고 허헌, 홍명희 등 간부 44명을 검거하는 등 총 100명을 투옥시켰다. 1930년 11월 9일 신간회 전체대행 중앙집행위원회에서는 민족개량주의 세력이 대두하여 김병로를 중앙집행위원장으로 하는 체제를 만들었다. 코민테른 제6회 대회(1928년)와 1930년의 프로핀테른의 9월 테제에서는 신간회 활동을 비판하는 내용이 나왔다. 이것은 공산주의자들의 협력의 불필요성을 말한 것이다. 1931년 5월 신간회 전체대회가 열렸지만 좌우의 협력이 중단된 단체의 존재는 의미가 없게 되었고, 사실상 자연소멸되었다.

이처럼 사회주의자들은 일시적으로 민족주의자들과 연합전선을 취하기도 하지만 궁극적 목표는 계급투쟁과 노동자 해방에 두고 여타의 것들을 수단시하기 때문에 민족주의자들을 곤혹스럽게 만들었다. 이런 예는 여운형에서도 찾아볼 수 있다. 해방 직전부터 여운형은 좌우를 망라하는 건국준비위원회를 만들어 종전 이후의 건국을 준비하고 있었다. 그런데 해방 직후에 사회주의자 남로당 대표였던 박헌영의 제안으로 여운형은 조선인민공화국(인공)을 수립하게 되는 덫에 걸렸다. 건국준비위를 넘어 구체적인 공화국을 약속하는 치명적 정치적 실수를 범한 것이다. 이로 인해 여운형은 미군정과 다른 정치인들로부터 신뢰를 잃는다.

공화주의적 관점에서 본 사회주의의 문제점은 법치주의가 무시

된다는 점에 있다. 법과 규범은 인권의 보루가 아닌 다만 정치적 수단에 불과한 것이다. 법치주의가 없이는 국가건설이 없다. 따라서 사회주의에는 국가를 건설하는 방법이 부재한다. 법과 국가는 어차피 소멸해야 할 대상일 뿐이다. 사회주의 국가를 만들었지만 전체주의, 공산당 일당독재, 권력분립의 부인 등으로 인민의 인권보장은 사라졌다. 즉 사회주의 국가들은 군주체제를 부정한다는 점에서 최소한의 공화국 요건만 갖추었지 내용상으로는 전혀 공화국이라 할 수 없는 것이다.

기독교와 사회주의의 비교도 필요하다. 이에 관한 학문적 연구는 너무나 많다. 다만 우리에게 필요한 것은 일제하의 우리나라에서 기독교와 사회주의가 미친 사회적 영향에 대한 상호 비교이다. 우리의 정치사 이해에서 필수적 주제라고 생각한다. 필자는 사회주의를 유물론적 기독교라고 보고 있다. 앞의 제1장에서 과학과 규범학 대목에서 좀 언급했듯이 과학 이론이라 자부하는 사회주의는 사회를 구조적으로 분석 설명하는 이론적 측면과 실천을 강조한다는 점에서 장점이 있지만 많은 구체적인 것들이 사상(捨象)된 사회과학이론이라는 점에서 그것이 주장하는 법칙성을 신뢰할 수 없다는 문제가 있다.

거꾸로 기독교의 성경은 도식적 설명이 없어 처음에는 핵심파악이 어렵지만 결국은 훨씬 더 많은 인생의 지혜를 제시해주고 있다고 생각한다. 적어도 계몽주의 시대 후에 합리주의가 대세를 이루면서 기독교는 배후로 들어가고 철학과 인문사회과학의 인문 개념으로 대치된다. 더구나 미국독립혁명과 프랑스혁명을 계기로 모든 사람들의 신앙의 자유는 보장하고 국교는 인정하지 않는다는 원칙, 즉 정교분리주의가 현대 정치의 기본원리가 되었다. 이것을 세속주의(secularism)라 하는데, 교회 자체는 정치에 간여하지 않고 예배와 선교와 전도만을 하게 된 것이다. 그런데 유물론적 기독교라 할 수 있는 사회주의는 세속주의 정치를 할 수 있으므로 정치세력화 면에서 기독교를 월등 앞서게 된다.

또한 사회주의는 서구 자본주의의 문제점에 대한 대안으로 신선하게 등장한 정치사상이었으므로 지식인들을 매료시켰다. 기독교는 개화기에 들어와 신식 학교, 병원을 세워 신분 차별 없이 도움을 주고 3·1운동에도 깊숙이 간여했기 때문에 교회는 우리의 개화문명에 크게 이바지 하였다. 그런데 1920년 대 쯤에는 서양 선교사들의 국내 활동은 제한을 받았고 기존의 기독교인들이 교회와 학교를 중심으로 민족정신 교육을 실시하는 정도로 소강상태로 접어들었다.

이에 비해 사회주의는 이때부터 본격적으로 등장하면서 노동자, 농민들에게 파고 들어가 새로운 사상으로 무장시키며 현장에서의 파업활동을 통해 독립운동이자 계급해방운동을 추동시켰다. 교회와 마찬가지로 신분타파와 약자의 편에 섰고, 지적으로 개명된 신사상이었다. 일제의 관헌에 탄압 대상이 되었으므로 희생의 본보기가 되기도 하였다. 교회와 닮은 점이 많았고 또 현대적인 사상으로 새로운 세계관을 열어주었다는 점에서 일반 대중들의 환심을 사기에 충분하였다. 사회주의의 전파력은 비단 우리나라에서만이 아니라 유럽이나 아메리카 등 세계적으로 확산일로에 있었다.

마르크스가 '종교는 민중의 아편'이라고 단정했으므로 문면으로만 보면 기독교와 사회주의는 대척점에 서게 된다. 그리고 우리나라에서 6·25는 공산주의자들의 소행이었기에 또다시 반공의식이 뇌리에 깊이 박혔다. 이렇게 해서 사회주의의 이론적 장점에도 불구하고 기독교와 사회주의는 양립불가능 혹은 빙탄불상용의 관계가 되었다. 게다가 우리나라의 지정학적 위치가 북한, 중국, 과거의 소련 등 온통 사회주의 국가와 인접하고 있기 때문에 많은 기독교인들의 사회주의에 대한 방어기제는 더욱 민감해질 수밖에 없다. 일종의 폐쇄적 애국심이라고 하지만 이것을 나무라기만 할 수는 없는 환경적 요인도 감안해야 한다.

그래서 사회주의를 좀 더 주장하는 민주주의자들이라면 기독교인들의 보수적 행태를 비난하기에 앞서 자신들도 스스로 주의를 할 필요가 있다. 유물론적 기독교도인 사회주의자로서 목표 달성을 위해서 수단방법을 가리지 않는 몰인정하고 표리부동한 인간으로 비치지 말아야 하고, 단체운동이 파당적 패거리 운동이 되지 않도록 외부인들에게도 개방적이고 민주적이며 우애가 넘치도록 대우해주어야 하고, 사회운동단체를 자신의 정치적 진출의 발판으로 삼기보다는 공동체 연대를 위한 자신의 기득권 포기와 자기희생의 장소로서 본을 보여줄 때 사회주의가 그에 반감을 가진 대중들에게 친밀하게 다가갈 수 있지 않을까 생각된다.

오늘날의 거리를 꽉 메운 시위가 지난 100년 동안 쌓인 기독교와 사회주의 간의 오해와 증오, 혐오감에서 비롯된 것임을 직시해야 한다. 삶의 경험에서 쌓인 감정들이기 때문에 단지 이론적 변명으로 자신의 입장을 강변하는 것은 별반 효과가 없을 듯하다.

4) 자치론자

독립선언 33인 대표자 중 한 사람이었던 최린이 자치론자의 시작이다. 사이토 총독의 참모인 아베와 가까웠던 그에게 일본이 멀지 않아 조선에 자치를 주고 조선의회가 열리게 될 것이라면서 최린에게 자치운동을 요구했다고 한다. 이때 최린은 자치운동의 필요성은 인정하면서도 총독부로부터는 시기와 의심을, 조선측으로부터는 '변절자로 불리는 것'을 이유로 들어 곤란하다고 말했다고 한다.[3)]

일본인 경성일보 사장과 도쿄대학의 식민정책 학자 한 사람도

---

03 이나미, 일제시기 조선자치운동의 논리, 『제국주의 시기 식민지인의 정치참여 비교』, 선인, 2007, 210쪽.

식민지 조선에서의 자치 혹은 조선의회 설립의 필요성을 강조했었다. 그들은 식민통치의 구도 속에서 주장했고, 이들은 영국식 의회주의 입장에 서있었다. 동시에 일본과 미국의 관계를 개선하기 위해서라도 일본은 '도덕적 제국주의'로 거듭나는 외교가 필요하다는 견지에서 이런 주장을 하였다.[4] 1925년 8월 일본에서 헌정회 단독내각이 성립되었을 때 조선의 자치는 좀 더 회자되다가 내각이 곧 붕괴되었다. 2년도 버티지 못한 것이다.

자치제 실시가 희박해지면서 흥사단의 수양 동우회와 동아일보 계열 등은 신간회로 방향을 돌렸다. 사람들은 자치제는 일본이 한국의 민족분열 정책의 일환으로 보았고, 여기에 협력한 사람들을 민족개량주의자들로 규정지었다. 그러나 일제 치하에서도 정치에 대한 갈증이 존재했던 것은 분명하다.

사실 자치론은 안창호에 의해서도 언급된 바 있다. 그는 "독립에 도달하는 한 계제로서 철저한 자치권 획득이 필요하다."고 하면서 단계론적 운동론을 편 바 있다. 서상일도 "우선 우리의 준비와 용의가 없지 아니할 수 없는 것이고 자치권 획득을 한 후 국제상세의 변화를 봉착하였다 하면 해방선상에서 오히려 유리하지 않을까."하는 의견

---

04   이승렬, 『근대 시민의 형성과 대한민국』, 그물, 2022, 520~521쪽.

을 피력하기도 했다. 자치론자들은 정치훈련의 중요성에 착안했다. 민족 백년대계를 위해 민력을 함양하고 여러 정치적 결사체를 통해 실력을 양성해야 한다고 생각했다. 이광수의 '민족적 경륜'도 정치적 결사를 강조한 글이다. 조선인의 절개의식을 비판하면서 허용되는 범위 내에서 정치적 결사를 조직할 필요가 있다고 주장했다.[5]

5) 참정권 청원론자

자치론이 주장되던 시기에 이에 반발하면서 별도로 추진되었던 것으로 참정권 청원론자들이 있었다. 내지연장주의에 의한 동화주의 지배 체제를 실시할 방침을 확정한 일본은 조선인에게도 일본인과 동등한 권리와 의무를 실시해야 했고 일본과 동일한 참정권을 부여해야 했다. 우선 지방자치제도를 실시한 다음 조선인의 '민도'가 높아지면 조선에서 선출한 의원을 제국의회에 보낸다는 정도의 계획을 수립했다.

일제는 1920년에 설치된 지방자치제도를 점차 의결기관으로 하고, 이어서 '제국의회선거법'을 조선에 실시하여 조선출신 의원을 일

05　이나미, 위 글, 213~214쪽.

본의회에 참가시킬 것이라고 대대적으로 선전했다. 1920년 2월 민원식 외 105명의 연서로 제42회 제국의회 통상국회에 청원서 '중의원 선거를 조선에 시행할 건'을 제출했다. 이들이 국민협회였다. 일본 정우회에서는 1920년 전반에 정무조사회에 식민지부회를 설치하고 조선에서 참정권을 실시하는 문제를 조사항목으로 채택하기도 했다. 하지만 당시 일본 수상 하라 다카시도 내지연장주의를 지론으로 하고 있었고, 장래 적당한 시기에 조선에 참정권을 부여하는 데에는 찬성했지만 그것을 즉시 부여하는 데에는 반대했다. 총독부는 일부 친일 귀족들을 일본 귀족원에 참석하게 하는 정도를 고려하기도 했다. 하지만 일본 귀족원은 이에 대해 신중을 이유로 거부했다.[6]

사이토 총독은 당시 상황에서 조선인들의 감정을 누그러뜨리기 위해서 조선에서 귀족원 의원을 선출한다든가 '중의원의원선거법'을 실시하는 것, '조선의회'의 설치를 통한 자치주의 체제로의 전환을 구상하였다. 독립이 아닌 식민지 상태 하에서라는 한계가 주어진 것이었지만 당시로서는 획기적인 정책이었다. 일본 측의 내지연장주의에 편승하여 20여 년간 전개되었지만 참정권청원운동은 총독부에서

---

06 송규진,「일제시기 참정권청원운동의 논리」, 변은진 외,『제국주의시기 식민지인의 '정치참여' 비교』, 선인, 2007, 227쪽 이하.

도 받아드려지지 않은 동시에 조선인들에게도 받아들여지지 않았던 것이다.

6) 소결

이들 네 개 집단 간의 상호관계만을 잘 고찰하더라도 각 집단이 가진 강점과 약점, 한계를 파악할 수 있으며 일제치하에서 한국인들의 정치 행태에 관한 많은 시사점을 얻을 수 있을 것이다. 그리고 더 나아가서 이들 집단들의 해방 이후 크게 보면 남북한의 정치에 어떻게 진출했는가와 작게는 대한민국의 정치에서 어떤 역할을 하게 되는가를 살펴보면 흔히 말하는 보수우파와 진보좌파의 진상을 파악할 수 있으리라고 본다. 이 글에서는 필자의 능력, 지면의 제약 등으로 인해 간략하게 다루었다. 이렇게 문제 제기한 것만으로도 크게 만족스럽다.

3·1운동이라는 공화국의 자그마한 씨알이 잘 자라서 오늘날 이만큼 큰 나무로 성장한 것을 보면 너무나 자랑스러울 뿐이다. 여기까지 오는데 수고한 모든 국민들에게 감사를 드리지 않을 수 없다. 나무에게 물을 뿌려준 사람들은 더욱 고맙지만 천둥과 번개, 비바람처럼 나무를 세차게 몰아친 사람들도 함께 고맙다. 순풍만이 아니라 역경과 도전도 튼튼한 성장에는 필수적이기 때문이다. 다만 2024년 연말 이후 25년 3월 중순 현재의 한국 상황은 헌정사에서 볼 수 없었던

치욕적인 퇴보하는 후진국형 모습을 연출하고 있다. 이번 기회에 우리에게 잠복하고 있던 관성화 된 나쁜 정치 습관을 탈피하여 일보후퇴 십보전진의 기회가 되기를 진정 바랄 뿐이다. 그나마 해방 이전에 대해서는 간단한 스케치에 그치고 1948년 이후의 정치 진행과정은 완전히 생략한 채 글을 마칠 수밖에 없게 되어 아쉽다. 그것은 차후에 보완할 과제로 남긴다.

【참고문헌】

· 강경선,「주권자적 인간에 관하여」,『민주법학』제62호, 2016.
· 강경선,『사회복지국가 헌법의 기초』, 에피스테메, 2017.
· 고중용,「제헌국회 초기의 정치세력 분포에 대한 연구」,『한국정치연구』제30집, 2021.
· 김영민,「근대계몽기 소설 1」,『한국현대문학사』, 집문당, 2012.
· 서희경,「헌법전문과 대한민국 정통선 논의」,『한국의 정치와 정치이념』, 인간사랑, 2018.
· 송규진,「일제시기 참정권청원운동의 논리」,『제국주의시기 식민지인의 정치참여 비교』, 선인, 2007,
· 송찬섭·최규진,『근현대 속의 한국』, KNOU Press, 2014.
· 안병직,『신채호』, 한길사, 1983.
· 이나미,「일제시기 조선자치운동의 논리」,『제국주의시기 식민지인의 정치참여 비교』, 선인, 2007,
· 이승렬,『근대 시민의 형성과 대한민국』, 그물, 2022.
· 이용희,「한국민족주의의 제문제」,『한국의 민족주의』, 춘추문고, 1975.
· 한면희,『제3정치 콘서트』, 늘품플러스, 2012.
· 21세기 공화주의클럽,『21세기 공화주의』, 인간사랑, 2019.
· 21세기 공화주의 클럽,『21세기 공화주의와 공동선, 한국』, 인간사랑, 2020.
· Posner, Richard A., 백계문·박종현 옮김,『법관은 어떻게 사고하는가』, 한울, 2016.
· Schmitt, Carl, 김기범 옮김,『헌법이론』, 교문사, 1977.
· Viroli, Maurizio, 김경희·김동규 옮김, 인간사랑, 2012.

2부 통일을 꿈꾼 정치학자 조민의 삶 속 정치

제3장 다시 꿈꾸는 통일

1. 밝아오는 통일의 새벽

1) 통일, 그래도 가야 하는 길

"남북한이 통일되면 그때 뭘 할까, 우리 각자의 소망을 하나씩 적어 봅시다." 십 여 년 전이었던가, 평화재단에서 통일 관련 토론 후 모두 나눠준 종이에 자기의 소망을 적어 보관했다가 통일되는 그날 꺼내보자는 데에 뜻을 모았다. 이런 제안에 자리를 함께 한 20여 명의 참석자들은 각자의 소망을 적어 타임캡슐에 넣었다. 그때 나는 통일되면 개마고원 언저리에서 찻집을 열어 그윽한 차향에 곡차에 젖어 살겠다는 야무진 꿈을 적어두었다. 과연 언제쯤 타임캡슐을 열어 보고 소망을 이룰 날이 올까?

1990년 10월 3일 독일이 통일되었다. 이듬해 1991년 12월 26일 소련이 붕괴되었다. 소련의 해체로 공산 진영 또한 와해되었다. 20세기 후반 이념적으로 대립하던 냉전 시대가 자본주의와 자유민주주의의 승리로 완전히 막을 내렸다. 이 세계사적 드라마를 뉴스로 지켜보자니 머릿속이 하얘지는 기분이었다. 그동안 세계의 중심에서 멀리 떨어진 변방인 한반도에서는 나를 비롯한 대부분의 지식인들은 마르크스·레닌주의에 빠져 있었다. 마르크스 저작이 지식인의 바이블이었고, 마르크스 원전을 잘 꿰고 있는 지식인일수록 은근히 우러러 보였다. 1980년대 책상 위아래 잔뜩 쌓여있는 책은 마르크시즘 관련 서적뿐이었고 철학, 사학, 정치학, 경제학 등 모든 학문 영역이 이 분야로 귀결된다고 생각하고 있었다. 고려대학교 아세아문제연구소에서 불온서적으로 붉은 도장이 찍힌 책으로, 북한에서 일찍이 한글로 번역한『자본론』과 해방 전후 서울에서 활동했던 월북 학자들의 저서를 찾아 읽어볼 때 약간의 설레임 속에 지적 흥분을 느끼기도 했다. 그런데 마르크스와 레닌의 고향 독일 베를린과 소련 모스크바에서 사회주의체제가 무너지다니, 이는 마치 맑은 하늘에서 갑자기 내려치는 벼락처럼 그야말로 청천벽력이었다.

1993년 3월 허랑한 시간을 보내고 있던 때에 우연한 연고로 평소 생각지 못했던 국책연구원 통일연구원에 몸담게 되었다. 그 해 문민정부의 기치 아래 김영삼 정부가 출범했다. 대통령은 취임사(1993. 2. 25)를 통해 세계적인 탈냉전 흐름에 맞춰 평화 지향적인 대북 포용정책을 내세워 큰 기대감을 불러일으켰다. 이어 김영삼 대통령은 "어느 동맹국도 민족보다 더 나을 수는 없습니다. 어떤 이념이나 어떤 사상도 민족보다 더 큰 행복을 가져다주지 못합니다."고 하여 '동맹에 앞선 민족', '이념에 앞선 민족'을 주창하여 감동을 자아냈다. 그리하여 3월 11일 인도적 차원에서 '미전향 장기수 이인모 씨 북한 송환'을 발표했다. 6·25전쟁(한국전) 당시 북한 종군기자로 참전한 이인모 씨는 1952년 빨치산 활동으로 검거된 후 34년 간 복역한 비전향 장기수였다. 그러나 북한의 대응은 우리 모두를 놀라게 했다. 바로 그다음 날 3월 12일 북한은 「핵확산방지조약(Nonproliferation Treaty, NPT)」을 탈퇴를 선언했다. 당시 북한의 핵 프로그램에 대한 의심이 증폭되면서 이를 검증하려는 국제사회의 노력과 압력이 증대되었는데, 북한이 이에 반발하는 과정에서 NPT 탈퇴를 선언했던 것이다. 북한은 김영삼 정부의 민족의 화해와 협력의 제의에 찬물을 끼얹었고 우리 국민은 그야말로 엄청난 충격에 휩싸였다. 곧장 북한 핵문제는 한반도 위기 국면을 초래하여 전쟁 일보 직전까지 치달았다. 그러자 1994년 6월, 지미 카터 전 미국 대통령이 북한을 방문하여 김일성 주석을 만남으로써 핵전쟁 위기가 멈췄다. 이어 김일성 주석이 김영삼 대통령과의 정상회담을 약속했으나, 그의 급작스런 사망으로 물거품이 되고 말았다. 어쨌든 북한 비핵화 문제는 그때부터 지금까지 남북관계와 한반도 위기의 핵심 사안으로 부각되어왔다.

남북정상회담 시기나 북한과 미국 간 모종의 합의가 이루어졌을 때는 한반도 평화와 통일 문제가 새로운 단계로 접어든다는 데에 가슴이 울렁거렸고, 합의가 깨졌을 때는 탄식과 분노가 솟아올랐다. 돌아보면 1990년대 이래 북한과 숱한 합의문이 도출되었지만 어느 것 하나 제대로 이행된 것은 거의 없다. 지금은 역사 속으로 사라진 「남북 기본합의서」만 해도 그렇다. 1991년 9월에 남북한이 유엔에 동시에 가입하였다. 이를 배경으로 12월에는 「남북사이의 화해와 불가침 및 교류·협력에 관한 합의서」(기본합의서, 1992. 2. 19 발효)를 채택하게 되었다. 기본합의서 채택과 함께 「한반도 비핵화공동선언」도 이루어졌다. 이 합의문들은 남북한 화해협력과 한반도 비핵화에 관한 더 이상 덧붙일 사항이 없는 거의 완벽한 수준의 합의문이었다. 그러나 이 합의문들은 잉크가 채 마르기도 전에 사문화되었다. 휴지조각이 되고 말았다. 그 후 김대중 정부의 대북 포용정책으로 '조국의 평화적 통일의 염원'을 담아 김대중 대통령과 김정일 국방위원장 간 2000년 6월 평양에서 정상회담이 열렸다. 여기서 「6·15 남북공동선언」 합의문이 나왔는데, 제2항에서 밝힌 남측의 '연합제안'과 북측의 '낮은 단계의 연방제안'의 공통성 인정에 주목할 필요가 있다. 이 공통성은 남북한 분단 현실에 비추어 향후 통일 과정에서 창의적으로 해석할 여지가 있기 때문이다.

나는 오랫동안 봉직했던 통일연구원을 떠나는 날 퇴임사에서 회한어린 소회를 밝혔다. "통일연구원에 첫 발을 내딛었던 그날 북한 핵문제가 터졌고, 23년 동안 오로지 한반도 평화와 핵문제에 매달렸지만 떠나는 지금 한반도비핵화는 처절하게 실패하고 말았습니다. 그 결과 대한민국의 안보와 한반도 평화는 더욱 악화되었습니다. 남북한 화해협력과 평화 통일의 길이 보이지 않아 허망하기 그지없습니다."라는 심경을 토로했다. 그동안 진보·보수 정부로 수차례 정권이 바뀌어왔다. 그러나 어느 정부도 한반도 평화와 남북 화해협력의 정책 목표를 달성하지 못했다. 남북한 화해협력과 평화통일로 가는 길이 쉽사리 열리지 않는 데에는 물론 북한 핵문제와 수령 독재체제의 탓이라고 할 수 있지만, 우리 남한 사회의 평화와 통일에 대한 국민적 합의 부재에다 정부 정책의 실패에서 기인하는 바가 크다. 이를테면 보수 정부의 정책적 유연성 부족, 진보 정부의 이념적 정책 추진의 문제에서 대북정책 실패 요인이 있다고 생각된다.

　통일은 선택의 문제가 아니다. 대부분의 사람들은 "통일 되면 좋고, 아니면 그냥 이대로 살지"라고 말한다. 즉, 남북한 각각 따로 살자는 생각이다. 그런데 여기에는 두 가지 문제가 있다. 하나는 지금처럼 두 국가 즉, 분단 상태를 유지한다고 해서 결코 평화가 보장되지 않는다는 사실이다. 남북한 평화로운 공존은 불가능하다. 북한 수령체제는 밖으로는 대남 위협과 위기 고조, 안으로는 억압과 통제 강화를 체제 유지의 근간으로 삼기 때문이다. 여기에다 중국이나 베트남처럼 개혁개방 정책을 기대할 수도 없다. 개방은 대외정보 유입을 가져오고, 개혁은 실패한 사회주의 통제체제의 완화와 포기를 뜻한다. 이런 상황에서 어떻게 수령 독재체제가 개혁개방의 길로 나설 수 있겠는가? 북한은 2천 5백만 주민의 귀를 막고 눈을 가린 채 기아와 무지 속에 갇혀 살도록 하는 한편, 전쟁 위기 조성과 동원체제 가동으로 수령 독재체제가 유지될 수 있기 때문이다.

다른 하나는 한국 사회의 해방 후 80년 동안 지속된 '좌파(좌익) 대 우파(우익)'의 갈등 구도는 분단 모순에 깊이 뿌리내리고 있다는 점이다. 분단과 전쟁의 원인, 한국 현대사 백년의 해석, 대한민국 헌정체제에 대한 수용과 거부의 문제, 북한체제의 평가, 동맹과 대외관계의 문제, 민족 미래 구상 등 많은 갈등 사안이 분단 모순에서 연유한다. 2025년 한국 사회의 진영 대결이 단순히 정권교체 차원을 넘어 준(準) 내전 상태인 '체제전쟁'으로까지 치닫는 데는 분단 모순을 빼고 얘기하기 어렵다. 한국 내 진영 대결이 세계적 차원의 '한·미·일 자유민주주의체제 vs 북·중·러 반민주 독재체제'와의 진영 대결을 반영하고 있다는 사실은 누구도 부정할 수 없을 것이다. 이에 분단체제가 평화롭게 해소된다면 이념과 지역으로 얽힌 진영 대결이 풀리는 계기를 맞이할 수 있다. 그런즉 이제 분단과 통일 문제에 대한 인식의 과감한 전환이 요구된다. 물론 통일로 가는 길이 결코 평탄하거나 쉬운 코스가 아니다. 그러나 나는 21세기의 문명사적 전환 과정 속에 한반도 평화통일의 기회가 머지않은 시기에 찾아온다고 믿는다. 우리는 한반도 통일을 가져다주는 '역사의 신(神)'의 옷자락을 절대 놓쳐서는 안 된다. 지금부터 통일을 준비해 나가야 한다.

2) 분단평화 너머 통일평화로!

통일의 새벽이 밝아오고 있다. 어둠이 깊을수록 새벽은 멀지 않다. 이는 자연의 이치이다. 자연의 이치와는 달리, 한반도에는 분단의 어둠이 짙게 드리웠지만 통일의 여명은 좀처럼 밝아오지 않았다. 그러나 지금 통일의 먼동이 터오고 있다. 미국과 중국의 패권 대결 속의 국제정세의 급변, 선진국 한국의 국력과 세계적 위상, 여기에다 북한 체제의 한계 상황으로 한반도 통일의 새벽이 다가오는 중이다.

대한민국 헌법은 전문에서, "유구한 역사와 전통에 빛나는 우리 대한국민"의 '평화적 통일의 사명'을 천명하고 있다.[7] 그런데 지금 우리 사회에서 통일의 사명을 되새기는 사람이 얼마나 있을까? 통일은 매우 힘들고 지난한 일이다. 그렇기에 통일보다 평화를 강조하는 논리가 보다 큰 힘을 얻고 있는 현실이다. 사실 분단시대를 살아가는 우리는 지금까지 '평화를 통한 통일'을 추구해왔다. 통일 정책보다는 무력 충돌을 피하고 남북한 공존과 화합을 위한 평화 정책을 추진했다. 한반도의 두 개의 분단국가를 상호 인정하고 분단 상태를 평화적

---

07   대한민국 헌법(시행 1988. 2. 25.) 제10호, 1987. 10. 29. 전부개정.

으로 유지하자는 분단의 평화적 관리를 목표로 삼았다. 말하자면 '분단평화'를 추구해왔다. 1953년 휴전 이래 지금까지 남북한의 도발과 소규모 군사적 충돌이 끊이지 않았지만 또 다시 전면전이 일어나지는 않았다. 전쟁 재발을 막을 수 있었던 데에는 남북한 평화 정책 또는 평화 가치에 대한 합의의 성과라기보다는 우리 한국의 국력 신장과 함께 전쟁 억지력으로서의 국방력 강화에 있었다.

그러나 북한의 '사실상의' 핵보유로 한반도 안보 지형은 크게 바뀌었다. 북한의 통치체제는 체제 유지를 최대의 목표로 삼는다. 이를 위해 대내적 차원에서는 억압과 통제를 강화하는 한편, 대외적 차원에서는 대남 도발과 위협을 통한 한반도 긴장과 위기를 반복적으로 높여나가야 한다. 한반도 평화 구축은 남북한 긴장과 위기를 약화시킨다. 이 경우 안으로는 북한 주민들에 대한 통제와 억압 수준을 약화시키게 된다. 이는 오히려 강압적인 수령 독재체제의 유지에 위협적인 요인으로 작용한다. 즉, 수령 독재체제에게 긴장 완화와 평화야말로 진정한 적이 아닐 수 없다. 또한 개혁개방은 북한 경제를 회복시키고 인민의 먹고사는 문제를 해결할 수 있다. 그런데 경제가 나아지고 인민들의 삶이 나아지면 인민들의 수령체제에 대한 맹목적인 충성과 복종의 기대가 불가능해진다. 이처럼 북한체제는 한반도의 공고한 평화와 개혁개방은 조화를 이룰 수 없다는 사실이 딜레마가 아닐 수 없다.

북한의 핵은 우리에게 최대의 위협이자 위기로 부각되었다. 북한은 모든 국가 역량을 쏟은 핵개발로 경제적 피폐를 초래했고, 국제사회의 제재로 경제 회복의 출구를 찾지 못하고 있다. 북한의 폭압적 수령체제에다 핵보유는 한반도 평화의 최대의 걸림돌이다. 남북한 화해와 협력 그리고 한반도 평화체제 구축을 위한 모든 노력은 물거품이 되고 말았다. 이에 분단의 평화적 관리, '분단평화'는 종언을 고했다. 북한은 핵보유에도 불구하고 경제회복과 국가 미래 전망은 매우 불투명하다. 핵보유는 우리에게 엄청난 위협 실체이지만, 북한은 핵보유로 국가체제가 스스로 무너지는 자멸의 길로 나아가고 있는지도 모른다. 더욱이 북한 김정은의 유고 상황이 가져올 엄청난 혼란과 한반도 위기를 생각하지 않을 수 없는 현실이다.

한반도 평화를 위해 북한의 안정이 중요하다. 그러나 북한체제의 안정보다 체제 위기의 가능성이 훨씬 높아 보인다. 북한의 체제 불안정과 불투명한 미래는 우리 한국에게 커다란 부담이자 위기이지만 오히려 통일로 가는 기회가 될 수도 있다. 남북한이 하나 되는 통일이야말로 한반도의 안전과 평화를 가져오게 된다. 이를테면 통일이 한반도 평화를 구축하는 계기가 된다는 말이다. 이에 불안정한 '분단평화' 너머 항구적인 '통일평화'의 길로 나아가는 새로운 역사의 장(章)을 펼칠 수 있다. 이제 '통일을 위한 평화'와 더불어 '평화를 위한 통일'의 시대를 대비할 때이다.

3) 다시 부를 노래 '우리의 소원은 통일'

우리의 소원은 통일 꿈에도 소원은 통일
이 정성 다해서 통일 통일을 이루자
이 겨레 살리는 통일 이 나라 찾는데 통일
통일이여 어서 오라 통일이여 오라

'우리의 소원은 통일', 이 노래는 한겨레라면 모르는 사람이 없는 동요이다. 안석주가 작사했고 그의 아들 안병원이 작곡한 '우리의 소원'은 1947년 한국방송 삼일절 특집 라디오 드라마의 주제곡으로 발표되었다. 1947년은 남북한 모두 미국과 소련의 군정 아래서 좌우익 간 대립이 아주 극심한 시기였다. 이에 처음 발표 당시의 노랫말은 "우리의 소원은 독립/꿈에도 소원은 독립"이라는 가사였다. 그 후 1948년에 대한민국 정부가 수립되고 남북의 분단이 현실화되면서, 교과서에 노래가 실릴 때에는 '우리의 소원은 독립'을 '우리의 소원은 통일'로 가사를 바꾸었다. 당시 정부 수립을 앞두고 통일에 대한 열망으로 '독립'에서 '통일'로 가사를 바꾸게 되었다. '독립'에서 '통일'로 가사를 고친 이 노래는 또 한 번 '이 목숨 바쳐서 통일/통일이여 오라'에서 '이 정성 다해서 통일, 통일을 이루자'라고 개사되었다.

동요 '우리의 소원'은 남과 북이 함께 만났을 때 남북이 하나 되자는 통일의 염원을 담아 거의 빠짐없이 부르는 노래다. 이 동요와 함께 남과 북의 이산가족들이나 해외동포들이 고향과 고국을 그리워하며, 흩어진 민족이 하나 되길 염원하며 부르는 노래가 '아리랑'과 '고향의 봄'이다. 이런 노래를 모르는 사람이 누가 있겠는가. 우리는 이런 노래를 함께 부르면서 살아왔다. 1999년 7월 나는 중국 길림성 연변자치주 연길에서 열린 남북한 학자 세미나에 발표자로 참석할 수 있었는데, 마지막 시간에 남북한 참석자 모두 함께 손잡고 이 노래를 불렀다. 모두가 훌쩍거리면서. 그런데 노래를 함께 부르면서도 북한 학자들이 이 노래를 어떻게 알고 반가워했는지 궁금하기도 했다.

1989년 '남조선' 전대협 대표자 임수경 학생이 느닷없이 평양을 찾았다. 임수경은 정부의 허락을 받지 않고 제3국을 통해 평양에서 개최된 제13차 세계청년학생축전에 참가했다. 이 소식에 남북한 모든 사람은 엄청난 충격에 휩싸였다. 임수경이 평양에서 '우리의 소원은 통일'을 불렀다. 이때부터 이 노래가 북한의 통일 가요로 대중화되면서 북한 사람 모두가 함께 부르기 시작했다고 한다. 연길에서 만난 북한 학자들도 이 노래를 많이 듣고 가끔 흥얼거렸을 곡조였기에 우리의 선창에 주저 없이 따라 부른 노래라고 생각된다.

남한에서 어린이 동요로 알려진 이 노래는 1987년도 '6월 항쟁' 당시 학생운동과 민주화 운동권에서 애창되면서 크게 유행하기 시작했다.[8] 북한에서는 임수경에 의해 이 노래가 알음알음 퍼지고 있었

---

08 북한에 전파된 노래, https://www.rfa.org/korean/in_focus/55383-20010430.html; "북, 통일가요 '우리의 소원은 통일' 금지" 서울-김지은 xallsl@rfa.org 2016. 8. 4. https://www.rfa.org/korean/in_focus/ne-je-08042016093814.html

다. 그러자 마침 2000년 평양에서 최초로 남북정상회담이 열렸는데 김대중 대통령과 김정일 국방위원장이 「6·15 남북공동선언」에 서명하고 손을 맞잡고 부른 노래도 '우리의 소원은 통일'이었다. 남북 정상이 이 노래를 부르는 것을 계기로 북한 인민 대중에게도 자연스럽게 전파되었다. 이처럼 김일성 시대부터 '우리의 소원은 통일'은 7천만 민족을 하나로 묶는 통일 노래로 불렸고 하나 된 강토에서 하나의 민족으로 살아갈 뜻을 담은 노래로 널리 퍼졌다.

그런데 최근 김일성과 김정일 시기에도 통하던 이 노래가 김정은 시대에 금지곡이 되고 말았다. 집권 초기에는 아버지 김정일이 부른 노래인 만큼 어느 정도 용인하는 듯했으나 2016년 북한의 4차 핵실험 이후 남북관계가 악화되면서 급기야 금지곡으로 선포했다. 보위부, 인민보안부를 동원해 대대적으로 단속하면서 북한 인민들의 통일의 꿈마저 짓뭉개버렸다.

2. 모든 통일은 좋은가? 그렇다!

1) 잃어버린 대륙의 꿈

한반도는 오랫동안 하나의 국가 상태로 존속해왔다. 신라, 백제, 고구려 삼국이 하나로 통일된 이래 천 삼백여 년 한반도는 통일 신라, 고려, 조선으로 이어졌다. 후삼국을 통일한 고려는 스스로 고구려를 계승한 나라라고 했으며, 중국과 북방에서 발흥했던 여러 나라들이 이를 인정했다. 우리 겨레는 세계사에서 유례가 드문 같은 핏줄과 하나의 언어를 사용하면서 공통의 역사 속에 살아온 단일 민족으로 일컬어진다. 이는 '조선민족'을 내세우는 북한도 마찬가지다. 이에 하나의 민족이 하나의 국가 아래 함께 살아가는 방식을 자연스런 형태로 여겨왔다. 따라서 하나의 민족이 두 국가로 나눠진 분단은 답답하고 매우 부자연스런 상태가 아닐 수 없다.

우리나라는 좁은 땅덩이에 5천만이 넘는 사람들이 모여 산다. 국토의 75%는 사람이 살지 않는 산지이다. 국토는 좁은데 휴전선 넘어 북쪽으로는 콘크리트 장벽에 철조망에 둘러쳐져 오도 가도 못한다. 삼면이 바다로 둘려 싸여 섬이나 다름없다. 육로로 어디에도 이어지지 않는 섬이라는 말이다. 서울에서 부산까지 고속철도로 2시간 반이면 닿는다. 다른 나라로 갈 때 우리는 대개 항공편을 이용할 수밖에 없다. 유럽의 경우 벨기에나 스위스가 국토는 작지만 동서남북 어디로든 차로, 기차로, 자전거로 갈 수 있기에 좁은 나라에 산다는 생각을 하지 않을 것 같다. 더욱이 섬나라 영국마저도 도버 해협 아래 터널로 프랑스와 연결되어 있다. 이런 연결과 소통이 정상적인 모습 아닌가.

한반도에는 해방과 동시에 분단이 함께 찾아왔다. 1945년 8월 해방되자마자 삼천리강산은 두 동강 났고 맘대로 오도 가도 못하게 되었다. 올해 그로부터 어언 80년째를 맞이하였다. 분단시대에 태어나서 살아온 우리들은 남한 땅이 무척 좁고 갑갑하다고 느끼지 못한 채 살아가고 있다. 그렇다면 롯데월드 아쿠아리움에 가보자. 엄청난 규모의 초대형 수조에 돌고래, 상어 등 커다란 물고기들이 거침없이 유영하는 멋진 모습을 볼 수 있다. 그런데 이들 대형 물고기들은 세상에는 큰 강이나 망망대해 드넓은 바다가 있다는 사실을 상상조차 못하고 살아간다. 나는 두 동강 난 산하의 아래쪽에서 태어나 아웅다웅 살아가는 우리들이야말로 대형 수조에서 헤엄치고 있는 물고기들과 다를 바 없다고 여긴다. 누가 허리 잘린 한반도 반쪽 땅에서 태어나 살아가면서 갑갑하고 숨 막히는 가슴을 느낄까?

일제 치하에서 활동했던 유랑 악단의 얘기를 들어보면 지금 우리보다 훨씬 넓은 세상을 돌아다녔다는 것을 알 수 있다. 도쿄, 오사카 공연을 마치고 시모노세키에서 관부 연락선을 타고 부산에 내려 경성으로 올라와 공연한 다음 기차로 곧장 압록강 건너 중국 땅 북경, 상해에서 공연하는 일정이었다는 얘기를 들으면 비록 빼앗긴 산하에 설움을 삼킬 수밖에 없었지만 대륙을 넘나들던 호방한 활동에 가슴이 탁 틔는 기분을 느낀다. 일제 치하에서 독립운동을 한 분들이나 북한에 고향 땅을 두고 온 사람들에게 분단은 그야말로 고통스럽기 그지없었다. 오매불망 통일을 꿈꾸며 살았다. 그러나 안타깝게도 수난의 시대를 겪은 많은 분들은 이제 거의 우리 곁을 떠났다.

우리는 오랫동안 대륙을 향한 꿈을 잃어버린 채 살고 있다. 고

조선, 고구려, 발해로 이어지는 한민족의 대륙적 기상과 웅장한 풍모를 잃어버렸다. 고구려 장수왕이 한반도 밖 국내성에서 평양으로 내려온 후 한반도라는 울 속에 스스로 갇히고 말았다. 그나마 조선의 세종 시대에 들어와 겨우 압록강과 두만강을 경계로 우리 강토를 확정짓게 되었다. 그런데 기가 찰 노릇이지만 20세기 분단으로 우리 민족은 더욱 크게 쪼그라지고 말았다. 하나의 민족이 둘로 갈라진 분단은 우리 모두를 소아병에 빠지도록 만들면서 또 다시 이념과 지역으로 분열시킨다. 이런 점에서 '하나의 민족, 두 개의 국가(one nation, two states)'의 분단 상태에다, '하나의 국가, 두 개의 국민(one country, two peoples)'의 국민 분열 상태가 우리의 자화상이라고 하겠다. 어쨌든 남한이 비교적 자유로운 섬이라면, 북한은 대륙과의 소통도 쉽지 않은 유폐된 공간에 불과하다. 이는 지극히 비정상적인 형태이다. 하루빨리 남북한 모두 정상적인 모습으로 되돌리지 않으면 안 된다.

2) 지상명령(至上命令), 통일

1972년 7월 4일 남북한공동성명 이른바「7·4 남북공동성명」이 발표되었다. 그러자 8월 말과 9월 초에는 적십자 회담을 위하여 갈라졌던 동포가 27년 만에 오고 갔다. 당시 우리 모두는 엄청난 충격 속에 걷잡을 수 없을 정도의 감동과 흥분에 휩싸였다. 나는 그 때 흑백

텔레비전에 비친 북한 대표단의 모습과 행동들을 지금도 생생히 기억한다. 남북 적십자회담 연회장에 내놓은 접대용 술이 '백화수복'이었는데, 그 후 최고의 인기를 얻어 명절 때마다 어느 집에서나 내놓는 명주가 되었다. 남북한 공동성명과 적십자회담은 한반도 냉전의 두꺼운 얼음장을 녹이는 그야말로 뜨거운 열풍이었다. 바로 이때 장준하 선생이 뜨거운 격정 속에서 한반도 냉전의 추악한 모습을 폭로하면서 통일의 열망을 부르짖었다.

장준하는 누구인가? 우리에게 잘 알려진 장준하는 1918년 평안북도 삭주 출생으로 1944년 일본군에 징집되었으나 탈출해 광복군이 되었다. 1945년 12월 김구와 함께 입국 후 1952년 『사상』을, 1953년 피난지 부산에서 『사상계』를 창간했다.[9] 그는 독립운동가, 언론인, 정치인, 민주화운동가로 한국 현대사에 큰 족적을 남겼다. 그 가운데서도 장준하가 분단시대에 최초로 통일 문제를 적극 제기했다는 데 큰 의의를 찾을 수 있다. 그는 동서 데탕트라는 국제정치의 새로운 정세 앞에서 우리 민족은 스스로 통일을 결단해야 한다고 역설했다. 그리하여 "민족적 양심에 살려는 사람 앞에 갈라진 민족, 둘로 나

---

09 『한국민족문화대백과사전』, 장준하(張俊河), https://encykorea.aks.ac.kr/Article/E0048800.

누어진 자기를 다시 하나로 통일하는 이상의 명제는 없다"고 선언하면서, 통일을 위한 안팎의 조건을 만들어가는 일 이상의 절실한 과제는 없다고 했다.

> 모든 통일은 좋은가? 그렇다. 통일 이상의 지상명령은 없다. 통일로 갈라진 민족이 하나가 되는 것이며, 그것이 민족사의 전진이라면 당연히 모든 가치 있는 것들은 그 속에 실현될 것이다. 공산주의는 물론 민주주의, 평등, 자유, 번영, 복지 이 모든 것에 이르기까지 통일과 대립되는 개념인 동안은 진정한 실체를 획득할 수 없다. 모든 진리, 모든 도덕, 모든 선이 통일과 대립하는 것일 때는 그것은 거짓 명분이지 진실이 아니다. 적어도 우리의 통일은 이런 것이며, 그렇지 않고는 종국적으로 실현되지도 않을 것이다.[10]

통일은 양심에 살려는 사람에게 '지상명령'이다. 장준하는 지상명령을 온 몸으로 호소하였다. 그는 우리 민족은 금세기 가장 더러운

---

10 장준하, 「민족주의자의 길」, 『씨올의 소리』(1972년 9월호), 『1952~1975 무엇을 말하랴 - 장준하, 다하지 못한 말』, 2018. 12.

세계사의 범죄를 청부 받았다고 했다. 그리하여 세계적 냉전체제가 긴장 완화니 해빙이니 하면서 새로운 모습을 보여주는 시기에 더 이상 냉전체제의 최전선에서 총칼을 앞세운 대결과 분단체제는 의미를 잃었다고 보았다. 그러나 현실은 곧 '양심에 살려는 사람들'을 배반했다. 그 해 10월 남한에서 박정희 대통령은 전국에 비상계엄령을 선포하고 대통령 특별선언을 발표했다. 헌법 개정을 통해 독재체제를 한층 강화시킨 '유신체제'를 수립했다. 북한도 이에 뒤질세라 곧바로 맞장구를 쳤다. 김일성은 1972년 12월 최고인민회의 제5기 제1차 회의에서 기존 헌법을 폐지하고 「사회주의헌법」을 채택하였다. 이른바 '신헌법'은 주석제를 도입하여 김일성의 유일 지배체제를 제도적으로 보장하였다. 주석은 국가의 수반으로 국가 주권을 대표하는 명실상부한 국가의 최고 권력의 지위였다. 특히, 이 시기 북한은 김일성 유일 지배체제를 정당화하고 신격화하는 주체사상을 확립시켰다.

　　1972년 7월의 감동과 환희는 결코 길지 않았다. 그해 10월 박정희의 유신체제 수립, 12월 김일성의 유일지배체제 확립으로 남북한 모두 거족적인 환각 상태는 깨졌다. 남북한 공동성명과 적십자 회담은 미국과 중국의 대타협 구도 아래 한국의 박정희 대통령과 북한 김일성은 모두 화해와 타협의 준비 태세가 전혀 없는 가운데 강대국의 장단에 맞춰 억지춘향 격으로 한반도 긴장완화 모드를 취할 수밖에 없었다. 1972년의 남북 이벤트는 마치 '짜고 친 노름판'처럼 결말이 나고 말았으며, 그 후 남북한 긴장과 대결 의식은 조금도 수그러들지

않았다.[11]

그런데 「7·4 남북공동성명」의 흥분이 가시지 않은 바로 이 시기에 우리 한국의 지성인들이 대거 참여하여 통일 문제를 본격적으로 논의했다는 데에 주목할 필요가 있다. '민족통일의 구상'이라는 주제로 좌담회를 개최했는데, 여기서 나는 통일국가의 형태와 통일사회의 구성 조건 등을 논의했다는 데에 신선한 충격을 받았다. 좌담회에서 통일국가의 형태로 '복합국가론(複合國家論)'이 제기되었고, 그와 더불어 통일국가의 사회체제로 '복합사회'가 제안되었다. 복합국가가 통일국가의 외형의 문제라면, 복합사회는 내부 체제의 문제이다.

---

11 「7·4 남북공동성명」에 반영된 통일의 3대 원칙으로 '자주·평화·민족대단결'의 의의는 자못 크다. 이는 2000년 김대중 대통령-김정일 국방위원장 간 남북 정상회담으로 이어져 「6·15 남북 공동선언」으로 계승되는 시발점이 되었다. 그 후에도 남북 정상회담이 수차례 열렸다. 2007년 노무현 대통령-김정일 국방위원장의 「10·4 남북공동선언」으로 이어졌고, 2018년에는 문재인 대통령-김정은 국방위원장 간 세 차례의 회담이 이루어졌다. 문-김 사이의 제1차 정상회담을 통해 한반도의 평화와 번영, 통일을 위한 「4·27 판문점 선언」이 나왔다. 제2차 회담은 판문점 공동경비구역의 북측의 통일각에서 이루어졌는데 회담 내용은 곧바로 공개되지 않고 5월 27일 문 대통령이 직접 브리핑했다. 제3차 회담은 9.18~9.20일까지 평양에서 개최되었고 「9·19 평양공동선언」이 도출되었다. 그러나 아쉽게도 남북 정상회담에서 합의한 내용은 대부분 이행되지 않았다. 수차례의 정상회담에도 불구하고 긴장 완화와 대결을 넘어 한반도 평화와 화해협력의 실질적이고 만족할 만한 성과를 얻지는 못했다.

이를테면 복합사회는 제(諸)제도와 체제의 병존과 같은 사회체제로 연구될 필요가 있다는 제안이었다. 매우 놀라운 창의적 발상이 아닐 수 없다.[12]

사실 지금도 우리는 통일을 얘기하면서도 통일국가의 형태나 내부 체제의 문제로 통일사회의 구성과 운영 방식에 대해 어떠한 연구나 논의도 제출된 적이 없다. 철저한 상상력 부재의 소산이다. 대개의 경우 한국 주도의 중앙집권적 단일국가를 생각한다. 여기에다 지금 남한 식 사회경제체제를 북한 지역에 그대로 확장하는 방식이 당연하다고 여긴다. 서울이 주도하는 중앙집권적 통치 형태를 북한 주민들이 순순히 받아들일까? 남한 경제체제에의 강제 통합 방식에 북한 주민이 쉽사리 적응할 수 있을까? 잠시 통일되었다가 다시 깨질지 모른다. 참된 통일, 진정한 통합을 이뤄내기 위해서는 경제 구조가 바뀌어야 하고 국토 계획이 마련되어야 하고 민족 동질성을 함양하는 문화 구조가 세워져야 한다.

이런 점에서 통일국가의 형태로 즉, 복합국가론에 입각하여, '코리아 연방국가' 형태를 모색해 볼 수 있다. 통일국가로 서울 주도의

---

12 〈좌담회〉 '민족통일의 구상' (참석자) 천관우, 선우휘, 백기완, 김용준, 양호민, 법정, 함석헌, 계훈제, 유희세, 최혜성, 김동길, 정해숙, 안병무, 김도현. 『씨을의 소리』 제13호(1972년 8월호) 참조.

중앙집권적 국가 형태는 바람직하지 않다. 서울 주도의 국가 운영 방식에 북한 주민들이 자발적으로 따라 주길 바란다면, 이는 곧 잘못된 기대였음이 판명날 것이다. 남북한이 장기간 이념과 체제가 서로 다른 두 국가 형태로 살아왔던 역사를 고려한다면 북한 지역의 정치적 자율성을 어느 정도 보장하는 방식의 국가통합이 바람직하다. 통일국가 형태로 중앙정부 아래 각 지역정부의 '자치와 분권'이 보장되는 체제가 마련되어야 한다. 이는 '자치분권형 연방제' 국가 형태를 말한다. 그와 함께 자유시장경제의 수용과 극복으로서 복합사회 체제에 대한 창의적 구상이 활발하게 논의되어야 할 때이다.

이쯤에서 우리는 민주주의와 통일과의 상호 관계를 짚어볼 필요가 있을 것이다. 두루 알다시피 1970년대 초 분단시대 처음으로 통일 문제가 적극 제기되었다. 당시는 일제 강점기와 해방과 분단 그리고 전쟁을 겪었던 분들이 한국 사회를 이끄는 주도층이었으며, 이들은 민족통일에 대한 열망과 뜨거운 가슴을 지녔던 사람들이었다. 그 후 1980년대 남북한 긴장과 대결 국면 속에서 통일 문제는 민주화운동으로 수렴되어갔다. 1990년 10월 독일 통일로 냉전체제가 해체되었고, 1992년 1월 소련의 몰락으로 사회주의 국가체제가 붕괴되었다. 그에 앞서 우리는 1987년 '6월항쟁'으로 대통령 직선제의 민주헌법을 쟁취함으로써 제6공화국이 출범하였다. 그런데 1980년대 민주화운동과 '6월항쟁'을 이끌어냈던 주도세력은 사실 야당과 야당정치인들이었다고 할 수 있다. 1970년대 이래 독재정권을 비판하고 대항했던 제도권 야당 정치인들이 민주화의 구심으로 부각되어 왔고, 여기에 대학생 운동권이 이들을 지지하고 적극 호응함으로써 민주화운동이 학계, 종교계, 언론계 등으로 점점 확산될 수 있었다. 그런 점에서 청년 대학생들의 역할과 희생도 중요하지만 '6월항쟁'에 이르기까지 민주화를 이끈 주도세력은 제도권 야당 정치인들이었다고 할 수 있다. 이에 '6월항쟁'을 이끈 김도현이 "민주화운동은 야당정치인의 운명"이었다고 하면서, 야당정치인에 대한 '인색한 평가'를 지적한 점을 진지하게 되돌아볼 필요가 있다고 생각한다.[13]

한국의 민주화운동의 연원은 이승만 정권 시기까지 거슬러 올라간다. 1950년 후반 진보당 사건을 비롯하여 이승만 독재에 반대한 정치인, 언론계, 학계와 청년학생들의 신념과 가치관은 대한민국의 헌법정신과 공식 이데올로기인 '자유민주주의'의 구현에 있었다. 자유민주주의는 인권, 언론, 사상 및 양심의 자유, 그리고 권력분립과 의회민주주의 등을 포괄하는 이데올로기이다. 1987년까지 민주화운동은 반독재와 군부독재 타도를 주장하면서 대한민국의 헌정체제와 자유민주주의의 구현을 추구했다. 그리하여 마침내 '6월항쟁'으로 군부독재정권의 타협적 양보를 얻어내어 주권재민의 원칙 아래 대통

---

13   김도현, 『6월항쟁과 김대중 김영삼 민추협』, 2023, 25~31쪽.

령 직선제를 쟁취함으로써 대단원의 막을 내렸다. 그러자 민주정부 수립을 계기로 민주화운동은 다시 통일운동으로 전개되기 시작했다. 이 시기 20세기 막바지에 세계적 냉전체제의 와해와 사회주의권의 몰락으로 자유민주주의체제가 인류 역사의 최종적 단계라고 하여 '역사의 종언'이 회자되었다. 민주화의 완결이 남북한이 하나 되는 통일이라고 하면서 대학가를 중심으로 학생 운동권이 기세를 떨치기 시작했다. 당시 사회주의권의 붕괴로 한국 사회의 변혁 논리로서 지식사회에 널리 퍼진 마르크스·레닌주의와 사회주의 이데올로기는 급속히 퇴조하고 말았다. 그러자 이러한 이념적 공백 속에 북한의 주체사상이 학생 운동권이 장악한 대학 사회와 노동 운동권에 급속히 수용되면서 통일운동의 사상적 구심으로 떠올랐다.

3. 정치종교로서의 주체사상

1) 주체철학, 주체사상

① 주체철학, '사람 위주의 철학'

'사람이 먼저다'. 이는 2012년과 2017년 대선 당시 문재인 대통령 캠프 슬로건이었다. 우리 주위에서 종종 볼 수 있는 '사람이 먼저다'란 글씨는 신영복 선생이 썼다. 2018년 2월 10일 평창 동계올림픽을 계기로 방남한 북한의 김영남 최고인민회의 상임위원장과 김정은 노동당 위원장의 여동생 김여정 노동당 중앙위 제1부부장을 비롯한 고위급대표단이 청와대를 예방했다. 문재인 대통령은 이들에게 청와대에 크게 걸린 고(故) 신영복 선생의 서화 '통(通)'과 이철수 선생의 판화 작품을 설명하고 이 작품들을 배경으로 기념촬영을 했다.[14] 문 대통령은 하루 전날 김영남이 참석했던 '올림픽 개회식 사전 리셉션 환영사'에서는 신영복 선생을 '존경하는 한국의 사상가'라 언급하며 그의 글을 인용해 연설하기도 했다.

이에 대해 노동운동가 출신인 김문수가 "문재인 대통령은 김일성 사상을 굉장히 존경하는 분", "신영복은 명백히 간첩"이라고 하면서, "문재인 대통령의 연설 과정 등 여러 가지를 보면 이분은 김일성 사상을 굉장히 존경하는 분이다"라고 주장했다. 이어 그는 2018년 5월 서울시장 출마 선언에서 "신영복의 사상은 간첩 사상이고 김일성주의"라고 주장하여 논란이 일었다.[15] 그 후에도 김문수는 2022년

---

14 "[올림픽] 문 대통령, 김영남·김여정에게 작품 설명", 〈연합뉴스〉, 2018. 2. 10. 김성훈, "문 대통령이 北 김영남 앞에서 존경한다 말한 신영복은 누구? 과거 반체제 지하조직 '통혁당'에서 활동, 사상 전향 부인해" 〈월간조선〉, 2018. 2. 11.

15 김문수, "신영복은 명백히 간첩인데, 우리나라 대통령이 전 세계를 향해 이런 사람의 사상을 존경한다는 말을 하면 안 된다고 생각한다"고 했다. "'간첩' 주장한 故 신영복? '시대의 지성인'·소주 '처음처럼' 서체 원작자", 〈동아닷컴〉, 2018. 5. 3.

국정감사장에서 "문재인 전 대통령을 종북 주사파라고 생각하나"라는 민주당 의원의 물음에 그는 "문 전 대통령이 신영복 선생을 가장 존경하는 사상가라(고 한다)면 김일성주의자"라고 대답하여 커다란 파문을 일으켰다.[16]

신영복은 누구인가? 그는 통일혁명당의 핵심 인물로 20년간 복역한 후 1988년 가석방되었다. 이후 김대중 정부가 출범하자 바로 사면 복권 된다. 신영복은 우리 사회의 대표적인 진보지식인으로 존경받았으며, 운동권 내에서는 '시대의 양심수'라며 추앙했다. 이제는 모두 밝혀졌는데 통일혁명당은 김일성의 '남조선 혁명당 구축 교시'에 따라 결성된 지하당 조직으로, 신영복은 통일혁명당에 적극 가담하여 반국가 이적활동을 했다. 그는 검거되어 무기징역을 선고받았다. 사상전향서를 쓰고 1988년 8·15 특사 때 가석방으로 출소했다. 그러나 신영복은 석방 직후 어느 잡지사와의 인터뷰에서 "통혁당 가담은 양심의 명령 때문이었다. 난 사상을 바꾼다거나 동지를 배신하

---

16 김문수 "文, 신영복 존경하면 김일성주의자"…국감장서 쫓겨나(종합), 〈연합뉴스〉, 2022. 10. 12.

는 일은 하지 않았다"고 하여 속마음을 털어 놓았다.[17] 이처럼 그는 전향 사실을 부인하였다. 이는 그의 사상전향서가 가석방을 위해 거짓으로 작성되었음을 확인해준다.[18]

그렇다면 '김일성주의'는 무엇을 말하는가? 김일성주의는 주체사상을 일컫는다. 주체사상은 김일성의 유일지배체제 구축 후 1970년대 중반 북한의 전 인민을 사상적으로 옭아매기 위한 유일사상체계 확립을 위해 창안되었다. 이는 사회주의 사상의 원조인 마르크

---

14 신영복, "오늘날의 변혁운동도 다양한 입장 차이를 뛰어넘으려는 노력에만 머물러서는 안 되고 다양한 인적 구성, 다양한 세대 차이를 뛰어넘어서 변혁전통을 통합해 내려는 노력도 중요하다고 봅니다. 제가 젊어서 통혁당을 할 때만 해도 늘 선배가 없다는, 생각해 보면 오만하달 수도 있는 그런 불만을 가졌습니다. 그러나 살아오면서 이어짐을 과소평가하거나 간과하고는 진정한 사회역량의 집결은 불가능하다고 느낍니다… 교도소에 들어가서 일제하, 만주 팔로군, 대구 10·1사건, 구빨치산·신빨치산… 그분들을 만나면서 단순히 역사로서 이해하던 해방 전후의 정치상황을 피가 통하고 살이 통하는 것으로 이해하게 되었습니다. 나로서는 감동적인 경험이었지요. 그런 힘들이 우리 사회의 저변에 잠재해 있습니다. 그렇기 때문에 패배는 없고 언제나 승리라는 말이 있는 거지요. 혁명세력이 집권하지 못했다고 해서 프랑스혁명은 실패했다고 한다든지, 관군에게 패배했다고 동학혁명이 실패했다고 하는 말이 어리석은 이유가 여기에 있다고 봅니다." (월간)〈길〉, 1993년 5월호.
15 유동열, "신영복이 누구길래…그의 정체는?"〈뉴데일리〉, 2022. 10.16. 송의달, "광복절에 생각하는 3명의 지식인…리영희·신영복·변형윤"〈조선일보〉, 2023. 8. 15.

스-엥겔스 사상을 뛰어넘는 김일성의 독자적 사상을 확립하여 정치사상적으로 최고의 권위와 함께 절대자로서의 위상을 가진 수령체제 구축을 위한 작업이었다. 그리하여 북한 최고의 사회과학자들이 집단 연구로 '새로운 철학'을 창안하여 김정일의 이름으로 절대 권력자 김일성에게 바쳤다.

김정일은 1974년 '당리론선전일군들과 한 담화'라는 부제가 붙은「주체철학의 리해에서 제기되는 몇 가지 문제에 대하여」라는 8쪽짜리 논문을 교시했다.[19] 논문 첫머리에서 "주체철학은 수령님께서 창시하신 새로운 철학입니다"고 선언하였다. 이처럼 수령의 주체철학의 지적 소유권 주장을 시작으로 주체사상의 대장정이 시작된다.

> 주체철학은 사람을 중심에 놓고 전개되고 체계화된 사람 위주의 철학입니다. 주체철학이 사람 위주의 철학이라는 것은 단순히 인간문제를 연구하고 해명하는 철학이라는 것을 의미하지 않습니다. 주체철학이 사람 위주의 철학이라는 것은 사람을 위주로 하여 철학의 근본문제를 제기하고 사람을 중심으로 하여 세계에 대한 견해, 세계에 대한

---

19 김정일,「주체철학의 리해에서 제기되는 몇 가지 문제에 대하여」, 1974년 4월 2일 (『주체사상에 대하여』, 조선로동당출판사, 1991, 1~8쪽)

관점과 립장을 밝힌 철학이라는 것을 의미합니다.

　　철학의 연구대상은 인간문제이다. 주체철학은 마르크스주의의 유물변증법을 일단 인정한다. 그러나 주체철학은 유물변증법이 사람의 본질을 사회관계의 총체로 규정하고 인간의 활동에서 물질적 생산과 사회경제적 관계에 결정적 의의를 부여하였다는 데에 한계가 있다고 지적한다. 즉, 인간문제에 대해 자연과 사회의 지배자, 개조자로서의 사람의 본질적 특성을 밝히지 못했다고 비판한다. 이에 김일성의 주체철학은 인류의 철학사에서 처음으로 "자주성과, 창조성, 의식성이 사회적 존재인 사람의 본질적 특성을 이룬다"는 것을 밝혀 인간에 대한 완벽한 해명을 주었다고 강조한다. 나아가 "주체철학은 사람을 위주로 하여 세계에 대한 견해, 세계에 대한 관점과 립장을 새롭게 밝힘으로써 로동계급을 비롯한 근로인민대중에게 세계를 개조하며 자기의 운명을 개척해 나갈 수 있게 하는 위력한 무기를 안겨 주었습니다"고 한다. 나아가 주체철학은 처음으로 "사람은 자주성을 생명으로 하는 사회적 존재"라는 것을 밝힘으로서 사람의 본성, 사람의 지위와 역할을 해명하는데서 역사적 전환이 된다고 주장한다.

　　주체철학의 핵은 '사람'이다. 주체철학은 '사람 위주의 철학'이다. 주체철학의 주체는 고대와 중세의 신(神)이 아니다. 또한 생산수단의 소유 유무에 따른 계급 또는 사회경제적 존재로서의 인간문제를 다룬 마르크스주의와도 다르다. 주체철학의 핵인 '사람'은 '자주성'을 생명으로 하는 사회적 존재이다. 노동계급을 비롯한 근로인민 대중의 세계 개조와 운명 개척을 가능케 하는 무기가 바로 주체철학이라는 말이다. 주체철학의 핵이 사람이라면, '자주성'이야말로 사람의 생명이라고 한다. 이후 새로운 창안으로 이해되는 측면이 있지만, 목적의식적 조작 논리에 불과한 주체철학이 좀 더 체계화되어 주체사상으로 제시된다. 그런데 흥미로운 사실은 문재인 전 대통령의 '사람이 먼저다'와 주체철학의 '사람 위주의 철학'은 모두 '사람'을 앞세우고 있다는 점이다. '사람이 먼저다'는 '사람 위주의 철학'에서 신선한 착상을 얻은 것이 아닐까라고 추론해볼 수 있다.

② 주체사상, '조선혁명의 확고한 지도사상'

김정일의 논문『주체사상에 대하여』는 김일성주의 곧, 주체사상의 결정판이다. 이 논문은 1982년 '위대한 수령 김일성동지 탄생 70돌기념 전국주체사상토론회에 보낸 론문 1982년 3월 31일'이라는 부제가 붙은 88쪽에 달하는 장문의 소책자이다. 그 후 김정일의『주체사상에 대하여』의 해설서가 줄곧 출판됨으로써 북한을 주체사상의 천국으로 만드는 작업이 이어졌다.[20]

---

20 리상걸,『친애하는 지도가 김정일동지의 론문《주체사상에 대하여》의 해설』, 사회과학출판사, 1983.

인민대중의 자주성 실현을 위한 유일사상

이 소책자는 '주체사상의 창시, 주체사상의 철학적 원리, 주체사상의 사회역사원리, 주체사상의 지도적 원칙, 주체사상의 역사적의의'의 5장으로 구성되어 있다. 다섯 개의 장의 핵심 내용을 간략히 살펴보자. 제1장에서 김일성 수령이 새로운 혁명사상인 주체사상을 창시했다는 말은 마르크스·레닌주의를 뛰어넘어 조선 혁명의 주체적 입장에서 새로운 경지를 개척했다는 의미이다. 제2장은 주체사상은 '사람 중심의 철학사상'으로, "사람이 모든 것의 주인이며 모든 것을 결정한다는 철학적 원리를 밝혔다"고 주장한다. 이 장은「주체철학의 리해에서 제기되는 몇 가지 문제에 대하여」라는 논문을 부연 설명한다. 여기서 주목되는 대목은 '자주성이 사람의 생명'이라고 하면서, 사람은 생물 유기체로서의 육체적 생명과 함께 '사회정치적 생명'을 가진다는 주장이다. 사회정치적 생명! 수령은 그야말로 기상천외한 생명을 창조해냈다.

제3장에서는 주체사상에 근거한 '주체사관'의 원리를 밝히고 있는데, 네 부분으로 이뤄져 있다. 1) "인민대중은 사회역사의 주체"로 설정된다. 인민대중이 역사의 주체로서의 지위와 역할을 다하기 위해서는 반드시 지도와 대중이 결합되어야 한다고 하면서, 여기에 인민대중에 대한 당과 수령의 영도를 강조한다. 즉, 노동계급의 당은 혁명의 참모부이며 수령은 혁명의 최고영도자가 된다. 2) "인류역사는 인민대중의 자주성을 위한 투쟁의 역사"라고 한다. 자주성을 위

한 투쟁에서 선차적인 문제는 '사회정치적 자주성' 실현임을 강조하고 있다. 3) "사회역사적 운동은 인민대중의 창조적 운동"으로 설명한다. 그리고 4) "혁명투쟁에서 결정적 역할을 하는 것은 인민대중의 자주적인 사상의식"을 강조하고 나섰다. 노동계급의 혁명사상은 역사의 전진운동을 추동하고 이끌어나가는 사명을 수행한다고 하면서, 인민대중을 정치사상적으로 각성시켜야 혁명의 승리를 앞당길 수 있다고 역설하였다.

제4장에서는 주체사상의 지도적 원칙을 밝히고 있다. 이 장은 세 부분으로 구성되어 있다. 1) "자주적 입장 견지"에서 당과 국가 활동에서 자주성의 견지와 구현을 강조한다. 이에 자주성 구현의 지도적 원칙으로 "사상에서 주체, 정치에서 자주, 경제에서 자립, 국방에서 자위"의 원칙을 내놓았다. 이처럼 '주체, 자주, 자립, 자위'의 원칙이 자주성 구현의 지도적 원칙이다. 2) "창조적 방법의 구현"에서는 인민대중에 의거하는 방법, 실정에 맞게 하는 방법을 제시하고 있다. 3) "사상을 기본으로 틀어쥐어야 한다"는 항목에서는 '사상개조 선행' 및 '정치사업 선행'을 부각시켰다. 이 두 선행 사업이야말로 주체사상의 특성을 그대로 드러내는 핵심 사항이라고 할 수 있다. 사상개조는 "사람들을 참다운 공산주의적 인간으로 개조하는 중요한 사업"이라고 하면서, 인간개조는 본질적으로 사상개조라고 선언한다. 나아가 사람들의 가치와 품격을 결정하는 것은 사상이며, 사람을 개조하는데 있어 중요한 것은 사상을 개조하는 일이 된다. 사상개조에

서 기본은 혁명적 세계 즉, 혁명관을 세우는 일로서 당원들과 근로자들이 지녀할 할 혁명관은 주체의 혁명관이다. 그런데 주체의 혁명관에서 핵은 오로지 "당과 수령에 대한 충실성"으로, 올바른 혁명관은 언제나 당과 수령에 대한 충실성을 높이는데 있다고 강조한다. 더욱이 공산주의적 혁명정신은 "당과 수령을 위하여 모든 것을 바치는 끝없는 헌신성이며 혁명의 원쑤에 대한 불타는 적개심과 증오심이며 그 어떤 역경 속에서도 추호의 동요없이 혁명의 지조를 지켜 끝까지 견결히 싸우는 강의한 혁명정신"을 소유해야 함을 역설한다. 나아가 "비록 한목숨 바치는 한이 있어도 당과 수령에게 끝까지 충성 다하려는 각오가 되어 있고 단두대에 올라서도 혁명적 지조와 절개를 지킬줄 아는 사람, 이런 사람이 주체의 혁명관이 튼튼히 선 참된 혁명가"라고 한다.

한편 혁명관을 바로 세우기 위해서는 혁명적 학습을 강화해야 한다고 하면서, 이는 혁명적 조직생활을 통해 신념화시켜야 한다고 강조한다. 조직생활은 혁명적 생활방식이며 혁명적 단련의 학교가 된다. 사람은 부모로부터 육체적 생명을 받고 태어나지만, 보다 중요한 '정치적 생명'은 조직생활을 통해 자라나고 성숙해진다고 하면서 혁명적 조직생활은 사상투쟁 속에서 진행되어야 함을 강조하고 있다. '사상개조 선행'과 짝지어 혁명과업 수행을 위해 사람들을 교양하고 발동시키는 '정치사업'을 앞세워야 한다고 역설하고 있다.

소책자의 마지막 제5장에서는 주체사상의 역사적 의의를 밝혀

놓았다. 먼저 주체사상은 노동계급의 사회역사관의 완성으로 노동계급의 혁명적 세계관을 새로운 높은 단계로 발전시킨 공적을 자부한다. 또한 주체사상은 노동계급의 혁명이론을 '민족해방, 계급해방, 인간해방'에 관한 완벽한 이론으로 '사회개조, 자연개조, 인간개조' 이론을 집대성한 완성된 공산주의 이론임을 강조하고 있다. 특히, 주체사상에서 키워드라고 할 수 있는 '자주성'을 부각시키는 일을 잊지 않았다. 주체사상은 근로인민대중의 '자주성'을 위한 혁명이론일 뿐만 아니라, "자주성에 기초하여 전진하는 국제공산주의운동의 새로운 길, 국제관계 발전의 새로운 시대를 열어놓았다"고 하여 스스로 커다란 의의를 부여하였다.

북한은 2010년에 개정된 〈조선로동당규약〉 전문에 주체사상을 반영하고 있다.[21] 전문에 "조선로동당은 위대한 수령 김일성동지의 당이다. … 위대한 수령 김일성동지는 영생불멸의 주체사상을 창시하시고 … 조선로동당은 위대한 수령 김일성동지의 혁명사상, 주체사상을 유일한 지도사상으로 하는 주체형의 혁명적 당"으로 선언했다. 그와 함께 2013년에 개정된 북한 사회주의 헌법에도 반영되었다.

---

21 「조선로동당규약」, 2010년 개정.

조선민주주의인민공화국 사회주의헌법 제3조는 "조선민주주의인민공화국은 사람중심의 세계관이며 인민대중의 자주성을 실현하기 위한 혁명사상인 주체사상, 선군사상을 자기 활동의 지도적 지침으로 삼는다"고 규정했다.[22]

사람의 제2의 탄생, '정치적 생명'

주체국가에서 사람은 두 번 태어난다. 한 번은 육체적 생명의 탄생이라면, 조직생활과 학습을 통한 사상개조로 '정치적 생명'을 가진 존재로 태어났을 때 두 번째 탄생을 맞이한다. 육체적 생명보다 더욱 값진 '정치적 생명'은 당과 수령에게 충성을 다하고 기꺼이 목숨을 바칠 사람에게 부여되는 생명이라고 할 수 있다. 북한에서 육체적 생명으로 태어난 아이는 일찍부터 부모의 품을 떠나 유아원에서 유치원에서부터 조직생활을 시작하고 끊임없는 학습을 통해 길러진다. 어린애들이 사탕을 받거나 밥을 먹을 때에 언제나 '어버이 수령님 감사합니다!'고 합창하듯이 인사한다. 육체적 생명을 넘어 '정치적 생명'을 탄

---

22 조선민주주의인민공화국 제7차 개정 사회주의헌법: 주체61(1972)년 12월 27일 최고인민회의 제5기 제1차 회의에서 채택 후 주체102(2013)년 4월 1일 최고인민회의 제12기 제7차 회의에서 수정보충.

생시키는 사상개조 작업이 태어나 걸음마를 시작하여 육체적 생명이 다할 때가지 전 일생에 거쳐 이어진다. 이렇듯 주체사상이 확립된 주체국가 북한에서 '사람'은 결코 스스로 생각하고 판단할 수 있는 존재가 될 수 없다. 수령의 교시, 당의 지시에 무조건 맹목적으로 따르는 충성스러운 존재로, 그야말로 '자동인형'이 될 수밖에 없다.

영생하는 사회정치적 생명, 품성

주체사상의 완성은 1982년 『주체사상에 대하여』 단계에서 끝나지 않는다. 김정일은 1986년에 '조선로동당 중앙위원회 책임일군들과 한 담화'라는 부제가 붙은 「주체사상교양에서 제기되는 몇 가지 문제에 대하여」라는 31쪽에 달하는 짧지 않은 논문을 내놓았다.[23] 여기서 주체사상 교양에서 가장 중요한 것은 당원들과 근로자들이 '혁명적 수령관'을 굳건히 확립하는 문제임을 강조하였다. 나아가 '영생하는 사회정치적 생명'을 강조함으로써 주체사상을 종교적 차원으로까지 끌어올렸다. 무척 흥미로운 대목이다. "인민대중은 당의

23　김정일, 「주체사상교양에서 제기되는 몇 가지 문제에 대하여」, 1986년 7월 15일 (『주체사상에 대하여』, 조선로동당출판사, 1991, 135~165쪽)

영도 밑에 수령을 중심으로 하여 조직사상적으로 결속됨으로써 영생하는 자주적인 생명력을 지닌 하나의 사회정치적 생명체를 이루게 됩니다"고 하면서, 김일성 수령이 "역사상 처음으로 개인의 육체적 생명과 구별되는 사회정치적 생명이 있다는 것을 밝혀주시었다"고 한다. 개별적인 사람들은 사회정치적 집단의 성원일 때 비로소 영생하는 사회정치적 생명을 지니게 된다.

사람의 생명의 중심이 뇌수이다. 사회정치적 집단의 생명의 중심은 집단의 최고 뇌수인 수령이다. 주체사상은 수령이 사회정치적 생명체의 최고 뇌수인 까닭은 수령이 바로 이 생명체의 생명활동을 통일적으로 지휘하는 중심이기 때문이라고 설파한다. 이에 '수령-당-대중'은 하나로 결합된 사회정치적 생명체이다. 그러나 수령은 사회정치적 생명체의 최고 뇌수이기에 "수령에 대한 충실성과 동지애는 절대적이고 무조건적"임을 강조한다. 그렇기 때문에 수령에 대한 충실성이야말로 당성, 로동계급성, 인민성의 최고표현이 된다.

주체사상교양 문제에서의 백미는 '품성론'이다. 당과 수령의 영도 아래 인민대중의 자주성 실현을 위해 몸 바쳐 투쟁하는 데에서 혁명적 수령관이 드러난다. 수령에 대한 충실성을 제일생명으로 간직해야 한다. 바로 수령에 대한 충실성이야말로 주체형의 혁명가의 '기본품성'이 된다. 인민대중과 모든 근로자들은 "어버이 수령님으로부터 영생하는 정치적 생명을 받아 안았고, 수령님의 사랑과 배려의 손길 아래서 자라났다." 그렇기에 주체적 혁명가는 "수령님에 대한 티 없이 맑고 깨끗하며 절대적이고 무조건적 충실성"을 지녀야 한다. 수령님을 위해 언제라도 불구덩이에 뛰어들고 폭탄을 안고 제국주의의 심장에 터트리는 사람이 되어야 한다. 수령을 결사 옹위하는 총폭탄이 되자! 이런 각오 아래 수령을 위해 '티 없이 맑고 깨끗한' 복종과 충성심을 지닌 삶의 태도가 곧 주체사상에서 요구되는 '품성'이다.

주체사상과 기독교

주체사상은 김일성주의이다. 김일성 수령은 '영생하는 정치사회적 생명'을 창조했다. 수령이 '생명 창조'의 위업을 보이면서 신(神)의 영역까지 나아갔다. '영생(永生)'은 죽음 이후에도 계속되는 삶을 뜻하며, 『신약성경』 전반에 걸쳐 나타나는 말이다. 이는 사후 세계를 얘기하는 종교의 공통된 관념이지만 주체사상의 영생은 특히 김일성의 어린 시절과 관련된 기독교의 영향으로 볼 수 있다. 김일성의 외가는 기독교 집안이었다. 그의 모친 강반석은 이름에서 알 수 있듯이(반석=베드로) 기독교인이었으며, 이러한 분위기 속에서 김일성은 어린 시절 교회와 기독교를 경험했던 것으로 알려졌다. 이러한 기독교적 배경 속에서 마침내 주체사상이 인민대중의 종교 즉, '정치종교'로 승화되었다고 볼 수 있다. 물론 주체종교는 종교의 보편적 특성인 내세를 말하지는 않는다. 그러나 기독교인은 영생을 위해 순교를 두려워하지 않는다. 그처럼 주체혁명을 위해 '사람'은 육체적 생명조차 아랑곳하지 않고 수령에게 모든 것을 바칠 때 비로소 '영생하는 정치사회적 생명'을 얻을 수 있다.

　수령은 기독교의 절대자의 지위와 유사한 '최고 존엄'이다. 주체사상은 '최고 존엄'인 수령을 모시는 정치종교라고 할 수 있다. 김정일의 논문『주체사상에 대하여』는 주체사상의 바이블이 된다. 주체사상에서 '사람'은 결코 육체적 생명과 영혼을 지닌 존재로서의 가치는 부여되지 않는다. 주체사상의 '사람'은 수령이 창조한 정치적 피조물로, 수령을 위해 기꺼이 목숨을 바치는 '숨 쉬는 도구'일 뿐이다. 인류역사 어디에서 주체사상처럼 인간의 가치와 의미를 이처럼 철저히 말살하는 '반인간적'이고 '반문명적'인 사상을 만날 수 있겠는가?

2) 주체사상의 남한 버전: 자주, 반통일론

　요새 주사파(주체사상파)가 어디 있습니까? 아직도 주사파 타령인가? 색깔론 그만하지 … 우리는 지금 이런 말들을 종종 듣는다. 사실 주사파는 대개 1980~1990년대 학생 운동권에서 큰 영향력을 발휘했다. 그러나 주체사상의 정치적 키워드인 '자주성'은 남한 사회에서 진보좌파 내에서 '자주' 특히, 반미 자주화와 반일주의 그리고 최근의 '반통일' 논리로 전개되어왔다.

　① '자주'
　주체사상은 한마디로 말한다면 정치적 '자주'의 문제를 체계화시킨 이론이다. 북한 헌법 전문에, "김일성동지와 김정일동지는 세계정치의 원로로서 자주의 새 시대를 개척하시고 … 인류의 자주위업에 불멸의 공헌을 하시였다"고 규정하고 있다.[24] 그와 함께 헌법보다 상위 규범인 조선노동당 규약에서도, "조선로동당의 당면목적은 공화국북반부에서 사회주의 강성대국을 건설하며 … 최종목적은 온 사회를 주체사상화하여 인민대중의 자주성을 완전히 실현하는데 있다"고 선언한다.[25] 이처럼 '자주의 새 시대', '자주위업', '인민대중의 자주성'에서 보듯 주체사상에서 '자주'를 빼면 그저 공허할 뿐이다.

주체(主體)라는 용어는 '자주'라는 말과 유사한 의미를 지닌다. 자주(自主)는 남의 보호나 간섭 없이 자기 일을 스스로 함을 일컬으며, 개별 차원에서보다는 국가 또는 민족과 관련한 정치적 용어로 흔히 사용되는 말이다. 주체는 어떤 사물이나 외부 세계에 대해 사고할 때 인식 하는 자(subject)의 입장을 중심에 둔다는 말이다. 이 경우 주체는 외부의 간섭이나 개입을 배제하고 자기중심으로 스스로 결정한다는 의미를 함축하기에, 자주라는 말과 의미를 공유한다. 이에 주

---

24 「조선민주주의인민공화국 사회주의헌법」, 2019년 4월 11일 최고인민회의 제14기 제1차 회의에서 채택.
24 「조선로동당 규약」, 2010년 개정.

체사상을 '자주사상'으로 볼 수도 있다.

민주화운동 시기 한국 사회에서는 자본주의 사회에 대한 비판적 연구가 지식 사회의 주류로 자리 잡았다. 좌파 이론이 지적, 사상적 헤게모니를 장악했다. 1980년대 중반 서구의 네오-마르크시즘의 원조인 A. 그람시 사상이 소개되어 경제이론에 치우쳤던 마르크스 사상의 정치적 측면을 부각시켰다. 서구의 네오-마르크시즘은 폭력혁명을 포기하고 사회주의로의 '평화적 이행'(peaceful transition)의 가능성을 열어놓았다는 점에서 지식인의 구미를 당기는 사상이론이었다. 그런데 네오-마르크시즘이 학문 영역에서 커다란 관심을 끄는 분위기 속에서 민주화운동 영역에서는 마르크스·레닌주의(ML주의)에 입각하여 한국 사회의 급진적 체제변혁론을 끌어내기도 했다.

그런데 체제 변혁의 대상인 한국 사회(한국 사회구성체)를 어떻게 보느냐 즉, 한국 사회가 국가독점 자본주의사회인가 그렇잖으면 아직 반(半)봉건사회로 주변부 자본주의국가인가에 따라 타도 대상이 달라진다. 한국 사회가 주변부 자본주의국가라면 타도 대상은 미 제국주의가 될 수밖에 없다. 그와 달리 국가독점 자본주의사회인 경우 파시즘적인 국가 기관이 타도 대상이다. 이즈음 학생 운동권에서 마오이즘을 연상시키는 '민족·민주·민중'의 '민족해방인민민주주의혁명'(NLPDR, National Liberation People's Democracy Revolution)의 기치를 내걸었으나 곧 민족해방파(NL)와 민중민주파(PD) 그룹으로 양분된다. 그러나 사회주의체제의 붕괴와 더불어 마르크스·레닌주의가 퇴조하면서 체제변혁 이념의 공허 상태를 맞이하게 되었고, 이에 학생 운동권 내에서 주체사상이 급속히 떠올랐고 대세로 굳혀갔다. 그 결과 주체사상에 의해 NL과 PD 그룹의 분화는 일거에 해소되었다. 주체사상의 수용으로 학생 운동권의 분화가 종식되었고 '민족해방'의 기치를 내세우는 NL 헤게모니 아래 통합되었다.

김일성주의로 표상되는 북한의 주체사상의 특성은 '반(反)지성주의'(Anti-intellectualism)라고 할 수 있다. 맹목적 수용과 추종일 뿐 사회와 역사에 대한 성찰 없이 어떠한 토론도 거부한다. 주체사상은 수령 절대주의에 대한 무조건적 충성과 복종 외에는 아무것도 없다. 그럼에도 남한의 진보학계는 그동안 주체사상과 주체사관에 접맥된 '반외세 자주'를 내세우는 민중사관을 무비판적으로 수용하는 모습을 보였다. 이 시기 진보학계는 사회주의의 몰락과 사회주의체제의 붕괴에 엄청난 충격을 받아 망연자실했다. 여기에다 인문학마저 크게 위축되면서 철학, 역사, 사회과학 분야의 연구 열정은 식어갔고 토론 문화도 점차 사라져갔다. 그럼에도 주사파 학생 운동권은 점차 제도정치권으로 진입하면서 정당정치와 의회 활동에 큰 영향을 끼쳤다. 사회주의 이론과 마르크스 사상은 서구 지성사에서 가장 큰 흐름으로, 이 분야에 대한 이해는 상당한 지적 역량이 요구되는 영역이다. 이에 비해 주체사상은 김일성 우상화를 목표로 삼는다. 이에 태어나서부터 죽을 때까지 인간 의식의 세뇌 작업이 이루어진다. 동어 반복적 서술 방식에다 주입식 논리체계를 통해 세계와 역사에 대한 인식을 매우 단순화시키는 동시에 '복종과 충성'의 서약으로 무조건적이고 맹목적인 행동을 이끈다. 여기에 주체사상의 '반지성주의'의 특성이 그대로 드러난다. 그리하여 자주는 '반미 자주화', '주한미군 철수' 그리고 '친일적폐', '한·미·일 3자 연대 반대' 등의 실천 구호로 결집하면서 적과 아(我, 우리 편)로 구분하는 잣대가 된다. 그와 더불어 자주는 수난과 피침의 역사를 부각시킨 배타적 민족주의 논리와 결합하여 진보학계와 운동권 내에서 광범위하게 확산될 수 있었다.

한편 자주 문제와 관련하여 한국 정치지도자의 대중인식과 한·중관계의 방향에 대해 오해를 불러일으킬만한 메시지가 큰 관심을 끌었다. 문재인 대통령이 2017년 12월 중국을 방문했을 때 베이징 대학의 연설에서, 중국은 "높은 산봉우리", "대국"이라고 치켜세우고 한국을 "작은 나라"라고 지칭하면서 중국이 주변국을 보다 넓게 포용해줄 것을 강조했다.[26] 또한 평소 역사에 관심이 깊은 문 대통령이 한·중 우의를 보여주는 역사적 사례를 대거 인용하면서 중국과의 정서적 공감대를 형성하려는 모습을 보여주기도 했다. 그러나 굳이 중

---

26 中 바짝 껴안은 文대통령…"높은 산봉우리", "중국몽, 모두의 꿈" 〈연합뉴스〉, 2017. 12. 15.

국을 높은 '산봉우리, 대국'으로 우리 한국을 '작은 나라'로 지칭할 필요가 있었을까? 어떻게 중국 땅에서 대한민국의 국가 원수가 이런 말을 할 수 있을까, 도무지 납득이 되지 않는다. 이뿐만이 아니다. 당시 노영민 주중 대사가 시진핑 중국 국가주석에게 신임장을 제정하며 방명록에 쓴 '만절필동(萬折必東)'이란 글귀가 뒤늦게 논란을 불러 일으켰다. 중국에 지나치게 예(禮)를 표하는 표현이란 것이다.[27]
노 대사는 '만절필동(萬折必東) 공창미래(共創未來)'를 한자로 썼다. 『순자(荀子)』 유좌편(宥坐篇)에 등장하는 '만절필동'은 (황하의) 강물이 일만 번을 굽이쳐 흐르더라도 반드시 동쪽(서해)으로 흘러간다는 말이다. 만절필동은 충신의 절의와 기개는 절대 꺾을 수 없다는 뜻을 비유한 말이다. 조선에서는 이 용어가 중국에 대한 사대(事大)의 예를 강조한 데서 쓰였다. 선조가 임진왜란에 명나라의 원군 파병에 감사하는 뜻을 '만절필동, 재조번방(再造藩邦)'으로 밝힌 이래 제후국 조선의 명나라에 대한 충성의 예를 의미하는 문구가 되었다.

'대국, 소국', '만절필동'은 중국에 대한 사대의식을 함의하는 말이다. 그런데 이러한 대중 사대의식은 진보좌파 즉, '자주파' 측에서

---

27 "천자에 충성? … 노영민 주중대사 '만절필동' 논란" 〈조선일보〉, 2017. 12. 18.

자연스럽게 나타나고 있다. 그들은 '반미 자주화'를 외치지만 중국에게는 몸을 낮추고 마냥 고개를 숙인다. 이처럼 우리 사회의 '자주파'는 '중화 사대주의'에 빠져 중국에 대한 존숭을 너무나도 당연한 것처럼 여긴다. '반외세 자주'는 중국 앞에만 서면 한없이 초라해지고 작아진다.

② '반통일'

'한반도 평화론'은 현실적이고 당위적인 명제임에도 불구하고 어느 면에서 '반 통일론' 성격을 함축하고 있다. 한반도 평화는 남북관계에서 가장 중요한 과제이자, 국정 최고의 목표다. 평화와 통일은 따로 떼어놓을 수 없는 불가분적 관계이다. 통일은 반드시 평화적으로 이루어져야한다. 이에 우리는 전쟁 통일, 무력 통일을 결단코 반대한다. 우리는 감당할 수도 없는 북한의 흡수통일이나 체제 붕괴론 유도와 같은 무리한 방식을 추구해서는 안 된다. 통일은 반드시 남북한 주민의 합의에 의한 평화적 통일이어야 한다. 그럼에도 국제정세의 변화에 따른 한반도 주변국들의 대응 속에서 평화와 통일에 대한 지금까지와는 전혀 다른 국면이 전개될 지도 모른다. 말하자면 위기 속에 통일의 기회가 스스로 찾아올 수 있다는 말이다. 우리는 이러한 상황에 슬기롭게 대응해야 한다. 이에 지금부터라도 평화와 함께 통일을 생각하고 통일을 준비하지 않으면 안 된다. 그렇기에 '평화를 위한 통일, 통일을 위한 평화'를 모토로 삼아야 한다.[28]

김정은 위원장의 '통일 불가론'

북한은 통일 문제에 급전환했다. 김정은 위원장은 '통일 거부'를 천명했다. 김정은은 2013년 12월 31일 노동당 중앙위원회 전원회의에서 남북을 "적대적인 두 국가"로 규정하고, "대한민국과는 통일이 될 수 없다"고 천명했다.[29] 그가 남북한을 "적대적인 두 국가 관계"로 규정함으로써 평화통일을 지향하는 '특수 관계'의 종언을 고했다. 이어 김 위원장은 "남조선 전 영토 평정"을 외치며 남한을 전쟁으로 정복해야 할 대상으로 규정했다. 더욱이 김 위원장은 선대 지도자인 김일성·김정일의 통일 정책조차 비판하였다. 김 위원장은 "10년도 아니고 반세기를 훨씬 넘는 장구한 세월 우리 당과 공화국 정부가 내놓은 조국 통일 사상과 노선, 방침들은 언제나 가장 정당하고 합리적이고 공명정대한 것으로 하여 온 민족의 절대적인 지지 찬동과 세계의 공감을 불러일으켰으나 그 어느 하나도 온전한 결실을 맺지 못했으며 북남관계는 접촉과 중단, 대화와 대결의 악순환을 거듭해왔다"고 평했다. 나아가 향후 대남 정책의 핵심으로 '전쟁 준비'를 내세웠다.[30]

---

28 조민, "통일은 '평화혁명' … 준비해야 찾아온다" 〈중앙일보〉, 2024. 11. 6.
29 김정은 "남북은 적대적 두 국가 관계 … 통일 안 돼" 〈연합뉴스〉, 2023. 12. 31.
30 "김정은 '적대적 두 국가' 남북관계 선언 … 화해·통일 대신 전쟁으로" 〈경향신문〉, 2023. 12. 31.

그런데 북한 김정은 위원장의 '통일 반대'는 선대의 정책을 거부하는 것을 넘어, 당규약과 헌법에 천명된 통일 원칙에 위배된다. 우선 조선노동당 규약(2021. 1) 전문은 "조선로동당은 … 민족자주의 기치, 민족대단결의 기치를 높이 들고 조국의 평화통일을 앞당기고…"라고 규약하고 있다.[31] 그와 더불어 북한 사회주의 헌법(2019. 4. 11.) 서문에서는 김일성, 김정일의 통일 과업을 밝혀 놓았다. "위대한 수령 김일성동지는 민족의 태양이시며 조국통일의 구성이시다. 김일성동지께서는 나라의 통일을 민족지상의 과업으로 내세우시고 그 실현을 위하여 온갖 로고와 심혈을 다 바치시였다. 김일성동지께서는 공화국을 조국통일의 강유력한 보루로 다지시는 한편 조국통일의 근본원칙과 방도를 제시하시고 조국통일운동을 전민족적인 운동으로 발전시키시여 온 민족의 단합된 힘으로 조국통일위업을 성취하기 위한 길을 열어놓으시였다"고 천명하고 있다. 이렇다면 과연 김정은 위원장은 자가당착적인 '통일 반대'로 인민을 설득할 수 있을지 의문이다.

---

31 북한 로동당 규약 전문(2010년 개정판), "조선로동당은 … 우리민족끼리 힘을 합쳐 자주, 평화통일, 민족대단결의 원칙에서 조국을 통일하고 나라와 민족의 통일적 발전을 이룩하기 위하여 투쟁한다."

우리 사회 한쪽의 '통일 반대론'

최근 우리 사회에서 북한에 호응하듯 '통일 반대'를 외치는 소리가 들려왔다. 이는 매우 주목되는 현상이다. 문재인 청와대의 임종석 전 비서실장이 2024년 9월, '9·19 평양선언' 6주년 기념사에서 "통일, 하지 말자"고 했다. 그는 '대한민국 영토는 한반도와 그 부속도서로 한다.'는 헌법 3조의 영토 조항도 "지우든지 개정하자"고 했다. 나아가 "통일이 무조건 좋다는 보장도 없다"고 말하면서, "통일 논의를 완전히 봉인하자"고까지 주장했다.[32] 임종석은 1989년 전대협 의장 시절 임수경 방북을 주도하면서, 이를 '통일 운동'이라고 했다. 주사파가 장악한 전대협은 '자주적 평화 통일'을 목표로 내건 단체다. 2019년 비서실장을 그만둔 뒤엔 "다시 통일 운동에 매진하고 싶다"고 했다. 임종석은 2020년 북한 TV 저작권료를 남한에서 걷어 북에 송금하는 경문협 이사장을 맡았는데 경문협은 '한반도 통일 기여'가 설립 목적이다. 평생 '통일'을 주장하던 사람이 갑자기 '통일하지 말자'고 입장을 완전히 거꾸로 뒤집었다.[33]

---

32 [사설] '통일 운동' 한다던 임종석, 北이 통일 거부하자 "통일 반대" 〈조선일보〉, 2024. 9. 20.
33 임종석은 2020년 북한 TV 저작권료를 남한에서 걷어 북에 송금하는 경문협 이사장을 맡았는데 경문협은 '한반도 통일 기여'가 설립 목적이다. 평생 '통일'을 주장하던 사람이 갑자기 '통일하지 말자'고 입장을 완전히 거꾸로 뒤집었다. "통일 버리고 평화 선택하자 … 통일부도 정리해야" 〈한겨레〉, 2024. 9. 19.

통일 반대 입장은 김정은 국무위원장의 '통일 불가' 선언과 관련이 있다. 2023년 말 김정은은 "북남 관계는 동족 관계가 아닌 적대적 두 국가 관계"로 선언하면서, 통일을 위한 조직과 제도를 모두 없앴다. 평양 입구에 있던 통일탑도 부수고 북한 국가에 있는 통일 표현도 없앴다. 심지어 평양 지하철 '통일역' 이름을 그냥 '역'으로 바꿨다. 그러자 한국 내 친북 단체들이 장단을 맞추기 시작했다. 조국통일범민족연합 남측 본부는 2024년 초 스스로 단체를 해산하고 '통일'을 뺀 한국자주화운동연합(가칭)을 만들겠다고 했다. 그동안 이 단체는 김일성이 직접 지어줬다며 '조국통일' 명칭을 고수했지만 김정은 한마디에 간판을 내렸다. 다른 국내 친북·종북 단체들도 '통일 지우기'에 급히 나섰다. 임종석의 급변 이유도 이들과 같은 맥락으로 이해된다.

김정은의 통일 거부는 한국과의 국력 차이가 너무나 벌어지고 북한 주민들 사이에서 한국에 대한 동경이 커지자 이를 차단하기 위한 조치였다. 평양을 제외한 북한의 주민 생활은 100년 전 일제 강점기보다 못하다. 이러한 상황은 김정은의 정당성 없는 권력에 위기를 초래했다. 김정은은 결국 주민들이 통일에 대한 기대를 갖지 못하도록 원천적으로 싹을 자르는 방법을 택하지 않을 수 없었다. 통일을 지우는 한편으로 한국 드라마를 보고 한국식 말투를 썼다고 청소년들에게 수갑을 채워 징역 10년형을 내리는 만행을 저질렀다. 모두 김씨 왕조 수호가 근본 목적이다.

남한의 친북 단체들이 김정은의 반통일 선언을 추종한다면 결국 김씨 왕조 수호를 돕고 주민들의 참상을 외면하는 일이다. 이들은 김정은이 상황이 좋아졌다고 판단하고 '통일하자'로 나오면 바로 '통일' 깃발을 흔들어댈 것이다. 한국 정부에서 요직을 지낸 사람들이 김정은의 통일 거부 선언에 동조하여 통일 반대 논리에 기웃거리는 모습에 실망하지 않을 수 없다. 우리 사회 한쪽의 '반통일 평화론'은 지금 핵위협에도 불구하고 '실패국가' 북한의 위기 상황에 남한의 통일 논의는 북한 김정은에게 커다란 부담을 줄 수 있기에 "통일을 버리고 평화를 선택하자"고 주장한다. 특히, 그들이 제시하는 '남북 2국가론'은 김정은의 '적대적 두 국가' 주장에 맞장구치면서 김대중·노무현 두 분 대통령의 평화통일론마저 내팽겨치고 만다. 그렇다면 반통일론자들이 북한이 강성해지고 국제사회에서 남한보다 우월한 위상을 가지면 북한 주도의 통일을 반대할까? 결코 그렇지 않다고 생각한다. 그런 상황에서 그들은 누구보다도 앞장서서 통일을 적극적으로 외칠 것이다.

　　여기서 잠시 민주노총의 선언·강령·규약을 살펴보자. 〈선언〉에서 "우리는 … 자주, 민주, 통일, 연대의 원칙 아래 …. 통일조국, 민주사회 건설의 그 날까지 힘차게 투쟁할 것을 선언한다."고 밝혀놓았다. 〈강령〉 제2항은 "민족의 자주성과 건강한 민족문화를 확립하고 … 분단된 조국의 평화적 통일을 실현한다."고 규정한다. 〈규약〉 제4조(목적과 사업) 2항은 "민족 자주성의 확립 … 분단된 조국의 평화적 통일"을 내세우고 있다.[34] '자주', '민족의 자주성', '통일' 등은 노동 문제와는 직접적인 관련이 없다. 이런 점에서 민주노총의 정치적 투쟁이 '자주', '통일'의 기치 아래 전개되어온 까닭을 알 수 있다.

평화통일의 길로 나아가기 위해서는 남북한 모두 주체사상의 환각과 주술(呪術)에서 깨어나야 한다. 태어나서부터 세뇌당하는 북한 주민들이 '수령의 품'에 안겨 산다는 환각 상태에서 벗어나도록 해야 한다. 그와 함께 우리는 '실패국가' 북한을 똑바로 바라보면서 '자주', '반통일'을 교시하는 수령체제와 주체사상 주술에서 깨어나야 한다.[35] 이제 대한민국의 헌정체제와 정통성에 대한 확신 위에서 남북한 평화통일의 길을 열어가야 할 때이다.

---

34 〈규약〉 제정 창립대의원대회(1995. 11. 11.), 개정 제76차 대의원대회(2023. 4. 24.) https://nodong.org/plank
35 친북 주사파의 경우 북한에 대해 대화할 때 김부자 3대의 실명을 절대 입에 올리지 않는다. 그들은 '김일성, 김정일, 김정은' 세 사람의 이름을 부르지 못한다. 정치종교의 절대적 숭배 대상인 수령의 실명을 감히 입에 올릴 수 없다. 이는 매우 불경스런 일이기 때문이다. 수령은 공식적으로는 '경애하는 장군님'으로 불리거나, 엄숙하게 '최고존엄'으로 칭해진다. 2022년 10월 국회 법사위 국정감사 도중에 기동민 의원이 김정은을 '최고존엄' 으로 칭한데 대해 조정훈 의원이 "우리 국회의원이 해서 되는 발언의 선이 있고 넘지 않아야 할 선이 있다고 생각한다"고 비판하였다.("법사위 국감 또 파행 … 野 기동민 '최고존엄' 발언 놓고 설전", 〈연합뉴스〉, 2022. 10. 18)

제4장 자랑스러운 대한민국

1. 한반도 통일과 민족 정통성

　남한과 북한은 분단시대에 한반도 전역의 통치를 위한 경쟁과 대결을 지속해왔다. 남한과 북한은 서로 한민족 전체의 유일 대표성을 주장해왔으며 상대방의 국가체제를 부정하면서 통일을 주도할 수 있는 정당성이 마땅히 자기 측에 있음을 강변해왔다. 바로 여기에 남한과 북한의 '유구한 역사와 전통'의 계승의 문제와 함께 한민족의 대표성 차원에서 역사적·정치적 정통성 문제가 제기된다. 통일은 한민족의 미래를 여는 길이다. 통일로 가는 길에 남북한 정통성 문제는 배타적이고 대립적인 접근보다는 상호 포용적이며 보완적으로 이해할 필요가 있다. 통일 과정에서 민족사의 정통 노선의 회복을 과제로 삼아야 한다. 이에 민족사 정통 노선과 지향성의 차원에서 대한민국 건국세력에 대한 새로운 재평가가 이루어질 필요가 있을 것이다.

정통성(正統性, Legitimacy)은 일반적으로 근대적 국민국가에서 정치체제 또는 정치권력의 정당성의 문제와 관련된 사안이다. 말하자면 통치 권력의 합법성과 더불어 국가 구성원의 통치 권력에 대한 복종 의무의 도덕성의 근원으로 볼 수 있다. 독일의 정치사회학자 M. 베버는 일찍이 정통성의 근거를 전통적 지배, 카리스마적 지배, 합법적 지배의 세 이념형으로 구분한 바 있다. 베버는 합법적 지배 유형의 틀 내에서 근대국가의 성격을 규정하였으며, 20세기의 대개의 근대국가는 합법적 지배 유형에서 정통성의 근거를 찾았다. 그런데 근대국가의 합법적 지배 유형이 일반화된 서구 사회에서는 정통성 문제가 제기될 필요가 없었다.

정통성 문제는 제2차 대전 후 신생 독립국들 사이에서 제기되었다. 1960년대 서구화와 접맥된 근대화론이 팽배했던 시기에 정통성(Legitimacy)과 효율성(Effectiveness)간의 갈등 관계를 제3세계의 식민지·종속국가의 정치적 불안정을 설명하는 핵심 변수로 설정함으로써 이 문제가 부각되었다. 제3세계에서의 정통성은 선거 등 절차적 민주주의에 의한 합법적 절차에 의해 수립된 정부와 그렇지 못한 정부 즉, 비합법적(illegitimate) 방법으로 권력을 탈취한 군부·혁명정권과의 통치의 정당성 문제로 정통성 시비가 나타나게 된다. 전후 제3세계의 경우 대개 합법 정부의 무능, 부패, 국정 혼란 등 근대화 과제의 수행 실패에 대한 비판 또는 대안으로 군부·혁명세력이 권력을 탈취함으로써 '정통성(합법성)'이냐, 근대화 과제 수행능력의 '효율성'이냐 하는 문제로 정치적 논쟁의 장이 펼쳐졌다. 이를 계기로 이른바 '정통성 vs 효율성'의 갈등적 선택이 강요되는 상황을 맞이하게 된다. 이와 달리 한국의 경우 정통성 문제는 제3세계의 공통적인 식민지·종속국가의 경험과 함께 특히, 분단구조에서 야기된 정통성 문제의 중첩적 성격을 안고 나타났다. 이는 대한민국과 조선민주주의인민공화국의 이념 및 체제경쟁 논리와 더불어 한민족 전체를 아우르는 대표성의 문제로 제기되었다.

2. 남북한 정통성 문제의 소재(所在)

대한민국의 정통성 문제는 두 차원에서 제기되었다. 우선 해방조국 대한민국의 건국 주체세력의 성격을 둘러싼 논쟁이다. 다음으로 '1민족 2국가' 체제인 남북한 분단구조 아래서 한민족 즉, 한반도 전체 주민의 유일 합법정부의 인정을 둘러싼 정통성 대결이 나타났다. 정부 수립 후 대한민국이 유엔(UN)이 승인한 한반도의 유일 합법정부라는 점에도 불구하고 남한 사회에서 건국세력의 성격을 둘러싼 정통성에 대한 회의가 끊임없이 제기되었다. 이는 건국 주류세력과 소외세력과의 관계에서, 건국과 정부수립 과정에서 좌익 사회주의 세력의 전면 배제에다 민족주의 계열조차 점차 배제되면서 국가 사회의 모든 영역에서 친일 반민족세력의 온존과 재부상 현실에 대한 비판적 문제 제기로 나타났다. 그와 더불어 이념과 체제 대결과정에서 남북한 상호 배타적 차원에서 정통성 문제가 부각되었다. 북한은 항일 민족해방운동 세력이 건국주체라는 주장과 함께 친일 청산으로 민족사의 정통을 내세웠고, 남한은 자유민주주의와 반공 이념으로 체제 정통성을 방어하고자 했다. 특히, 남한에서의 정통성 문제의 키워드는 건국주체와 통치세력의 성격으로 즉, 항일독립운동 세력이냐 반민족 친일세력이냐 하는 문제였다.

1) 친일 청산의 좌절과 원죄의식

남한과 북한은 모두 미국과 소련의 점령군에 의해 만들어진 즉, 외삽(外揷)국가라는 데에서는 큰 차이가 없다. 이처럼 남북한 모두 국가 수립 과정의 비자주성에도 불구하고 건국 과정에서 주도세력의 항일민족해방운동 여부가 건국의 정통성을 가늠하는 거의 유일한 척도로 인식되었다. 한반도의 분단은 일본의 패망을 앞두고 포츠담 회담(1945. 7. 17. ~ 8. 2.)에서 미국의 38선 분할 제의를 소련이 선뜻 수용함으로써 이루어졌다. 그리하여 한반도의 38선을 따라 남한은 미군의 점령 아래, 북한 지역은 소련군의 점령 아래 들어갔다. 일본 항복 당시 소련군은 일본군과 전투를 하면서 한반도 국경 내로 진입 중이었다면, 미군은 동경 만에서 1,300km 이상 떨어진 오키나와에서 북상 중이었고 9월 8일에야 인천에 상륙할 수 있었다. 이런 상황에서 역설적이지만 미국이 제의한 38선 분할로 소련이 한반도 전체를 장악하는 최악의 상황을 막을 수 있었다.

북한에서 소련의 단독정부 수립 계획은 매우 일찍이 추진되었다는 점을 주목할 필요가 있다. 1945년 9월 미국, 영국, 소련 3국의 런던 외상회담이 결렬되자 소련의 스탈린은 비밀리에 북한 지역에서 단독 정부 수립을 지시했다. 북한의 사회주의적 이행을 위해 토지혁명을 비롯한 사회경제적 개혁 과제들이 모스크바의 프로그램에 따라 체계적으로 추진되었다. 소련의 점령과 신속한 소비에트화 과정에 북한 지역의 지주 계층, 일제 관료, 기독교인 등 사회주의 체제와 함께 공존할 수 없는 사람들은 북한에서 생존이 보장될 수 없었다. 결국 그들은 강제적으로 혹은 자발적으로 남한으로 쫓겨 오게 되었다. 이런 분위기 속에서 소련 군정과 북한의 사회주의 정권 수립 세력은 친일세력 청산의 정치적 과제를 수행하는데 큰 힘을 들일 필요가 없었다.

한편 미군정 치하의 남한은 북한과는 달리 무질서와 정치적 혼란의 도가니였다. 여기에는 여러 요인이 있다. 우선 미군정의 남한 관리 방식의 특성을 지적할 수 있다. 스탈린이 일찍이 소련 극동전선군 산하 88여단(1942. 7 창설) 소속의 김일성을 위임 통치자로 간택하여 처음부터 김일성 중심으로 북한의 권력구도를 정비해나갔다.[36] 이 과정에 정치적 경쟁이나 갈등이 전혀 허용될 수 없었다. 그와 달리 미국은 친미적 자유민주주의 국가를 수립한다는 원칙 이외에 체계적인 통치 프로그램을 마련하지 못한 상태였다. 더욱이 자유세계의 주도국으로 자임하는 미국의 리버럴한 통치 방식과 미군정 당국의 미숙함으로 인해 남한 사회의 정치적 혼란과 무질서를 통제하기가 힘들었다. 여기에다 통치의 편의와 효율을 위해 일제 시기의 관료와 경찰 그리고 친일 반민족 행위자들을 군정 통치 체계에 수용함으로써 많은 폐단을 낳게 되었다. 반민족 친일세력의 온존과 그들의 새로운 득세로 미군정에 대한 기대가 무산되면서 국민 대중의 분노와 실망은 커졌다.

    신생국가 대한민국의 절박한 국가적 과제는 두 가지였다. 하나는 건국 정신을 바로 세우는 데 과거청산 즉, 친일청산이 불가피한 문제가 아닐 수 없었다. 다른 하나는 해방 정국의 사회경제적 요구에 부응하는 토지개혁의 문제였다. 그런데 친일청산 문제는 대한민국 정부가 수립된 시기에도 순조롭게 해결될 수 없었다. 신생국가는 북한 공산주의의 위협 앞에서 국가체제 유지에 급급했고, 국내 좌익세

---

36 김국후 지음, 〈제88정찰여단, '조선인 출신 정치·군사 지도자 양성소'〉, 『〔祕錄〕 평양의 소련군정 − 기록과 증언으로 본 북한정권 탄생비화』(한울, 2008년), 53~84쪽.

력의 준동에 전전긍긍했다. 이승만 정부로서는 반공국가체제 확립이 최우선 과제였으며 국내 좌익세력 억제가 절박한 실정이었다. 이에 이승만 대통령은 친일세력 청산보다는 오히려 친일 반민족 행위자들을 반공 전사로 앞세웠다. 친일 행위자들이 반공 전사로 변신하여 체제수호 세력이 되면서 친일 청산의 과제는 실패하고 말았다.

대한민국의 건국 주체로 항일독립운동세력의 배제·결락과 친일 청산의 실패는 한국 사회의 '원죄의식'(original sin)으로 각인되었으며, 이 점은 항상 대한민국 정통성 문제의 아킬레스건이 되었다. 반면 북한은 이러한 원죄의식으로부터 상대적 자유를 누려왔다. 사실 소련의 점령과 사회주의국가 건설 과정에서 북한의 지주계층, 친일 관료, 기독교인들이 대개 남한으로 쫓겨났거나 체제 순응적 삶을 선택함으로써 북한에서의 친일 청산 문제는 정치사회적 갈등 요인으로 부각될 수 없었다. 더욱이 남한의 경우 친일 청산 문제는 비록 형식적이나마 자유주의적 법치국가와 반공국가 구축의 국가 과제 아래 초법적 해결이 쉽지 않았다. 친일 청산 문제는 정부 수립과 함께 일찍이 해결되었어야 할 과제임은 분명하다. 그러나 신생국가 대한민국의 절박한 사정도 충분히 고려되어야 한다. 대한민국의 국가체제 확립과 정부 운영의 정상적인 작동이 시급한 시기에 항일투사를 비롯하여 일제 통치와 전혀 무관한 사람들로만 국가 운영이 과연 가능했겠느냐는 질문을 제기해 볼 수 있다.

한편 해방정국의 남북한을 대비하는 사안으로 토지(농지)개혁을 지적할 수 있다. 사회주의 혁명의 상징적 조치로 모스크바의 프로그램에 따른 북한의 토지혁명(1946. 3. 5.)은 남한에 큰 충격을 주었다. 북한의 토지혁명은 인민민주주의혁명으로 가는 코스였으며 전쟁 후 집단농장체제를 구축하면서 농민 소유의 토지는 다시 몰수되었다. 미·소 점령체제 아래서 북한 지역에서 단행된 토지혁명에 대한 남한의 대응은 불가피했다. 신생 국가 대한민국에서도 농지개혁은 불가피한 과제였다. 농지개혁은 토지소유권을 경작자에게 이양하여 경작인의 보호에 중점을 두는 개혁 조치로 「농지개혁법」(1949. 6. 21.)이 제정·공포되자 엄청난 기대를 모았다. 농지개혁은 미 군정청 산하 신한공사(新韓公社)에서 마련한 농지개혁 프로그램의 기본 틀을 수용하여 추진되었다.

　　　대한민국의 농지개혁은 성공적이었으며, 농지개혁은 북한의 남침과 사회주의적 기획을 거부하는 배경으로 작용했다. 농지개혁은 미 국무성이 공산주의체제와의 대결 지역에 마련한 대안 프로그램으로 한국과 타이완에서 성공적인 모델이 되었다. 북한의 토지혁명은 농민에게 농지를 잠시 분배했다고 곧 다시 빼앗아 국유화 조치로 협동농장에 귀속시켰다면, 남한의 농지개혁은 소농의 꿈을 실질적으로 보장한 개혁 조치였다. 남한의 농지개혁으로 전쟁 기간 중 농민 대중은 북한의 사회주의적 유혹에 쉽사리 빠져들지 않았다.

2) 한민족 공동체의 파괴, 전쟁

한민족의 참화 '6·25(한국전쟁)'는 북한의 남침으로 일어났다. 소련 해체 이후 한국전쟁 관련 문서고 개방을 통해 잘 알려졌듯이 김일성은 스탈린에게 남침 허가를 끈질기게 간청하여 허락을 받았다. 1949년~1950년 초 동북아 국제정세의 변화는 미국의 개입을 우려하여 주저했던 스탈린으로 하여금 김일성의 간청을 받아들여 한반도에서 전쟁을 결행할 수 있게 만들었다.

    1949년 한반도를 둘러싼 국제정세의 변화 요인은 세 가지였다. 첫째, 1949년 6월 미국이 5만 7천명의 주한미군을 철수시켰다. 이는 당시 미국은 패권 유지 차원에서 감당해야 할 지역이 많았으며, 여기에다 소련이 한반도에서 도발할 가능성이 거의 없다고 생각했기 때문이었다. 둘째, 8월 말 소련이 핵실험에 성공했다. 이에 소련은 군사적으로 미국과 어깨를 나란히 하는 국가가 되었다. 셋째, 10월 중국 마오쩌둥(毛澤東)의 혁명세력이 '레드 차이나(red china)' 즉, 중화인민공화국(중공) 수립을 통해 대륙을 붉게 물들였다. 이처럼 동북아 지역은 미국의 퇴각 속에 북한과 중공의 공산주의 국가가 득세하는 분위기였다.

    이러한 상황 속에 다음 해 1950년 1월 초 미국의 동북아시아에 대한 극동방위선을 구획한 국무장관 애치슨 선언(Acheson line declaration)이 남침 준비를 하던 북한을 크게 고무시켰다. 애치슨은 미국의 극동방위선이 타이완의 동쪽 즉, 일본 오키나와와 필리핀을 연결하는 선이라고 선언하여 한반도와 타이완을 배제했다. 당시 워싱턴 전략 그룹 내에서는 한반도가 전략적으로 중요하다고 보지 않았다. 몇 달 후 한반도에서 전쟁이 발발하자 애치슨의 선언에 그 책임이 있다는 비난을 받았다. 그런데 미국이 애치슨 라인에서 타이완을 제외시켰다는 데에 주목할 필요가 있다. 이는 미국이 장제스(蔣介石)를 포기하고 중국 대륙을 석권한 마오쩌둥과 새로운 관계를 추구하겠다는 입장이자 타협적 전략으로 볼 수 있다. 애치슨 선언의 핵심은 사실 마오쩌둥에게 대만을 포기하겠다는 미국의 입장을 간접적으로 밝힌 유화 메시지였다. 이에 중공의 '대만 해방전'이 즉각 추진되었으나 한국전쟁이 터지자 한반도에 침공함으로써 타이완은 마침내 위기에서 벗어나게 되었다.

북한 김일성이 국토완정을 내걸고 어느 6·25전쟁 영화 속의 대사처럼 "일주일이면 끝난다"고 호언장담하고 일으킨 전쟁이 무려 37개월을 끌면서 한반도를 초토화시켰다. 전쟁은 남한 사회에 북한 공산주의에 대한 두려움과 무한 증오를 불러일으켰다. 세계적 냉전체제와 전쟁의 참화 속에서 남한의 반공독재는 선택의 여지없이 외길 노선일 수밖에 없었다. 용공좌익이 친일보다 더욱더 나쁜 '절대 악'으로 부각되었다. 반민족 친일 문제와 역사 청산을 통한 민족정기(民族精氣) 회복은 북한 공산주의의 위협과 반공반북의 대결적 이데올로기 앞에서, 물론 북한 공산주의의 위협이 독재의 정당화 논리로 활용되기도 했지만, 너무나 비현실적인 과제였다.

한편 대한민국 정부 수립 전후 시기의 정치사회적 상황은 어떠했는가? 농민이 전체 인구의 대부분을 차지하는 나라에서 가난하지만 공동체적 유제가 강하게 남아 있던 사회였다. 이처럼 반(半)봉건적 미발달 사회에서는 자본주의적 미래보다는 함께 더불어 사는 공동체적 사회체제로 즉각 인식될 수 있는 사회주의 이념과 가치에 친화성을 갖기 마련이다. 이는 전후 아시아·라틴아메리카·아프리카의 제3세계에서 사회주의가 대중이 선호하는 이데올로기였다는 보편적인 현상과도 부합된다. 한국의 경우에도 해방 당시 "자본주의, 사회주의, 공산주의 어느 쪽이 좋은가"라는 여론조사에 의하면 사회주의 선호가 높은 것으로 나타났다. 이러한 시대적 분위기는 좌익 세력이 대중 속에 파고들 수 있는 토양을 제공했고, 김일성과 박헌영으로 하여금 남한의 사회주의혁명에 대한 자신감을 불러일으키는 요인이 되었다. 그리하여 오판이었지만, 남한 국민이 환영할 것이라는 확신 속에 '국토완정'을 내건 남침 전쟁이 결행되었고, 전쟁의 결과 통일은 커녕 세계적 냉전체제 아래 대결과 적대감의 분단구조는 한층 강고해졌다.

　　소련과 중공의 지원을 받고 일으킨 김일성의 전쟁은 곧장 국제전으로 비화되었고, 엄청난 참화에도 불구하고 전쟁 후 한반도의 미·소 분할 구도는 한층 공고해지고 말았다. 북한의 김일성 집단이 전쟁을 일으키지 않고 남북한 체제경쟁을 추구했더라면 어떻게 되었을까? 한국은 좌익세력의 테러와 무장폭동보다는 오히려 반(半)합법적 또는 선거를 통한 합법적 방식으로 용공 친북정권이 수립되고 결국에는 북한체제에 흡수되고 말았을 수 있다. 그러나 김일성의 전쟁으로 민족 사회는 철저히 파괴되었고, 북한의 김일성 독재체제와 한층 강화된 남한의 반공정권으로 남북한은 극한적 대결과 증오의 늪에 빠지고 말았다.

　해방은 일제의 패망으로 어느 날 돌연히 찾아왔으며, 우리의 힘으로 쟁취한 해방이 아니었다. 대한민국이나 조선민주주의인민공화국 어느 쪽도 처음부터 스스로의 힘으로 국가를 수립한 것이 아니라, 식민지 통치 구조를 접수한 점령군의 통치 구조를 그대로 이양받는 방식으로 정부가 수립되었다. 이 과정에서 남한은 북한과 달리, 극한적 좌우 이념 투쟁의 혼란 상황에서 친일 반민족 문제를 해결할 수 있는 민족 사회 내부 동력이 크게 약화되었다. 더욱이 미 군정기와 정부 수립 과정에서 좌익세력 뿐만 아니라 민족주의 세력조차 배제되는 가운데 친일 행위자들의 재부상이 대한민국의 정통성 문제에 아킬레스건이 되었다. 그럼에도 정통성 문제 차원에서 3·1 운동으로 건립된 대한민국 임시정부를 민족사적 정통으로 인정한다면 임시정부의 법통을 계승한 대한민국의 민족사적 정통성이 당연히 인정되어야 한다.

3. 정통성의 세 측면:
　　건국세력의 성격, 국가의 존재이유, 국가비전

한국(ROK)과 북한(DPRK) 어느 쪽이 민족사적 정통성을 지닌 국가인가? 21세기 민족국가의 정통성은 역사적 맥락, 정치체제의 정당성, 그리고 세계사 속의 국가의 미래 등과의 관련 속에서 접근할 필요가 있다. 여기에는 건국세력의 성격, 국가의 존재이유(raison d'être), 그리고 국가비전 세 차원에서 접근되어야 한다. 첫째, 건국세력의 성격의 문제이다. 이는 친일 청산 문제와 전쟁 책임 문제와의 관계 속에서 해명될 필요가 있다. 남한은 친일 청산에 실패했다. 친일 반민족 행위자들은 해방과 정부 수립 과정에서 생존과 출세의 방편으로 반공국가의 수호자이자 독재 권력의 조력자가 되었다. 반면 항일독립노선의 일환으로 사회주의 운동을 했거나 일제와 타협하지 않은 민족주의자들은 해방 조국에서 점차로 배제되었고 거부당했다. 이승만의 독립운동과 건국 과정에서의 역할은 인정되어야 한다. 그러나 이승만 대통령이 반공자유국가 수립을 위해 비록 불가피한 상황이었다고 하더라도 친일반민족 행위자들을 끌어안고 통치의 하수인으로 활용하면서, 독재정권의 조력자로 삼았다는 과오는 결코 용납될 수 없다.

그와 함께 전쟁 책임을 반드시 물어야 한다. 전쟁은 민족사회를 철저히 파괴했고 지금까지도 엄청난 증오와 분열의 근원이 되고 있다. 스탈린의 승낙과 마오쩌둥의 지원을 간청한 김일성 집단이 전쟁을 일으켰다. 전쟁은 모든 것을 앗아갔다. 특히, 친일 청산 과제를 비롯한 신생 정부의 모든 기획은 좌절되었고, 온통 전쟁의 도가니에 빠져들었다. 전후 폐허와 빈곤 위에서 일어서야 했던 대한민국에서 친일 청산 문제는 민주화 시대에 와서야 다시 제기될 수 있었지만 지체된 과제는 쉽게 해결되기 어려운 상황에 부딪히게 되었다.

한국 사회의 일그러진 모습은 위의 두 요인의 중첩 상황에서 비롯되었다. 이런 점에서 친일 문제를 비롯한 식민지 유제 청산의 문제와 전쟁의 책임 문제는 따로 떼놓고 얘기하기 힘들다. 보다 균형적인 역사 인식 위에서 친일 문제를 재검토해야 하며, 전쟁에 대한 책임을 분명히 물어야 한다. 식민지 시대와 남북한 체제 대결의 분단시대를 아우르는 한국 현대사 백년에 대한 깊은 통찰과 미래로 향한 인식 위에서 정통성을 가름하는 요인의 하나인 건국 세력의 성격과 역할에 대해 새롭게 접근되어야 한다.

둘째, 국가는 무엇을 위해 존재하는가? 당연히 국가의 존재이유와 역할을 문제 삼아야 한다. 문명사회의 국가는 국민의 생명과 재산을 보호하는 야경국가 수준을 넘어 인권, 자유, 민주주의를 보장해야 한다. 민주주의는 자유, 평등, 인권 등 사회정의 및 보편적 가치에 기반을 둔 정치체제를 말한다. 조선민주주의인민공화국(DPRK) 북한은 '민주주의'와 '공화국'의 이름을 참칭하고 있다. 북한은 세계사에서 유례를 찾을 수 없는 수령독재체제에다 3대 세습을 이어가고 있다. 수령은 무오류적 신(神)의 위상을 가진 존재로 모든 인민과 당·정·군 위에 군림하는 절대 권력자이다. 수령체제는 억압과 폭력 메커니즘에다 외부 정보의 철저한 통제, 인민 대중의 삶과 생각까지 기만과 철저한 인간개조를 통해 인간의 의식 세계까지 통제하는 체제이다.

인권 문제는 문명국가의 준거라 할 수 있다. 북한 인권 실태는 줄곧 세계 최악으로 밝혀져 왔다. 김정은 정권의 조직적 인권 탄압이 아프가니스탄의 테러 집단 탈레반의 횡포보다 훨씬 심하다. 국제 인권감시단체 휴먼라이츠워치(Human Rights Watch)는 김정은 통치 하의 북한정부는 자의적 체포와 고문, 구금, 정치수용소 내 강제노동, 다양한 '범죄'에 대한 공개처형 등의 잔혹상을 보고하면서, 북한의 인권 상황을 세계 최악으로 평가하였다.[37] 더욱이 탈레반이 재장악한 아프가니스탄에서 북한과 같은 상황이 재현되는 것을 막아야 한다고 강조하면서 "수십 년 동안 국가 전체를 확실히 통제하며 인권을 유린해 온 북한 정부와 비교할 때, 탈레반의 편협성과 인권 유린이 매일 북한인들이 직면하는 수준까지 오르지 않기를 바란다"고 호소하였다.[38]

---

37 휴먼라이츠워치, "북한: 악화일로 걷는 북한의 인권상황 무자비한 정보와 이동의 자유 탄압" 2017. 1. 12. https://www.hrw.org/ko/news/2017/01/12/297551.
38 휴먼라이츠워치 "아프간서 북한 수준 인권 유린 막아야" VOA, 2021. 8. 25. https://www.voakorea.com/a/korea_korea-politics_afghan-north-korea-human-rights/6061191.html.

인권 탄압은 아프가니스탄에 비해 북한에서 훨씬 더 조직적으로 이뤄지고 있다. 이처럼 탈레반의 무자비한 테러와 인권 유린이 북한의 인권 말살 수준에 이르지 않기를 바라는 국제사회의 호소는 역설적으로 김정은 정권의 가증스러운 인권 실태를 그대로 반증하고 있다. 최근 김정은 정권은 한류와 미국 등 적대국 문화 콘텐츠를 유입 또는 유포한 주민에게 사형을 규정한 '반동사상문화배격법'을 만들어 충격을 주고 있다. 젊은이의 사상개조에다 즉결총살을 포고한 이 법은 의사 표현의 자유 권리는 고사하고 생명권마저 철저히 말살하고 있다.

민주주의는 인민에게 주권이 있는(주권재민) 국가로 다수 인민의 뜻에 따른 정치를 말한다. 공화정은 역사적으로 1인 지배 형태인 전제군주제에 반대하면서 나타난 정치체제로, 둘 이상의 정당을 전제로 그들 간의 상호 경쟁과 협력을 통해 민주주의의 이념과 정치 원리를 구현하는 정치를 뜻한다. 인권, 민주주의 그리고 공화정의 실질적 구현 차원에서 한국도 만족할 만한 단계는 아니나, 북한과는 전혀 비교가 되지 않는다. 북한의 정치범 수용소를 비롯하여 반인도적 범죄에 대한 책임 추궁을 잊어서는 안 된다. 북한의 경제발전은 인권 보장 없이는 불가능하다. 인권 문제만으로도 국가의 정당성은커녕 북한의 세습 수령독재체제의 '존재이유'를 찾을 수 없다.

셋째, 국가 정통성 여부는 국가의 미래 즉, 국가 비전의 문제이기도 하다. 북한의 미래는 암담하다. 한국이 '성공한 국가'라면, 북한은 '실패국가'이다. 유엔을 비롯한 국제사회의 제재국면에서 지속적인 마이너스 성장과 식량 위기를 타개할 수 있는 어떠한 대안도 찾지 못했다. 경제회복의 전망도 없을 뿐만 아니라 개혁개방에 대한 관심도 없다. 오로지 '자력갱생'만을 외칠 뿐이다. 여기에다 김정은은 '더욱 간고한 고난의 행군'을 강요하면서 전체 인민의 삶을 기아와 질식 상태로 몰고 있다. 사실 북한은 건국 초기부터 소련, 동구 사회주의국가들, 그리고 중국의 지원으로 유지되어왔다. 식량과 에너지조차 자립 구조를 갖추지 못한 대외의존 경제체제는 외부의 지원이 끊어지면 항상 자력갱생을 외쳐왔다. 장마당으로 시작하여 점차 활성화되던 시장이 무너진 배급경제체제를 대체하면서 먹는 문제가 어느 정도 해결될 수 있었지만, 최근 통제체제의 이완을 거부하는 김정은 정권은 이러한 인민의 자율적 생존 기반마저도 철저히 허물어뜨리고 있다.

한편 국가 비전은 체제 역량 차원에서 바라볼 수 있다. 이를테면 21세기 민족사를 담지(擔持)할 수 있는 역량과 세계사 속의 한민족의 위상과 미래 전망의 문제라고 하겠다. 경제력 차원의 남북한 국력 비교는 더 이상 의미가 없다. 우리나라는 2021년 유엔무역개발회의(UNCTAD)에서 개도국에서 선진국으로 지위가 격상되었다. 여기에다 한국의 1인당 GDP는 2022년도부터 일본을 추월했다. 한국은 세계가 인정하는 선진국의 반열에 올라섰으며, G7 국가들과 어깨를 나란히 하고 있다. 최첨단 정보기술과 디지털 기술 기반을 토대로 글로

벌 경제강국으로 발돋움하고 있는 중이다. 세계는 경제발전과 민주화를 함께 성취한 한국을 주목하고 있다. 부러움과 선망의 대상이다. 그럼에도 우리 한국은 경제적 성과에 자족하지 않고 우리가 다져온 경제발전 노하우를 신흥국에 전수하는 한편 지원과 협력을 아끼지 않고 있다. 닫힌 미래의 북한과 열린 미래의 남한은 너무나 극명하게 대비된다.

　남북한 정통성 문제는 '과거' 역사적 사실과 함께, 국가의 존재이유 그리고 민족사의 담지역량 등 다층적 차원에서 접근되어야 한다. 정통성의 세 지표를 준거로 남한과 북한을 비교하면, 한(조선)반도에서 한(조선)민족을 대변할 국가로 대한민국의 위상이 분명해진다. 더욱이 남북한 주민 7천 5백만 그리고 해외동포 850만의 '자유의사'에 따른 대한민국(ROK)/조선민주주의인민공화국(DPRK)의 선택에 대한 물음 즉, 한민족 구성원 개개인의 귀속의사도 남북한 정통성을 판정하는 중요한 척도로 작용할 것이다. 이에 '1민족 2국가'의 분단시대를 뛰어넘어 민족사의 담지자로서 대한민국을 재발견해야 할 때이다.

4. 대한민국의 재발견

　정통성과 관련하여 우리의 한국 근현대사를 관통하는 '반외세 자주의식'을 다시 한 번 짚어볼 필요가 있다. '반외세 자주의식'은 한민족의 집단적 의식 속에 깊이 각인된 유전인자적 속성을 지니면서 한민족의 정체성을 유지해온 정신적 뿌리였다. 19세기 후반 근대적 세계체제로 편입되는 과정에서 '반외세'는 전통적 지배계층인 봉건유생과 외세 침탈의 직접적 피해자인 민중과의 의병운동에서 잠시 연합전선을 형성할 수 있었다. 이 시기 갑신정변을 일으킨 초기 개화파는 외세를 객관적으로 그리고 주어진 실체로 인식하면서 외세를 근대개혁의 방조 세력으로 삼고자 했으나 전통적 외세(청국)의 종주권 요구와 무력간섭으로 근대개혁은 좌절되고 말았으며, 그 후 대세순응적 개화파는 외세 영합세력으로 전락하면서 근대화의 주체 역량을 상실하여 반외세 자주의 계보에서 이탈하게 되었다. 그와 달리 봉건유생의 시대착오적인 사대주의의 독특한 형태인 소중화(小中華) 의식이 '위정척사론'으로 나타났으며 자폐적 세계 인식 속에서 서구 근대문명[邪]의 배척과 함께 쇄국 논리의 배경으로 작용했다. 지배계층인 봉건유생의 소중화의 자폐적 세계관의 정치적 구호가 위정척사론으로 나타났는데, 위정척사론이 마침 제국주의의 침탈에 분노한 민중의 '반제=반일=반외세' 투쟁과 일시적으로 연대할 수 있었다. 이는 매우 역설적인 현상이었다. 20C 초 민중의 반외세 의식은 국권상실기 근대적 자주의식으로 발현되었고, 한국 근대사의 역정(歷程) 속에서 굴절된 '반외세 자주'의 문제는 해방 후 지금까지 국가 행위의 정통성의 준거이자, 정치지도자의 규범적 덕목으로까지 왜곡되기도 했다.

　20세기 후반의 국제정치에서 근대국가의 '자주'의 문제는 거의 사어(死語)가 되다시피 한 용어이다. 한국현대사를 외세 추종세력이 주도한 역사, 굴종의 역사로 보는 냉소적인 자학사관(自虐史觀)을 극복해야 한다. 외세에 의해 굴절된 수난의 역사를 경험한 한국인에게 반외세 자주는 규범적 가치이자, 대중적 감동에 호소할 수 있는 언술이다. 그러나 자주는 '문학적' 메시지를 담을 수 있으나 국제정치의 현실적 인식에 기반을 둔 개념으로 정립되기에는 한계가 있다. 북한의 주체사상을 관통하는 '반외세 자주'는 세계사의 흐름에 역행하면서 자폐적인 억압체제의 기제로 작용하고 있다.

　정통성은 궁극적으로 국가사회를 이끌어갈 규범적 가치와 실천적 역량의 상호관계 속에서 파악될 수 있다. 정치적 승리, 또는 결과론적 성과가 정치적 행위와 선택의 면죄부가 될 수는 없다. 대한민국은 이승만과 자유반공세력과의 연합전선에 의해 국가적 토대가 구축되었으며, 박정희 대통령이 이끈 근대화 과업의 성공적 추진으로 국가 번영의 토대가 구축되었다. 그럼에도 친일세력을 철저히 단죄하지 못했다는 점에서 한국 현대사 백년을 '정의가 패배한 배반의 역사'로 보는 입장과, 수난과 역경을 딛고 세계 속에 우뚝 일어선 우리 현대사를 '성공의 신화'로 여기는 입장과는 접점을 찾을 수 없었다.

　승자의 논리는 역사적 '현실'이나, 정치적 승리와 권력 장악 그 자체가 국가 정통성의 필요충분조건은 아니다. 건국과 정부 수립 과정에서 이승만과 자유반공세력이 정치권력과 사회적 헤게모니를 장악하면서 항일민족주의자들이 상당히 배제되었고 적지 않은 친일파가 단죄되지 않고 오히려 친미 반공세력에 편승하여 기득권을 유지해왔다. 이러한 점은 지금까지도 정당하지 못한 역사로 비판받으면서, 초기 건국세력의 역할을 긍정적으로 인정하려 하지 않는 요인이 되어왔다. 이처럼 '인정(recognition) 거부'는 한국 사회에서 분단시대의 정치적 '현실'로 강력한 힘 즉, 저항력을 발휘해왔다. 한 쪽에서는 이승만의 자유반공국가의 구축에 의한 국가체제 확립 그리고 박정희 근대화 과업의 성공을 국가 정통성의 근거로 삼아왔다면, 다른 쪽에서는 외세 의존적 건국 세력과 반민주 산업화 세력에 통치의 정당성을 부여할 수 없다는 입장이다. 이러한 평행적 입장을 해소하기 위해서는 남북한을 통합적으로 파악하는 인식이 필요하다. 이를테면 건국세력에 의한 국가체제의 확립, 근대화 과업의 성공적 수행, 여기에다 민주화 성취 등 국가사회 전체상을 통합적으로 바라보는 한편, 남북한의 역사와 실체에 대한 냉엄한 접근이 기대된다.

    북한 지역을 보면 김일성은 소련의 철저한 꼭두각시로 집권했고 스탈린의 지령에 따라 북한 지역의 소비에트화가 이루어졌다는 사실이 충분히 밝혀졌다. 뿐만 아니라 남한은 국민의 선택에 따른 '자유선거'에 의해 정부가 수립되었다면, 북한은 주민의 자유의지와는 전혀 무관하게 소련의 프로그램에 따라 김일성 정권의 수립되었다. 그렇다면 피치자인 국민 또는 인민의 지지와 선택에 따른 정부가 정통성을 지닌다고 볼 때, 과연 남북한 어느 쪽이 정통성을 지닌 국가인가? 대한민국의 '현재'의 인정이 곧 대한민국 정통성의 필요충분조건을 충족시키는 것은 아니다. 비록 건국과 국가건설 과정에서 민족민주세력의 일부가 배제되고 좌절되었다고 하더라도 결코 실패로 끝난 역사가 아니라 미완의 과제로 현재적 가치로 이어지고 있다. 대한민국은 건국·산업화 세력과 민족·민주 세력과의 상호 포용과 화합을 통해 국가체제의 정통성을 한층 강화시킬 수 있다. 배제와 억압의 과거를 넘어 미래와의 화해를 통해 '더 큰 대한민국'을 만들어 가야 할 때이다.

한국의 기적과 같은 성공은 인류사에서 유례를 찾아보기 어렵다. 한국은 국토도 크지 않고 특별한 천연 자원도 없는 나라이다. 더욱이 다른 나라를 침략하거나 약탈로 경제적 토대를 쌓은 나라도 아니다. 나라 잃은 식민지 백성의 굴욕과 노예 상태를 벗어나 해방을 맞이했지만 산하는 두 동강났고 곧 이은 동족상잔의 전쟁으로 폐허가 되고 말았다. 그러나 처절한 폐허 위에서 가난을 극복하고 잘 살아보겠다는 한국인의 각오와 의지가 기적을 이루었다. 한국의 기적은 한국인 모두의 '피와 땀 그리고 눈물'의 소산이다. 아직도 독재와 빈곤에 허덕이는 제3세계 인류에게 희망이자 모범으로 존중받고 있다. 대한민국의 '어제'에 대한 긍정과 '오늘'에 대한 자긍심 위에서 '미래'에 대한 확신을 가져야 한다.

3부 기독교인 철학자 한면희의 삶 속 정치

제5장 역사적 공화주의와 마이클 샌델, 공화적 지성*

1. 로마 공화주의와 마키아벨리

민주공화국인 대한민국

우리나라 헌법 제1조제1항은 "대한민국은 민주공화국이다."라고 밝히면서 제2항에서 "대한민국의 주권은 국민에게 있고, 모든 권

---

* 본 장은 필자가 완전히 새롭게 구성하여 글을 쓰면서 한국정치평론학회의『정치와 공론』(제28권, 2021)에 발표한 논문 "전환기 한국의 정치와 공화적 지성" 가운데 5절의 일부 내용을 도입하였음을 밝힙니다.

력은 국민으로부터 나온다."고 명시하였다. 고대 그리스의 민주주의(democracy)가 평민의 참여와 의결 속에 국사를 결정했으니, 제2항은 민주주의를 반영한다고 볼 수 있다. 여기서 의아스러운 점은 왜 제3항을 두어 공화주의(republicanism)의 실증적 의미는 규정하지 않았는가에 모아진다. 왜일까? 추정컨대 공화(共和)를 국가 형태로만 상정함으로써 공화국이 군주(또는 왕)를 두지 않는 체제라는 제한적 의미로 받아들이고 있다고 여겨진다.[40]

공화국(Republic)으로는 대한민국을 포함하여 미국, 프랑스, 독일 등을 꼽을 수 있는 반면, 영국이나 일본은 입헌민주제 국가로서 군주를 명목상 국가원수로 설정하고 있다는 점에서 공화국이 아니다. 그런데 의아스럽게도 (구)소련과 중국, 북한의 정식 명칭이 소비에트사회주의공화국연맹과 중화인민공화국, 조선민주주의인민공화국이니 역시 공화국이긴 하다.

고대 로마의 공화정

실제 역사에서 최초의 공화정을 구현하면서 제국의 위치에까지

---

[40] 우리나라 민주공화국에 대한 법학적 논의에 대해서는 다음을 볼 것. 강경선, 『헌법의 기초』, 제4강.

오른 고대 로마의 경우, 군주를 두지 않았을 뿐만 아니라 시민이 법 이외에는 어느 누구의 통치도 불허했다는 특징을 갖는다. 비단 군주만이 아니라 특정 정파도 법 위에 설 수 없었다는 점에서 공화주의의 실제 의미를 짚어볼 수 있다. 이런 관점에서 조망하면, 북한과 중국, (구)소련을 일러 공화국이라 할 수 없다. 왜냐하면 언제든 법을 넘어서서 공산당 일당의 독재를 승인하기 때문이다.

공화라는 개념이 실제 역사에서 실현되었으니 국가 형태로 드러난 것을 공화국이라 하고, 명문화된 제도적 실체를 공화정이라 하며, 그 의미를 밝혀 사상으로 발전된 것을 공화주의라 할 것이다. 이제 공화의 참된 뜻을 짚어보도록 하자. 로마는 전설상 기원전 753년에 테베레 강 언덕 위에서 건국하여 왕의 통치로 시작하지만, 기원전 509년에 왕족 일가의 전횡을 묵과할 수 없는 사태에 직면하여 원로원의 귀족들이 군의 지원 속에 왕정을 폐지한다. 그리고 얼마 되지 않아서 평민들은 귀족의 횡포에 힘들어하던 차에 임박한 외적의 침입에 따른 군 소집 명령에 대해 집단적으로 항거함으로써 원로원의 양보를 이끌어낸다. 이때 호민관 제도를 두어 (평)민회의 입지를 강화하여 나라의 안녕을 이룩하는데, 당대 최고의 공화주의자 키케로(Cicero)는 이점에 대해 언급하고 있다.[41]

---

41 M. T. Cicero, 성염 옮김, 『법률론』, 217쪽.

원로원 의원들이 평민에게 저런 권한을 허용하자 평민들은 무기를 내려놓았고 봉기는 수습되었으며 자제력이 생겼고, 그것으로 아랫사람들이 자기들도 지도자들과 평등하다고 생각하게 되었다네. 바로 그 조치 하나에 국가의 안녕이 달려 있었네. (…) 호민관직 덕분에 최고 계층은 증오를 사지 않고 평민들은 자신들의 권리에 대해 위험한 시비를 전혀 만들어내지 않았네. 그러니 국왕들을 추방하지 말았어야 하거나, 그렇지 않으면 평민들에게 명목상으로만 그치지 않고 실제로 자유가 부여되었어야 하네.

로마는 기원전 450년경에 12표법을 제정하였고, 이를 부단히 수정하면서 발전시켰다. 여기에는 만인 누구에게나 적용되는 것이 있고, 로마 및 그 시민들에 대한 내용만을 담은 것도 있다. 적용에 있어서는 명문화된 성문법 형태가 있었지만, 관습을 존중하는 불문법 형태도 있었다. 키케로가 주도하여 법적 원리로 밝혀낸 자연법도 중시되었는데, 그것은 모든 인간이 자연적으로 평등하며, 정부도 침범할 수 없는 기본적 자격(오늘날의 권리)을 갖고 있다는 것이다. 물론 법적 발전의 경로 속에서도 평민들은 더욱 부단히 귀족과 이른바 신분투쟁을 진행하면서 그 권한을 계속 강화해나간다. 공화정 내에서 민주제 요인이 등장하고 발전한 것인데, 이것은 귀족의 시혜로 받은 것이 아니라 평민들이 자력으로 쟁취한 성격의 것이라는 데 주목할 필요가 있다.

　평민들의 자발적 협력을 이끌어낸 로마는 세월이 흐를수록 강대해지고 마케도니아의 알렉산더 대제가 사망한 후부터는 팽창을 거듭한다. 결정적으로 아프리카 북부와 에스파냐에 거점을 둔 해상 제국 카르타고와 기원전 264년에 시작하여 146년에 막을 내린 포에니 전쟁의 승리를 통해 지중해 패권을 장악하기에 이른다.

　로마에게 사상적이고 사회제도적으로 지대한 영향을 끼친 그리스는 이웃 스파르타와 소모적 전쟁을 벌인 끝에 패퇴하고 국력이 취약해지는 가운데 마침내 로마에게 복속된다. 이때 그리스의 현인으로 로마로 압송되어 온 폴리비오스(Polybios)는 귀족 가문의 교사 역할을 하면서 공화정의 로마가 제국으로 우뚝 선 것을 보고 찬사를 보낸 바 있다. 민주주의를 탄생시킨 조국 아테네는 단명으로 패망한 반면, 군주제와 귀족제, 민주제 요소를 혼합적으로 갖춘 로마가 어느 한쪽의 일방적 우위를 허용하지 않고 나름의 균형을 갖춤으로써 갈수록 강성한 나라로 발전하고 있는 모습에 경탄을 금치 못한 것이다. 로마의 군주제 요소는 집정관 제도로서 2인을 두지만 유사시에는 1인 독재관으로 임명하여 효율적 통치를 하게 된 데서 찾을 수 있고, 귀족제 요소는 원로원이 담당하며, 민주제 요소는 호민관의 비호를 받는 민회에 있다고 할 것이다.

　비록 로마의 공화정은 기원전 49년 집정관 카이사르(Caesar)가 루비콘 강을 건너면서 "주사위는 던져졌다."는 일갈로 독재의 야욕을 드러냄으로써 몰락하고 이후 (황)제정으로 바뀌게 되지만, 공화정에는 매우 소중한 정치적 가치가 들어있음을 확인할 수 있다. 이를 명확히 각인시킨 인물은 16세기 초 『로마사 논고(Discourses)』를 출간한 마키아벨리(N. Machiavelli)로서 다음과 같이 기술하고 있다.[42]

> 각각은 그것과 연관된 것과 너무 유사해서 한 형태에서 다른 형태로 쉽게 변형된다. 곧 군주정은 참주정으로 쉽게 변하고, 귀족정에서 과두정으로의 이행은 손쉬우며, 민주정은 어렵지 않게 무정부상태로 변질된다.
> 그런즉 법률을 제정함에 있어 신중한 자들은 이러한 결함을 인식하고 각각의 유형을 있는 그대로 취하는 것을 피하고, 처음의 세 가지 좋은 정체가 갖는 성격을 모두 다 포함한 하나의 정체(政體)를 택하여, 그것을 가장 건실하고 안정된 것이라 판정하였다. 그 이유는 동일한 도시 안에 군주정, 귀족정, 민중 정부의 여러 요소들이 함께 있게 된다면, 서로가 서로를 견제하기 때문이다.

---

42 N. Machiavelli, 강정인 외 옮김, 『로마사 논고』, 78쪽, 81쪽.

마키아벨리는 폴리비오스를 쫓아 로마의 현인들이 세 요인의 장점을 혼합하여 서로가 서로의 몫을 허용하고 또 서로의 역할을 견제하는 가운데 필요할 때마다 일치된 단결을 이뤄냄으로써 제국으로 부상하였다고 술회한다.

사실 마키아벨리의 위 언급은 그리스의 철학자 아리스토텔레스(Aristoteles)의 저술에서 연유한 것이다. 아리스토텔레스는 정치 형체를 셋인 군주정과 귀족정, 법적 민주정으로 나누었고, 그 각각에 대응하는 타락한 형태도 함께 분별하여 대비시켰다. 군주정의 경우, 군주로서 만인이 우러러 받드는 사례(예컨대 성군)도 간혹 있지만, 대부분은 독재로 이행하여 백성의 원성을 자아내는 참주정으로 변질되기 십상이다. 귀족정은 변질되면 소수가 작당하여 통치권을 거머쥐는 과두정으로 전락하고. 법적 민주정 역시 민중의 미숙함을 틈탄 선동가들로 인해 중우적 민주정의 나락으로 떨어지기 쉽다고 보았다.

아리스토텔레스는 타락한 형태 가운데서는 중우적 민주정이 그나마 낫다고는 했지만, 정상으로는 민주정을 달갑게 여기지 않았다. 아무래도 스승 플라톤(Platon)의 영향 때문일 터이다. 플라톤은 민주주의 체제 속에서 스승 소크라테스(Socrates)가 청년들을 지적으로 타락시키고 또한 불경죄를 저질렀다는 죄목으로 유죄 판결 받는 것을 지켜보면서 민주정을 어리석음으로 점철된 중우정이라고 평가하며 현명한 철인정치를 내세웠다.

소크라테스가 덕(arete)을 갖춘 지혜자의 풍모를 남김없이 보여주었고, 플라톤이 네 가지 주된 덕목으로 지혜와 용기, 절제, 정의를 중시한 것처럼, 아리스토텔레스도 윤리학의 영역에서는 이를 계승했다. 특별히 아리스토텔레스는 인간이면 누구나 자신에게 좋은 것, 즉 행복을 최고선의 목적으로 삼아 행동하는데, 이성을 주된 특성으로 갖고 있기에 그 고유한 기능을 잘 발현토록 해야 한다고 보면서, 사회 속 인간이 공동의 선을 추구토록 하려면 사회제도의 운영을 제시하는 정치학이 윤리학을 포함해야 한다고 판단하였다.[43]

> 우리는 최고의 선이 정치학의 목적이라고 언명하였는데, 정치학이란 국민을 어떤 일정한 성격을 가진 인간이 되도록, 즉 선한 인간 그리고 또 고귀한 행위를 할 수 있는 인간이 되도록 하는 데 심혈을 기울이는 것이다.

아리스토텔레스가 당시 노예제를 두둔한 것은 잘못이었고 또 민주주의에 대해 다소 비판적이었다고 하더라도 정치가 시민으로 하여금 덕을 갖추게 하여 누구나 행복한 좋은 사회를 지향하려고 했기 때

43　Aristoteles, 최명관 옮김, 『니코마코스 윤리학』, 49~50쪽.

문에, 한편으로 현실을 진중하게 고려하되 다른 한편으로 바람직한 이상으로 나아가기를 주저해서는 안 된다고 여겼다. 이점은 『군주론(The Prince)』에서 군주가 정치적 파국을 맞지 않기 위해 수단과 방법을 가리지 않고서라도 백성을 공포 속에 통치할 필요가 있다고 역설한 마키아벨리에게도 해당할 것이다. 역사는 먼 후일이기는 하지만 민주주의를 성숙하게 강화시켜서 오늘에 이르게 했으므로 로마에서 기원한 공화정이 민주주의를 더 낮게 발전시킬 수 있는 것으로 해석함이 마땅하다고 본다.

현대 신로마 공화주의

현대 공화주의자들은 로마 공화정의 실용성을 포용하면서도 그 안에 깃든 핵심, 즉 자유(liberty)의 개념에 더욱 주목하고 있다고 여겨진다. 현대 공화주의를 이끈 퀜틴 스키너(Quentin Skinner)는 마키아벨리를 통해 로마 공화정을 현대로 소환하고 거기서 진정한 자유의 원천을 확인한다. 그는 특별히 마키아벨리의 다음 언급에 주목하였다.[44]

---

44   N. Machiavelli, 『로마사 논고』, 89쪽.

먼저 로마의 편을 들어 이유를 검토해본다면, 어떤 사물이든 그것을 차지하려는 마음이 가장 적은 자에게 맡겨야 한다고 말하고 싶기도 하다. 그리고 의심의 여지없이 귀족과 귀족이 아닌 자들의 목적을 검토해보면, 전자에게는 지배하려고 하는 강한 갈망이 있고, 후자에게는 단지 지배당하지 않으려는 갈망, 다시 말해서 귀족들보다 지배권을 장악할 전망이 적기 때문에 자유 속에서 살고자 하는 강한 열망이 있다는 점을 발견하게 될 것이다.

스키너는 이를 토대로 로마 공화주의의 자유가 자유의 진정한 원천이며, 그것이야말로 현대에 가장 영향력을 떨치고 있는 존 롤스(John Rawls) 유형의 자유주의와 다름을 밝혔다.[45] 마키아벨리가 찾아낸 로마의 공화주의는 지배를 거부하는 시민의 자유에 초점을 맞추는 데 반해, 롤스는 인간이 이기심을 갖고 있기에 자신에게 이익이 되는 것을 추구한다는 '홉스의 논제(Hobbes's thesis)'를 상정하면서 그에 따른 합리적 이기주의자로서 정의의 지평을 열었기 때문이다. 롤스는 한편으로 사람들 누구나 기본적 자유를 평등하게 누리도

---

45 Q. Skinner, "Machiavelli on the Maintenance of Liberty", pp. 3~4.

록 하고, 다른 한편으로 최소 수혜자에게 최대의 이익을 제공하는 내용과 방식으로 사회제도를 구축하는 정의관을 주창했다.

현대 공화주의자인 필립 페팃(Philip Pettit)은 스키너가 아니었더라면 자유 개념이 자유주의에서 발원하는 것으로 잘못 파악했을 것이라고 고백하였다. 그러면서 그는 공화주의의 자유가 법 이외에 누구의 지배(domination)도 허용하지 않는 것인 반면, 자유주의의 그것은 간섭(interference)이나 방해 없는 상태라고 대비시켰다.[46] 실제로 자유주의의 한 산파인 존 스튜어트 밀(John Stuart Mill)은 자유 개념을 다음처럼 규정하였다.[47]

> 그 이름에 어울리는 유일한 자유는, 다른 사람들의 선을 뺏으려 하지 않거나 또는 자신의 선을 획득하려는 타인의 시도를 방해하지(impede) 않는 한, 우리 각자가 우리 자신의 방식으로 우리 자신의 선(good)을 추구하는 데 있다.

근대에 피어난 자유주의는 자유를 방해나 간섭을 받지 않는 것으로 본다. 이에 비해 로마 공화주의는 자유를 법 이외에 어떤 지배

---

46 P. Pettit, 곽준혁 옮김, 『신공화주의』, 77~78, 82쪽 참조.
47 John Stuart Mill, *On Liberty and Other Essays*, p.17.

도 받지 않는다는 데 초점을 맞추고, 이것의 구현을 위해 다른 가치도 중시한다. 예컨대 시민 모두가 자유를 누리는 상태에서 외적이 침입할 경우, 시민은 나와 가족의 자유를 지켜주는 조국을 위해 애국심에 불타 전선에 기꺼이 임하게 될 것이다.

마키아벨리는 아테네의 솔론이 전권을 받은 상태에서 공동선을 고려하여 좋은 법을 만들었고, 이것을 로마도 계승했다고 밝혔다. 로마의 키케로는 그리스 사상으로부터 짙은 영향을 받아서 시민의 덕을 유독 강조하였다.[48]

> 진실로 덕이 국가의 방향을 잡는다면, 무엇이 그것보다 더 훌륭할 수 있습니까? 그때는 타인에게 명령을 내리는 자가 탐욕에 빠지지 않고, 시민이 국가를 위해서 제정하고 요구할 것들을 파악하면서, 자신이 복종하지 않을 법률을 인민에게 제시하지 않고, 오히려 하나의 규범으로서 자신의 생활을 자국의 시민에게 드러낼 것입니다.

로마 공화주의는 개인의 자유와 더불어 시민의 덕, 애국심, 공동

---

48 Cicero, 김창성 옮김, 『국가론』, 143쪽.

선을 함께 아우르는 사조라는 점에서 근현대의 자유주의와 다소 다르다고 할 수 있다. 다만 마키아벨리의 거울을 통해 로마 공화정을 해석한 현대의 신로마 공화주의는 자유주의 사조와 마찬가지로 자유를 최고의 가치로 여기면서, 또한 이를 위해 시민의 덕과 애국심, 공익이 요청된다고 본다. 물론 이런 다른 가치들이 매우 중요하지만 어디까지나 근본인 개인의 자유에 도구적인 속성을 지니는 것으로 판단한다.

이제 로마에 기원한 공화주의를 몇 가지 주요한 특징을 갖는 것으로 규정하는 것이 가능하리라 본다. 첫째 군주적, 귀족적, 민주적 요소를 결합한 혼합정을 제도로 채택한다. 둘째, 법 이외의 어떤 지배도 불허한다. 셋째, 최고의 핵심으로서 시민 각자가 비지배적 자유를 누리도록 한다. 넷째, 시민의 자유를 위하여 덕성과 애국심, 공익(키케로의 경우 공동선)을 중시한다.

2. 미국 건국의 공화주의와 마이클 샌델

공화주의의 두 흐름

필자는 정치철학의 관점에서 공화주의를 크게 둘, 즉 로마와 미국 건국의 경우로 분별하는 것이 가장 나은 방도라고 본다. 그 이유를 셋으로 꼽겠다. 첫째, 고대 로마의 공화주의는 출발의 원천이다. 둘째, 미국 건국의 공화주의는 로마의 그것에 견줄 정도로 나름의 고유성을 갖고 있고, 후속으로 민주주의의 출현을 도왔으며, 지구촌 사회에 커다란 영향을 끼쳤다. 셋째, 양자 사이의 시기에 피렌체나 나폴리 공화국 등 여러 나라들이 들어섰지만, 작은 규모에 불과하고 또 결함으로 단명에 그쳤다. 특히 작은 공화국들은 로마의 영향 범주에서 벗어나지 않았다.

미국은 여느 나라들과 확연히 달랐다. 미국의 경우 건국할 때 국부들이 로마 공화정을 세부적으로 조회하였고, 그 너머 고대 그리스 사조(특히 아리스토텔레스의 덕의 윤리)까지 불러들였으며, 근대 주요 사상가들(몽테스키외와 로크 등)을 참조해서 새롭게 탄생시켰다. 뿐만 아니라 현대의 정치철학자인 마이클 샌델(Michael J. Sandel)로 인해 발전 도상에 있다. 다만 필자는 샌델에게서 확인할 수 없지만, 한 가지 핵심 요인을 더 거론하고자 한다. 그것은 필그림 파더스(Pilgrim Fathers)를 필두로 한 청교도 문화에 배인 성경의 지대한 영향이다.

오늘날 공화주의가 새로운 사조로 부상하게 된 계기를 살피는 것도 필요하다. 먼저 20세기 후반부에 철학계에서 '자유주의 대 공동체주의(liberalism vs. communitarianism) 논쟁'이 불붙었고, 이것에 정치학계 일부가 영향을 받아 신로마 공화주의를 피워냈으며, 곧이어 공동체주의를 이끈 한 인물인 마이클 샌델이 미국 건국의 공화주의를 소환하여 이를 발전시킨 것이다.

공화주의를 소환한 마이클 샌델

하버드대의 철학자 마이클 샌델은 1982년에 매우 중요한 저서 『자유주의와 정의의 한계(Liberalism and the Limits of Justice)』를 발표한다. 이것은 20세기 최고의 정치철학자로 꼽히는 존 롤스의 자유주의 계열의 『사회정의론(A Theory of Justice, 1971)』을 비판적으로 다룬 것인데, 그 전후로 다른 세 학자(매킨타이어와 왈쩌, 테일러)의 저술이 함께 주목을 받으면서 현대 공동체주의가 발흥하게 된다.

샌델은 다소 오해의 소지가 있는 공동체주의자라는 철학계 일반의 딱지를 그리 달갑게 여기지 않았다. 세간의 공동체주의는 각 공동체에서 지배적 견해를 구성하는 다수의 의견이 수용되고, 여기서 권리를 분별하며, 그에 따라 정의를 (상대적으로) 주장하게 되는 경향이 있는데, 샌델은 이런 논조에 결코 동의하지 않기 때문이다.

샌델은 롤스가 정의의 체계를 세우면서 앞세우는 인간의 제반 권리가 도덕 및 종교(서구에서 유대교 및 그리스도교)의 선(善) 개념에 앞서므로 정부는 시민 개개인의 선호에 대해 중립적 자세를 견지해야 한다고 보는 데 대해 비판적이다. 사례를 들어 설명하자면, 인간 각자가 자유주의 사조에 따라 자신의 좋음(선) 관념에 의거하여 무엇이든 (글이나 만화나, 심지어 포르노 영상이든) 표현할 선택의 자유를 갖고, 때로는 신체의 자기결정권이라는 이름 아래 낙태든 동성애든 스스로 선택하도록 기회를 열어줄 뿐 정부는 그저 중립적이어야 한다는 입장에 대해 비판적인 것이다. 오히려 그는 어떤 권리와 정의가 정당한 것인지를 판단하고 평가할 때, 그런 가치의 실현을 통해 구현하려는 (아리스토텔레스가 지향한) 목적, 또는 그런 가치가 기여하게 되는 바의 공동선(common good)을 찾지 않을 수 없다고 보았다. 그래야 정부가 도색잡지의 표현에 일정한 지침을 제시하여 규제하고, 예술성이 뛰어난 셰익스피어의 연극 공연 등에는 지원하며, 하버드대의 소수자입학우대정책에 동조할 수 있을 것이다.

샌델의 견해는 상당히 공동체주의에 해당하지만, 또한 공동체주의에 부합하지 않은 모습도 있다. 바로 이런 까닭에 그는 1996년에 『민주주의의 불만(Democracy's Discontent)』이란 저서를 내놓으면서 공화주의를 발진한다.

미국 건국의 공화주의

미국은 영국의 식민지 형태로 존속하던 13개 주의 대표들이 모여 1776년에 독립을 선언하였고, 전쟁을 힘겹게 치룬 끝에 독립을 인정받았다. 그리고 1787년에 제헌회의를 통해 미국 연방헌법을 제정하여 각 주의 비준을 받았으며, 그 직후 1789년에 초대 대통령으로 조지 워싱턴(George Washington, 1789~97)을 선임함으로써 연방 정부를 출범시켰다.

주목해야 할 바는 나라를 탄생시킨 주요 국부들이 공화주의자였다는 점이다. 워싱턴은 영국과의 독립전쟁을 승리로 이끈 후 일부 측근들에 의해 자신을 왕으로 추대하는 움직임이 엿보이자 이를 단호히 물리쳤을 뿐만 아니라 대통령 퇴임 후에는 조용히 뒤로 물러섰다. 곧이어 제2대 대통령으로 취임하게 되는 존 애덤스(John Adams, 1797~1801)는 독립선언 전날 공동선과 공익, 명예, 영광에 대한 적극적 열정을 촉구하면서 이것이 사라지면 진정한 자유와 공화주의 정부도 있을 수 없다고 함으로써 공적인 덕성이 공화정의 토대라고 외쳤다.

미국은 건국 당시에 민주주의를 고려했지만, 이를 내세우지 않았고, 오히려 로마의 공화정을 토대로 한 공화주의를 천명하였다. 이를 주도한 핵심 인물이 토마스 제퍼슨(Thomas Jefferson)인데, 독립선언서를 작성하였고, 후일 제3대 대통령(1801~09)으로 취임하여 건국 초기에 커다란 영향력을 행사하였다.

제퍼슨은 시민 각자가 자유를 누리도록 조성하되, 마을인 타운(town)에서 시작하여 주(state), 연방국가(united state)로 이루어지는 공동체의 구성원으로서 자신의 운명을 가급적 스스로 개척할 수 있게 자치(self-government)의 역량을 키우는 데 주안점을 두었고, 그런 서로간의 협력이 가능하려면 시민이 덕(civic virtues)을 갖추어야 한다고 보았다. 그래서 아메리카 대륙 바깥 서유럽서 발전하고 있던 대규모 제조업을 도입하기보다는 농업을 획기적으로 발전시켜서 그 산물로 공산품을 수입하여 사용하는 것이 더 좋겠다고 판단할 정도였다. 대규모 제조업이 노동자들에게 공장에 매이게 함으로써 자율적 독립성을 잃게 하는 반면, 농업적 생활방식은 농민으로 하여금 자신의 삶을 자율적으로 책임지게 만들기 때문이라고 여긴 것이다. 그는 이렇게 "의존은 굴종과 금전에 대한 예속을 초래하고, 덕의 싹을 짓밟아버리며, 야심적인 음모를 실현하는 데 알맞은 수단들을 제공한다."고 판단하였다.[49] 비록 그가 도도히 밀려드는 산업사회의 도래를 읽어내지 못하는 한계를 드러내긴 했다. 그러나 공화주의적 시민권에 따른 독립성을 유지하면서 자치에 필요한 인격적 품성을 길러내려는 그의 시도 자체는 이후로도 오랜 동안 유지되었다고 할 것이다.

　제퍼슨은 연방헌법이 작성될 무렵 프랑스 대사로 외국에 나가 있었음에도 불구하고 행여 연방정부로 인해 시민의 기본적 권리가 침해당하지 않을까를 염려하였고, 이를 동료인 제임스 매디슨

49　Michael Sandel, 안규남 옮김,『민주주의의 불만』, 181쪽서 재인용.

(James Madison)에게 신신당부하듯이 전하곤 하였다. 매디슨은 국부의 한 사람으로 연방헌법을 기초하는 대표자 역할을 맡게 되는데, 후일 제퍼슨의 성원에 힘입어 제4대 대통령(1809~17)을 역임한다.

매디슨은 인간의 권리를 보호하는 방도로써 헌법 전문을 기록한 양피지 문서의 선언을 통해서보다는, 정부구조를 공화주의에 의거하여 조성하는 데 심혈을 기울였다. 연맹국가를 통해 정의를 확립하고 평화를 보장하며 국민복지를 증진시킴으로써 후손들에게 자유의 축복을 확보하는 방향으로 나아가는 제도를 짠 것이다.

영국으로부터 독립한 직후의 북미 대륙은 당시 13개 주 자체가 다분히 독립국가의 성격을 띤 상황이었다. 이때 매디슨은 주를 아우르는 연방국가가 필요하고, 그러려면 연방헌법이 비준되어야 함을 전체 주들의 시민들에게 일깨우고자 『페더랄리스트 페이퍼(The Federalist Papers)』란 문서를 작성하는데 참여했다. 그는 여기서 설득력 있는 논조를 펼쳤다. 사람들이 모인 사회 어디서든 인간 이성의 속성과 한계로 인해 크거나 작게 파벌이 형성되기 일쑤인데, 그런 파벌의 폐해를 고칠 해법으로 두 가지를 상정한다. 우선 파벌을 없애고자 자유를 박탈하는 것인데, 이것은 마치 불이 갖는 파괴적 힘을 우려하여 공기를 없애는 것과 같이 극도로 유해하다고 생각했다. 결국 최종의 해법은 파벌을 존속시키되, 다양한 형태로 견제를 함으로써 그 해악을 최소화하고, 가능하다면 서로간의 협력을 통해 각자가 좋거나 도덕적으로 바람직하다고 여기는 것, 즉 공동선을 향해 나아가는 것이다.

　매디슨은 이런 구상 속에 로마 공화정을 염두에 두면서, 법을 만드는 입법부와 대통령을 통해 법을 집행하는 행정부, 그리고 법을 지키도록 하는 사법부, 이 셋을 두어 고유한 역할과 공적인 견제, 결과적 조화를 이루도록 기획했다. 특히 의회의 경우에도, 지혜로운 자들이 모이는 상원과 지역의 민의를 충실히 대변하는 하원 둘로 나누었다. 민의라고 하더라도, 아테네 민주주의에서 드러났듯이 선동가(demagogue)에 의해 종종 오염될 수 있기 때문에, 상원을 통해 한 번 더 숙고하여 걸러냄으로써 나라가 최대의 패착을 두게 되는 일을 방지하려고 한 것이다. 그는 이렇게 언급하고 있다.[50]

> 모든 정치체계의 목표는 우선 그 사회의 공동선이 무엇인가를 판단할 최고의 지혜와 그러한 공동선을 추구하는 최고의 덕성을 지닌 사람들을 지도자로 확보하는 것이거나 확보해야 하는 것이다. 그리고 다음으로는 그들이 대중의 신탁을 받고 있는 동안 그러한 덕성을 유지할 수 있도록 가장 효과적인 견제책을 강구하는 것이다. (No.57)

50　Hamilton, Madison, and Jay, 김동영 옮김, 『페더럴리스트 페이퍼』, 345쪽.

국부들의 의도가 무엇이든 현실은 늘 녹록치 않다. 연방헌법을 각 주가 비준할 무렵에 미국은 의견이 둘로 나뉘었다. 공동의 과제를 풀 정부에 힘을 싣게 될 경우, 개개인의 자유 및 권리에 대한 위축 여부가 쟁점으로 부상했기 때문이다. 한쪽에서는 강력한 연방국가가 필요하다는 연방주의자의 주장이 개진되었고, 다른 한쪽에서는 강한 정부가 자유를 포함하여 개인의 권리를 침해하거나 제약할 우려가 있다고 보는 반연방주의자의 견해가 제기되었다.

　헌법 전문에 명시된 '자유의 축복'과 관련된 제반 권리를 연방헌법에 반영하려는 시도는 실상 반연방주의자들에게서 나왔다. 제퍼슨이 매디슨에게 일깨우고자 했던 바로 그것이다. 문제 인식이 약했기에 1787년 헌법 제정 당시에는 반영되지 못했다. 그러나 4년이 지나서야 수정헌법 10개 조가 추가되는, 이른바 '권리장전'이 1791년에 채택되었다. 특히 수정 제5조를 채택하는데, 누구도 정당한 법 절차에 의하지 않고서는 "생명과 자유, 사유재산을 박탈당하지 않는다."고 명시하였다. 다만 이것은 연방정부가 시민의 권리를 침해하지 못하는 데 주안점을 둔 것이었고, 당시 매디슨은 이를 주에도 적용되어야 한다고 주장했다.

　여기서 다시 상기할 바는 미국은 각 주들이 모여 연방정부를 구성했기에, 각 주들은 상당한 정도로 자율성에 따른 자치 권한을 갖고 있다는 점이다. 결국 세월이 흘러 매디슨이 죽고 난 후인 1868년에야 비로서 주 정부도 시민의 권리를 함부로 침해하지 못하도록 하는 법안인 수정 제14조를 채택하기에 이른다.

다만 수정헌법 제14조가 상정되기 전에 미국은 두 차례 몹시 중대한 변화를 맞이하게 된다. 하나는 공화주의의 기반 속에서 민주주의가 피어나기 시작한 것이고, 다른 하나는 단일 연방인 미국이 남과 북으로 나뉠 수 있는 초유의 사태인 남북전쟁이 터진 것이다.

어떤 나라든 서로 다른 정치적 견해를 가진 집단이 있을 수밖에 없다. 건국 초기에는 연방주의자와 반연방주의자가 대립했다. 뉴욕 출신의 알렉산더 해밀턴(Alexander Hamilton)이 연방주의자로 앞장섰고, 여기에 매디슨과 초대 연방대법원장을 맡게 되는 존 제이(John Jay)도 동참했다. 해밀턴은 초대 재무장관으로서 독립전쟁의 빚을 해결하고 또 상공업 중심의 산업화를 추진하였으며, 재정조달을 뒷받침하는 연방 중앙은행의 설립을 이루어내는 등 맹활약을 하였다. 각각의 주정부만으로 충분하다고 본 반연방주의자도 만만치 않았지만, 결국 연방헌법이 비준되는 경로를 거치면서 세가 위축되었는데, 이들은 연방정부가 시민의 자유를 제약하지 않는 선에서 작은 행태로 존속될 필요가 있다고 본 제퍼슨을 지지하게 된다. 이런 대립적 견해가 1794년 영국과 맺은 통상 관련 제이조약(Jay's Treaty)을 계기로 이를 지지하는 해밀턴의 연방파와 반대하는 제퍼슨의 공화파로 나뉘어 그야말로 정파적 대립으로 격화되기에 이른다. 이후 제퍼슨의 대통령 당선으로 연방파는 점차 힘을 잃게 된다.

매디슨 대통령 시대인 1812년에 미영전쟁이 다시 발생하는데,

이때 앤드류 잭슨(Andrew Jackson)이 등장하여 장군으로서 전투를 승리로 이끌면서 국민들에게 깊은 인상을 심어주었다. 잭슨은 국민적 명성을 등에 업고 정치 활동에 돌입하여 1828년 대선에서 당선되어 제7대 대통령(1829~37)이 된다. 이즈음 정치적 패권을 계속 이어왔던 공화파는 국민공화파와 민주공화파로 분열되고, 잭슨은 후자의 지원 속에 당선된 것이었다.

　잭슨은 본래 제퍼슨주의자였기에 연방정부를 강고히 견지하되 작은 규모로 유지하고자 했고, 농민과 소상공인을 위한 정책을 펼쳤으며, 엘리트주의에 젖어있던 워싱턴 정가의 문법 체계를 바꾸는 일을 과감하게 벌였다. 정치적으로 관료 집단의 전유물처럼 여겨진 공직을 개방하여 자신을 돕거나 지지한 평민들에게도 돌아가도록 행정 조치를 취했고, 이 과정에서 재산을 지닌 납세자 위주로 주어지던 선거권을 보통의 백인남성 모두에게 개방하는 시도를 확산시켰다. 이른바 '잭슨 민주주의(Jacksonian Democracy)'를 전개함으로써 보통사람의 시대를 연 것이다. 경제적으로는 연방 중앙은행이 소수 자산가를 이롭게 하고, 이로써 탐욕스런 자본가의 배만 불리고 있다는 판단 속에 단호히 재인가에 거부권을 행사했다.

　그러나 제퍼슨의 민주적 공화주의에서 잭슨 민주주의로 가는 길은 결코 쉽지는 않았다. 예컨대 잭슨의 자유방임적 경제정책은 그의 퇴임 해인 1837년 경제공황을 초래하여, 그의 의도와는 상반되게 대거 기업의 도산을 초래함으로써 노동자와 빈민들의 삶을 더욱 피폐하게 만든 것이다. 그리고 잭슨 민주주의 속에서 이루어진 선거권 확대도 결국은 남성백인으로 국한된 연유로 여전히 여성과 아메리카 원주민, 흑인 노예는 배제된 상태였던 것이다.[51]

무엇보다도 노예제는 최대 쟁점 사안이었고, 특히 청교도 기반 위에서 건립된 미국에서 모든 인간을 평등하게 대하라는 성경의 영향이 컸기 때문에 결코 피할 수 없는 사안이었다. 잭슨 시대에 본격적인 정당 체계가 태동하기 시작했는데, 노예제 폐지 화두가 솟구치기에 이른다. 잭슨이 1832년 재선에 도전할 무렵 그를 지지하는 그룹은 아예 민주당(Democrats)이란 간판을 내걸었고, 정부 기능의 확대를 통해 상공업 발달을 추구하는 집단과 노예제 폐지를 주장하는 복음주의 프로테스탄트들은 휘그당(Whigs)의 깃발에 모여들었다. 제16대 대통령 링컨(Abraham Lincoln, 1861~65)의 출현은 이런 와중에서 이루어졌다.

링컨은 빈농의 아들로 태어나 독학으로 변호사 자격을 취득하였고, 진중한 성품임에도 유머 감각이 뛰어나 대중적 친화력을 겸비했다. 그는 휘그당 소속으로 주 하원의원 당선을 계기로 정치권에 본격적으로 뛰어들었는데, 노예제 폐지론자들과 마찬가지로 노예제를 도

---

51   Alan Brinkley, 황혜성 외 옮김, 『미국사 1』, 418~9쪽.

덕적 악이라고 보았다. 다만 그는 노동과 임금을 교환하는 북부 임금노동의 시각에서 본 것이 아니라, 노예도 인간으로서 자립을 꿈꿀 수 있는 자유를 지닌 존재여야 한다는 의미에서 자유노동의 시각, 즉 공화주의의 견해를 피력하였다.

링컨이 출마한 1860년의 대선에서 민주당은 분열 상태였다. 남부 민주당은 노예제 찬성을, 북부 민주당은 남북 간의 의견 불일치를 이유로 연방정부가 중립을 취해야 한다고 주장하고 있었다. 링컨은 4년 전에 노예제 반대를 내세우며 창당된 공화당의 후보로서 정부가 노예제에 대한 도덕적 판단을 회피할 것이 아니라 분명한 입장을 가져야 한다고 목소리를 높였고, 최소한 노예제가 더 이상 확산되어서는 안 된다는 정치적 입장을 천명하는 것으로 대통령에 당선되었다. 그리고 이듬해인 1861년에 남북전쟁이 결국 터졌다. 그는 전쟁 중인 1863년 새해 벽두에 모든 노예에게 자유를 부여한다는 노예제 폐지를 전격 선언하였으며, 악전고투 끝에 승리로 마감을 했다. 비록 링컨은 암살을 당했지만, 1869년에 수정헌법 제15조가 통과되었고, 이로써 법적으로는 인종차별이 금지되면서 흑인 등 유색인종에게도 자유가 주어지게 된다.

여기서 살펴야 할 바는 링컨과 공화당이 건국 공화주의를 성찰하는 가운데 성경을 중시하는 청교도 정신에 따라 흑인도 사람으로서 자유인이라는 생각을 제도로 관철시키고자 한 반면, 당시 민주당은 정치적 이익에 따라 판단하면서 노예인 흑인도 사람대접을 받을 자격이 있는가라는 물음에 부정적이거나 회피적이었다는 것이다. 북부와 남부 사회의 집단 이익이 충돌할 때, 남부 민주당은 남부의 공익을 대변했고 북부 민주당은 연방정부가 어느 편도 들지 않는 중립적 태도를 견지해야 한다고 본 반면, 링컨의 공화당은 충돌하는 양쪽의 공익을 평가할 최고의 기준으로 성경을 내세워 인간이면 누구나 피부색에 관계없이 자유롭다는 판단 속에 공동선을 향해 나아가는 행보를 취한 것이다. 이런 관점에서 민주공화파가 공화를 떼어내고 민주당으로 변신하면서 공화주의의 정신을 망각하게 되었는데, 노예제 사례가 그 전형이라고 할 것이다.

미국 건국 과정에서 공화주의는 드라마틱하게 전개되었다고 볼 수 있다. 그것은 연방헌법의 제정과 연방정부의 수립, 그리고 후속적인 헌법의 수정과 보완을 통해 이루어진다. 샌델은 미국 건국의 공화주의가 갖는 특성을 이렇게 집약해서 밝히고 있다.[52]

> 공화주의 정치 이론에 따르면, 자유롭다는 것은 자체의 운명을 지배하는 정치 공동체를 다스리는 데 참여한다는 것을 의미한다. 이런 의미에서 자치는 자체의 운명을 지배하는

---

52 Michael Sandel, 『민주주의의 불만』, 365쪽.

정치 공동체들 그리고 공동선을 위해 행동할 수 있을 만큼 자신을 공동체와 충분히 동일시하는 시민들을 필요로 한다. 그러한 참여에 필요한 덕, 독립성, 공유된 인식을 갖춘 시민들을 길러내는 것이 공화주의 정치의 주된 목적이다.

미국 공화주의는 로마 공화정을 기본의 한 축으로 삼았다. 그런 점에서 로마 공화정의 특징인 혼합정을 새로운 시대 상황에 맞추어 삼권분립으로 전환시키고, 이로써 역할의 분담과 견제, 균형이 이루어지도록 했다. 그리고 역사발전 과정에서 나타난 것처럼 시민의 자유를 무엇보다 중시했고, 이를 기본적 인간 권리에 초점을 맞추어 존중토록 헌법과 법률을 통해 명시했다.

이제 미국 공화주의가 로마 공화주의와 분별되는 주된 특성을 띤다는 데 주목할 필요가 있다. 그것은 주로 자유의 개념을 둘러싸고 빚어진다. 현대의 신로마 공화주의자들이 마키아벨리의 거울을 통해 드러낸 로마의 자유는 개인주의화된(individualistic) 시민의 것으로 방점이 찍힌다. 이들에게 자유는 최우선의 가치를 지닌 것으로 개인에게 귀속된다. 이때 개인은 남과 무관한 존재로서 각각의 나이다. 따라서 각자가 자신의 자유를 지키기 위해서 남도 나와 같은 소중한 것을 지니고 있다고 인정하는 덕성이 요구되고, 자유로운 개인들이 추구하는 각자 이익의 공통분모로 공익(共益)을 추구할 뿐이다. 이런 점은 근대에 발현한 자유주의(liberalism) 사조의 자유와 유사하다. 차이가 있다면, 후자는 간섭을 불허하는 가운데 자신이 선호하는 것을 선택할 자유로 인식하는 반면, 전자는 지배받지 않는 자유로 규정한다는 것이다.

반면 마이클 샌델의 프리즘을 통해 본 미국 건국의 공화주의는 자유를 다르게 본다는 것이다. 즉, 특정 시대에 어느 한 공동체에서 태어나 성장한 우리는 (내가 거부한다고 해서 없어지지 않는) 뿌리박힌 자아(encumbered self)인 까닭에 나와 일정하게 (역사적, 문화적, 지역적, 가족적) 뿌리를 같이 하는 공동체 구성원과 나를 분리해서 보지 않으며, 이런 의미에서 각 시민의 자유가 각자의 것이기도 하지만 또한 공적인(public) 특성도 띤다는 것이다. 그런 공적인 자유인들은 남의 일을 나의 일처럼 여기기에 배려와 연대가 가능해진다. 링컨 시기의 공화당은 이런 문제인식 속에서 흑인 노예에게 손을 내민 것으로 해석할 수 있다.

뿌리박힌 자아의 자유인들은 나의 운명이 자신이 속한 공동체의 운명과 같다고 여겨서 그 방향과 내용을 결정하는 자치에 부응하지 않을 수 없다. 그런 자율적 결정 속에 지향하는 바의 목적을 공동선으로 상정하여 좋은 사회(good society)를 향해 나아가고자 힘쓰게 될 것이다. 이에 샌델은 공화주의를 두 유형으로 분별하고 있다.[53]

---

53 Michael Sandel, 『민주주의의 불만』, 45쪽.

아리스토텔레스까지 거슬러 올라가는 강한 유형의 공화주의적 이상은 시민의 덕과 정치 참여를 자유에 본질적인 것으로 본다. 인간이 본질적으로 정치적 존재라고 할 때, 우리는 공동선에 대해 숙고할 수 있는 능력을 발휘하고 자유 도시나 자유 공화국의 공적 생활에 참여하는 한에서만 자유롭다는 것이다. 이에 비해 온건한 유형의 공화주의적 이상은 시민의 덕과 공적 봉사를 자유에 도구적인 것으로 본다.

샌델이 언급한 온건한 공화주의는 로마의 것에 해당한다고 볼 수 있는 반면, 강한 공화주의는 미국의 그것이라 할 것이다. 그는 시민의 덕이 자유에 본질적이기 때문에, 공화주의의 자유관은 정치가 법과 제도를 통해 시민들로 하여금 제 이익만 꾀하도록 방임하기보다는 오히려 공동선을 도모하고 자율적 통치에 요구되는 인격적 성질을 함양하도록 이끌어야 한다는 의미에서, 정치는 '형성적 기획(formative project)'을 도모해야 한다고 주장한다. 정치는 시민의 덕성이 함양되도록 사회제도를 운영하는 견인차 역할을 수행해야 한다는 뜻이다. 이런 적극적 의미로 인해 샌델이 촉발시킨 미국 공화주의는 시민적(또는 공동체주의적) 공화주의라고도 한다.

공화주의의 퇴조와 자유주의의 도래

미국 공화주의는 제퍼슨 등의 국부들에게서 시작하여 잭슨, 링컨을 거쳐 온갖 우여곡절을 겪으면서 19세기 말까지 이어졌다. 그러나 20세기 초부터는 확연한 변화를 겪게 된다. 이는 산업화 자본주의의 물결이 거세게 일면서 그 토대인 자유주의가 수용되기 시작하였고, 그에 따라 연방대법원이 사회적 갈등을 해결하는 법적인 조치로서 자유주의 사관을 도입하여 헌법을 해석하는 경향이 두드러졌던 데서 비롯된다.

남북전쟁 종결 직후 이른바 재건시대에 수정헌법 제14조가 채택된다. 그것은 "어떠한 주도 정당한 법의 절차에 의하지 아니하고는 어떠한 사람으로부터도 생명, 자유, 재산을 박탈할 수 없으며, 그 관할권 내에 있는 어떠한 사람에 대하여도 법률에 의한 동등한 보호를 거부하지 못한다."는 내용을 핵심으로 담고 있다. 19세기 후반부 아메리카 대륙에서도 자본주의가 본격 작동하기 시작하면서, 자유에 대한 권리를 어떻게 해석해서 어느 범위까지 허용할 것인지와 관련하여 사회적 갈등이 초래되고, 법적 소송으로 이어졌다. 최종적으로 연방대법원이 판결할 때 어떤 내용과 기준으로 하느냐에 따라 사회가 나아갈 방향이 상당한 정도로 결정되기에 이른다.

샌델에 따르면, 로크너 연방대법원장 시대(1897~1937)에 주로 자유방임주의(laissez-faire) 노선이 중시되었다. 예컨대 '로크너 대 뉴욕주' 사건(1905년)에서 연방대법원은, 노동자의 근로 시간을 1일 10시간, 주 60시간을 넘을 수 없다고 규정한 뉴욕 주의 법률이 사용자와 노동자 간에 맺은 계약(내용이 무엇이든)의 자유를 침해한다고 보아 위헌이라고 결정한 것이 대표적이다. 이렇게 공적인 복리 정책보다 개인 간에 이루어지는 계약의 자유에 방점을 찍기 시작한 것이다. 첫 번째의 자유주의 물결에 따라 공(公)보다 사(私)를 앞세우기 시작한 것이다. 달리 말해서 개인들 간의 자유로운 (사회적, 경제적) 행위에 정부의 간섭을 최대한 불허하는 자유주의 문화가 퍼지기 시작한 것이다.

그 다음 두 번째로 겪게 된 자유주의 사조는 1930년대 경제대공황을 겪게 되고, 대책으로 자유 시장에 정부의 개입이 이루어지면서 나타났다. '보이지 않는 손'의 원리가 케인스주의(Keynesianism)로 대체되면서 자유주의의 색채가 변화된 양상으로 출현한 것이다. 연방대법원이 이전처럼 뉴딜정책 입법에 대해 연이어 위헌 결정을 내리자, 프랭클린 루스벨트 대통령은 재선 직후 대법관을 대거 증원할 계획이라고 발표하였고, 곧이어 재차 변화가 이루어졌다. 발표 효과에 대해서는 논란의 소지가 있지만, 연방대법원은 1937년 판결에서 기존의 입장을 바꿔 여성에 대한 최저임금법을 지지한 것이다. 당시 최저임금제로 보호받는 개인의 복지 권리가 개인 간의 계약의 자유에 우선한다고 본 것이다.

이 시기 이후, 특히 제2차 세계대전 이후에 복지정책이 점진적으로 추진되는 가운데 정부는 개인의 권리를 기본적인 것에서 대거 확장하는 방향으로 나아간다. 여기서 개개인들은 각자가 선호하는 바가 다르기에 정부는 선(善)에 관한 한 중립성(neutrality)을 표방하는 방향으로 나아간다. 특히 1971년 존 롤스의 『사회정의론』 출간은 평등지향 자유주의의 흐름을 정당화하면서 케인스주의와 합세하여 나름의 복지정책을 구사할 수 있는 여지를 넓혀주게 된다. 샌델의 표현에 따르면, 결국 미국 공화주의의 내용은 대거 사라지고 그 형식만 남겨진 절차적 공화정(procedural Republic)으로 들어선 것이다. 공화주의가 퇴색된 것이다.

자유주의의 도래 과정에서 오늘날의 민주당은 평등지향 자유주의를 채택하면서 공화주의와 무관해졌다. 공화당 역시 마찬가지인데, 보수주의와 자유지상주의(신자유주의)를 병행 운용함으로써 오히려 반공화주의 양상을 띠기도 한다. 마이클 샌델은 현대 미국 사회에서 민주주의가 시행되고 있다 하더라도 시민들의 불만이 팽배해지는 단계로 진입하고 있음을 몹시 애석해하고 있다. 그는 다시금 건국 공화주의를 소환하여 이를 발전시키는 방식으로 좋은 사회를 향하여 나아가기를 희구한다고 할 수 있다.

3. 공화적 지성과 오늘의 한국

프랑스 토크빌의 미국 공화주의 평가

공화정 로마의 강고함에 경탄을 금치 못했던 사람으로 그리스

현인 폴리비오스가 있었던 것과 흡사하게 아메리카 북미 대륙이 범상치 않게 전진하고 있음을 깨달은 한 인물이 있었다. 그는 다름 아니라 1831년부터 1년 남짓 미국 탐사 기행을 다녀온 것을 토대로 1835년에 『미국의 민주주의(De la démocratie en Amérique)』를 발표한 알렉스 토크빌(Alexis de Tocqueville)이다.

1789년은 프랑스대혁명이 일어난 때인데, 미국에서는 연방헌법의 비준에 따라 워싱턴 정부가 들어선 해이기도 하다. 토크빌은 대혁명 이후 1805년에 귀족 가문에서 태어났다. 그는 조국 프랑스가 오랜 역사와 뛰어난 문화를 간직하고 있었음에도 군주정이 전복되고 공화정이 들어섰지만, 지도자 집단의 자질 부족에 따른 독단적 전횡으로 다시 황제정이 들어서는 등 냉온탕을 오가는 극심한 혼란기에 불안한 청소년 시절을 보냈다. 청년으로서 지성에 눈을 뜬 그는 자신의 나라에서 민주주의의 도래가 요원하다고 여겨지던 때에 북미 아메리카 대륙에 대한 소식을 접하면서 이를 직접 체험해보았고, 그 결과 미국의 민주주의에 대해 나름의 찬사를 보내게 된 것이다.

토크빌이 유독 인상 깊게 받아들였던 것 몇 가지를 꼽을 수 있다. 첫째, 두말할 나위 없는 미국의 새로운 정치제도였다. 두 번째가 제도를 뒷받침하는 토양 문화의 건실함이었다. 그는 오늘날의 매사추세츠를 포함한 뉴잉글랜드 지역에서 펼쳐지고 있던 타운회의(town meetings)에 주목하였다. 시민들이 생활을 영위하는 마을에서 각종 회합을 갖고 공동의 크고 작은 일을 결정하는 자치를 실현하고 있었던 것이다. 토크빌의 관찰에 따르면, 시민들이 자기 타운에 애착을 갖고 있었는데, 이것은 자신이 그곳서 태어났기 때문이라기보다는 그 구성원으로서 운영하는 데 기꺼이 노고를 들일만한 자유롭고 매력적인 공동체였기 때문이었다. 미국 공화주의가 자유로운 개인에 의한 자치를 중시한 연유가 여기에 있다고 할 것이다. 그리고 세 번째로 청교도 정신에 따라 곳곳에서 지성인들이 배양되었고, 이런 인물들이 모여 현실화 가능한 좋은 제도를 기획하였으며, 더 나아가 이를 구현하는 데 실천적 본을 보였다는 점이다.

얼핏 거대한 아메리카 땅덩어리를 차지한 만큼 선진화 대국으로의 비상은 당연한 것 아니겠느냐는 생각도 할 수 있겠지만, 꼭 그렇게만 볼 수는 없다. 이점 역시 토크빌도 염두에 두었던지, 그는 미합중국 바로 아래 멕시코도 살폈다. 멕시코는 이웃나라 미국의 연방헌법을 모형으로 삼고자 베끼다시피 반영하여 1824년의 멕시코 헌법을 채택했다. 토크빌은 멕시코 정치 지도자들이 양피지 문서에 쓰인 미국 연방헌법의 글자를 도입했지만, 그 문서에 담긴 생명과도 같은 헌법 정신을 구현할 수는 없었는지 무정부상태와 군사독재의 반복된 굴레에서 벗어날 수 없었다고 적었다. 실제로 멕시코는 토크빌 사후에도 오늘날의 현대화 직전까지 혼란 상태에서 벗어나지 못했던 반면, 미국은 전혀 달랐다. 공화주의를 구현했고, 민주주의를 향해서도 그 행보를 이어가는 경로에 있었다. 토크빌은 다소 경이롭게 여겨지

는 행보의 단초를 이렇게 직시했다.[54]

> 아메리카가 다른 나라의 멍에에서 벗어나려고 독립의 기치를 높이 걸고 투쟁하고 있었을 때, 또한 이 세계에 새로운 나라를 탄생시키려 하고 있었을 때, 주민들의 정신은 그 위대한 목표에 걸맞을 만큼 고양되어 있었다. 이처럼 전반적으로 고양된 상태 속에서는 뛰어난 인물들은 마음 놓고 사회의 부름을 기대할 수 있었으며 국민들도 그들을 확고하게 지지했고 그들을 영도자로 모셨다.

한 나라가 강건한 기풍을 갖추는 데는 여러 요인이 있을 것이다. 여기서 가장 중요한 것은 개척의 선구자들이 모범이 될 만한 지성을 갖추고 있느냐는 것과 그런 지성들로 하여금 기꺼이 지휘할 수 있도록 양보하고 격려할 정도로 일반 시민들이 최소한의 식견과 품성을 지니고 있느냐로 모아진다. 이것이 가능하게 조성되어 있을 때, 소중한 정신을 바르게 담아낼 제도(공화주의와 민주주의 등)가 다음으로 요청될 것이다.

---

54   A. Tocqueville, 임효선·박지동 옮김, 『미국의 민주주의 1』, 93쪽.

공화적 지성

고대 로마에서 공화정을 굳건히 지키려는 사람들이 있었다. 이들은 사적인 야욕을 갖고 공화정의 체제를 언제든 전복시킬 수 있는 유력한 자들을 경계하곤 하였다. 기원전 509년 왕정을 종식시킬 때 앞장서 군을 지휘한 인물이 루키우스 브루투스(Lucius Brutus)였고, 그의 결단에 힘입어 로마가 공화정의 길로 들어설 수 있었다. 그리고 세월이 흘러 야심에 가득 찬 집정관 카이사르가 체제 전복을 통해 황제 등극의 길로 나아가던 기원전 44년에 그를 암살한 자가 있었으니 바로 브루투스 가문의 후예 마르쿠스 브루투스(Marcus Brutus)였다. 그리고 이때 브루투스와 뜻을 같이 하면서 공화정을 철저히 지키려고 했던 또 다른 걸출한 인물이 있었으니 로마의 정치인이자 사상가이며 명문장가로 알려진 키케로였다. 비록 카이사르의 동료와 후계자에 의해 그들 둘 다가 장렬한 죽음을 맞이하지만, 마키아벨리는 그들이 공화정을 지키려다가 당했기에 후대 역사가들에 의해 부단히 칭송을 받는 존재가 되었다고 술회하였다.

고대 로마에 키케로와 같은 공화적 지성(republican intellect)이 있었다면, 미국에서도 그에 필적하거나 그 이상인 지성이 있었다. 워싱턴과 제퍼슨, 매디슨, 잭슨, 그리고 링컨 등을 꼽을 수 있다. 다만 현대 들어서서 유사한 유형의 유력 정치인을 찾아보기가 쉽지 않지만, 그럼에도 마이클 샌델이 도드라지게 꼽은 공화적 지성이 있었으니 로버트 케네디(Robert F. Kennedy)였다.

로버트 케네디는 형인 존 케네디(John F. Kennedy)가 대통령에 취임한 직후 법무장관으로 지명되었다. 당시 노예제의 폐지에도 사회적으로 흑백차별이 극심했고, 특히 마틴 루터 킹(Martin Luther King) 목사가 전면에 나서서 흑인사회를 지휘하고 있었기에 인권 문제 등 풀어야 할 법적 사안이 산적한 시기였다. 형 존은 동생 로버트가 이를 해결할 최고의 적임자라고 여겨서 임명한 것이었다. 로버트 케네디는 가족이었기에 요직에 등용되었다는 세간의 비난을 잠재웠을 뿐만 아니라 흑인사회를 비롯한 전 국민적 인기를 끌 정도로 탁월한 역량을 펼쳐내었다. 형 존의 사망 이후 상원의원에 당선되었고, 곧이어 1968년의 대통령 선거에 뛰어들었다. 민주당의 대선 후보로 유력시되었고, 당선도 충분히 가능한 상황이었다.

중요한 것은 그동안 시민들의 사랑을 한껏 받은 정치적 이력만이 아니라 그가 어떻게 살아왔고 또 어떤 비전을 갖고 선거에 임했느냐는 데 있을 것이다. 마이클 샌델은 그의 행적을 추적하면서 모처럼 놀라운 공화주의의 비전을 확인하게 된다. 그래서 우리에게 잘 알려진 저서 『정의란 무엇인가』의 마지막 부분인 '10강 정의와 공동선'에서 로버트 케네디의 연설문을 소개하고 있다.[55]

---

55 Michael J. Sandel, 이창신 옮김, 『정의란 무엇인가』, 363~4쪽.

우리 국민총생산은 한 해 8000억 달러가 넘습니다. 그러나 여기에는 대기오염, 담배 광고, 시체가 즐비한 고속도로를 치우는 구급차도 포함됩니다. 우리 문을 잠그는 특수 자물쇠, 그리고 그것을 부수는 사람들을 가둘 교도소도 포함됩니다. 미국삼나무 숲이 파괴되고, 무섭게 뻗은 울창한 자연의 경이로움이 사라지는 것도 포함됩니다. 네이팜탄도 포함되고, 핵탄두와 도시 폭동 제압용 무장 경찰차량도 포함됩니다. (…) 우리 아이들에게 장난감을 팔기 위해 폭력을 미화하는 텔레비전 프로그램도 포함됩니다. 그러나 국민총생산은 우리 아이들의 건강, 교육의 질, 놀이의 즐거움을 생각하지 않습니다. 국민총생산에는 우리 시의 아름다움, 결혼의 장점, 공개 토론에 나타나는 지성, 공무원의 청렴성이 포함되지 않습니다. 우리의 해학이나 용기도, 우리 지혜나 배움도, 국가에 대한 우리의 헌신이나 열정도 포함되지 않습니다. 간단히 말해, 그것은 삶을 가치 있게 만드는 것을 제외한 모든 것을 측정합니다.

로버트 케네디는 현대의 미국이 방향 감각을 상실한 채 그저 물질의 생산과 소비에만 탐닉하는 사회로 전락하고 있음을 통탄하면서, 아이들이 즐겁게 뛰노는 가정의 소중함과 숲이 우거진 마을에서 함께 살아가는 이웃과의 진실한 교감, 일하는 공무원의 청렴성, 나라를 위해 헌신하는 애국심 등을 통해 공동선이 이루어지는 사회를 위해 정치가 새로운 무엇인가를 해야 한다고 본 것이다. 다만 안타깝게도 그는 선거 유세 도중에 형과 마찬가지로 암살을 당했다.

공화적 지성은 역사적 궤적을 통해 구현된 공화주의의 참된 정신을 간직하고 이를 실현하는 데서 찾을 수 있다. 로마 공화정의 지성은 서로 다른 집단으로 하여금 상대방을 용인하여 공화정의 체제를 구축토록 한 만큼 차이의 포용성을 갖고, 더 나아가 법 이외에 누구의 지배도 불허하는 법적 존중심과 평민에게 폭넓게 허용한 시민의 자유를 승인한다. 미국의 공화적 지성은 로마에서 갖춰진 차이의 포용성과 법적 존중심, 자유의 가치를 수용하면서, 시민적 자유에 깃든 공적 속성을 특별히 분별하여 스스로의 운명을 결정하는 데 참여하는 자치 역량의 강화와 시민의 덕성 함양, 지향하는 목적으로서의 공동선을 함께 구현하고자 한다. 특히 미국 공화적 지성은 제퍼슨과 잭슨, 링컨, 로버트 케네디에게서 확인한 것처럼 민주주의가 피어날 수 있도록 여는 특성도 갖는다는 점에 유념할 필요가 있다.

21세기 대한민국의 위험과 공화적 지성

공화적 지성의 안목으로 우리 대한민국을 냉철하게 평가해보자. 1919년 3·1운동에 힘입어 상해 임시정부가 들어섰고 민주공화정을 천명함으로써 건국의 초석을 놓았다. 김구 주석은 자칫 난파될 수도 있는 임정의 후반기에 이를 힘겹게 추슬러서 이끌어온 열정과 덕을 갖춘 분이지만, 국제사회의 동향을 제대로 읽어내지 못하여 일본 패망 당시에 때 맞는 존재감을 보여주지 못함으로써 해방 정국에서 승전 연합국의 협조를 전혀 얻지 못하는 한계를 드러내었다. 이승만 초대 대통령은 국제정치에 밝은 연유로 대한민국의 출범을 이끌면서 나라가 공산 치하로 미끄럼 타는 것을 막아냈지만, 미국 건국의 국부인 조지 워싱턴과는 달리 권력 독점의 야욕으로 친일파를 활용하여 비호함으로써 민족의 정기를 바르게 할 절호의 기회를 날려버리는 과오를 저질렀다.

4·19 민주주의 의거에 힘입어 등장한 장면 내각은 혼돈 상태의 정국을 헤쳐 나가기에는 정치적 역부족을 드러내었고, 이를 기회로 삼아 쿠데타로 집권한 박정희 대통령은 또 다른 미국 건국의 국부인 토마스 제퍼슨과는 상반되게 영구독재를 일삼는 반공화적 행태를 보였지만, 그럼에도 산업화의 기반을 탄탄하게 구축함으로써 처절하게 빈궁했던 상태에서 백성들에게 경제적 풍요로 나아갈 길을 열어주었다는 점에서 그 공을 칭송하지 못할 이유가 없다. 뒤이어 등장한 전두환 및 노태우 대통령의 경우, 군부 쿠데타는 물론 5·18 광주민주화항쟁을 무력으로 짓밟은 해악으로 인해 반민주적이자 반공화적인 행태를 극명하게 드러냈다.

박정희로부터 시작된 군부독재와 맞서 싸워온 김영삼 대통령의 경우 군부 사조직 하나회를 과감하게 청산하는 등 민주화에 기여한

데 대해, 그리고 김대중 대통령의 경우 역시 민주화에 크게 기여하면서 남북 간에 평화통일의 길을 제시한 데 대해 각각 찬사 받을 큰 공이 있다 할 것이다.

공화적 지성의 눈으로 평가할 때, 1948년 정부수립 이후 20세기에 이를 때까지 전반부에는 산업화 위주로 진행되면서 크나큰 성취를 이루는 단계로 들어섰고, 후반부는 민주화로 성큼 나아가는 단계로 진입하였다. 한민족이 능히 자부심을 가져도 좋은 지평으로 들어선 것이다. 그러나 21세기 들어서서 과거 해방 전후에 드리워진 좌우 갈등이 새로운 양상으로 재현되면서 자칫 나라가 또 다시 백척간두의 위험 상황에 놓일 수 있음에 큰 우려를 표명하지 않을 수 없다.

노무현 대통령은 덕을 갖춘 분으로서 권위주의 정치 문화를 소탈하게 낮추는 새 길을 조성하였지만, 당 안팎의 도전과 파고를 이겨내기에는 버거운 정책적 역량의 한계(특히 부동산정책 좌초)를 노정하여 국민적 실망을 자아냈다. 문제는 뒤이어 등장한 이명박 정부의 검찰이 노대통령 가족에 대한 불필요한 수사를 강행하다가 부메랑을 겪게 되면서 정치적 어두움을 다시 드리우기 시작한 것이다.

20세기까지는 나라의 기세가, 깨인 학생과 시민 등의 온갖 희생 속에서 국민적 교육열과 기업의 노고가 보태어져, 미래를 향해 도도히 전진하는 형세였다. 그러나 21세기 초 노무현 대통령 사후를 전후한 시점부터 정치가 확연히 퇴영적 양상을 띠기 시작했다. 특히 우려가 되는 바는 기업의 경제적 성취와 더불어 국민적 문화 역량이 한류의 형태로 세계적 영향을 떨치는 방향으로 나아가고 있었는데, 정치적 갈등에 따른 좌우 진영의 공격적 배타성이 도를 넘어 국민에게까지 침투함으로써 사회·문화·경제 역량을 잠식하고 있다는 데 있다.

보수진영의 복고적 회귀가 자질 부족의 박근혜 정부를 불러들여 사인(私人) 최순실에 의한 국정농단을 자초케 하였고, 이로써 촛불민심의 탄핵을 받게 된 것은 불가피했다. 공화주의의 법에 의한 통치가 적지 않게 훼손되었기 때문이다. 문재인 대통령은 진실한 성품으로 남북 간에 열린 대화의 장을 여는 데 (단지 한시적으로만) 기여했다. 그러나 순진하게 좁은 식견으로 통치 방향을 국민의 반쪽으로 시야를 좁혀서 적폐청산을 과도하게 행하면서 (고의인지는 알 수 없어도) 국가 안위의 내부체계를 무력화시켰고, 내로남불의 전형인 조국사태 등을 낳았다. 특히 노무현 대통령의 비극을 되풀이하지 않고자 자신의 지지층을 강고히 결집시킴으로써 그 이면의 국민적 반감도 같은 정도로 드리웠고, 그 결과 정치권의 갈등이 국민적 갈등으로 비화하는 실제 계기를 만들었다. 이명박 대통령이든 문재인 대통령이든 공화주의의 실천적 지침인 차이의 포용성을 철저하게 배반했다.

문재인 정부의 내로남불 행보는 이에 반기를 든 윤석열 검찰총장을 대통령으로 만드는 아이러니를 초래했다. 윤대통령은 경험상 정치적으로 미숙한 상태였고, 여기에 영부인 김건희 여사의 참을 수 없는 가벼운 행보까지 가세됨으로써 그의 파탄은 예고된 것인지도 모른다. 민주당 이재명 대표 집단의 국정 발목잡기가 도를 넘어섰다고 하더라도, 또한 국가 전복 세력이 다소 눈에 아른거린다고 해서 2024년의 12·3계엄을 선포할 일은 결코 아니었다. 우리 국민은 박정희 및 전두환 정권의 시작이 군사 쿠데타에서 비롯되었고, 이로써 민주적 공화주의가 고사 상태였음을 안다. 국제적으로는 근자에 미얀마의 군부 정권이 국민의 생명을 무수히 짓밟으면서까지 집단 독재를 행하고 있음을 안타깝게 여기고 있던 차였다.

물론 헌법의 계엄 관련 조항을 보면, 판단을 단순명료하게 내릴 수만은 없다. 제77조 ①항에서 "대통령은 전시·사변 또는 이에 준하는 국가비상사태에 있어서 병력으로써 군사상의 필요에 응하거나 공공의 안녕질서를 유지할 필요가 있을 때에는 법률이 정하는 바에 의하여 계엄을 선포할 수 있다."고 하였다. 전반부의 요건, 즉 지금이 전시나 사변에 준하는 국가비상상태가 아니기 때문에 계엄을 선포할 수 없는데도 했으니 윤대통령의 행위는 헌법 위반이 확실하다. 그러나 후반부 요건, 즉 공공의 안녕질서를 유지할 필요가 있어서 계엄을 단행했느냐는 데로 시선을 돌릴 경우, 판단의 고려사항은 의외로 넓어질 수밖에 없다.

이재명 대표 체제의 친명계 민주당이 당 대표의 방탄과 반사적 이득을 위해 검찰과 사법부를 겁박하고, 행정부의 기능마저 무력화시키고자 법의 이름으로 온갖 행태를 저지른 데 대해, 그 진영 속의 닫힌 자들을 제외한 국민 대다수는 상당히 인지하고 있으리라 판단된다. 더욱이 여권 일각서 제기한 것처럼, 감사원장과 수사 검사장

등 공직 수행을 마비시키는 탄핵을 무려 29차례나 진행하였다고 한다. 이런 점에 비추어보면, 윤대통령이 국가 전복세력의 위험으로부터 공공의 안녕질서를 지키고자 계엄을 결행했다고 주장할 경우, 헌재로서도 이를 면밀히 살피지 않을 수 없다고 본다.

그러나 더 살펴야 할 대목이 있다. 헌법의 제77조 ③항은 "비상계엄이 선포된 때에는 법률이 정하는 바에 의하여 영장제도, 언론·출판·집회·결사의 자유, 정부나 법원의 권한에 관하여 특별한 조치를 할 수 있다."고 하였다. 여기서 조치를 취할 수 있는 범주에 국회를 빼놓았는데, 이것은 민의를 수렴하는 국회의 기능을 무력화시키지 못하게 함으로써 계엄이 쉽게 발동되지 못하도록 한 것이라 여겨진다. 계엄으로 민주주의 체제가 쉽게 무너지지 않게 한 것이다. 그런데 윤대통령은 계엄군을 국회와 또 다른 헌법기관 선거관리위원회에 투입했다는 사실이다. 이 대목에서 국헌 문란의 소지가 부각될 수밖에 없다.

지금은 헌재에서 사건을 심리하는 와중인데, 서울 도심 광장에서는 각 진영의 대리인과 동조자, 일반 시민들이 제각기 모여 연일 집회를 벌이고 있다. 어디 그뿐이랴. 사람이 모이는 곳이 어디든, 심지어 종교기관과 가정에서조차 피 튀길 정도의 이견으로 대립과 감정이 격화되고 있다. 자칫 내란으로 치달을 소지도 없지 않다고 할 정도이다.

왜 이 지경에까지 이르게 되었을까? 산업화와 민주화를 빠르게 이룬 대가일 수 있다. 서유럽 선진국서 150년 사이에 이룬 것을 우리는 불과 반세기만에 성취한 데 따른 후유증일 수 있다. 시간 여유 속에서 걸러져야 할 독소들이 그대로 응집되어 부패하기 때문일 수 있다. 그렇다면 죽기 살기로 사생결단을 내리는 정치적 패싸움을 벌이다가 정말 나라가 망해도 좋다는 것인가? 임진왜란 전 조선의 선조 때 서인과 동인의 당파가 일본의 조선 침략 징후를 놓고 격론만 벌일 뿐 아무 대비도 하지 않음으로써 나라를 잃을 정도의 혹독한 전란을 초래했다. 구한말에는 제국주의가 부상하던 냉엄한 국제정세를 제대로 살피지 못한 채 정치 지도자들이 역시 편 갈라 싸우면서 국력을 소진시킨 결과 일본 제국주의의 희생양이 되는 참극을 불러들였다.

21세기에 진입한 오늘날 한반도를 둘러싼 지정학적 위기는 여전하고, 같은 동족인 북한의 김정은은 독재의 횡포를 더하는 가운데 무장한 핵으로 남한을 시종일관 위협하고 있다. 이런 시대적 상황에서 정녕 우리는 대한민국이라는 나라가 침몰할지라도 여전히 내 편의 생각과 판단을 고집하면서 진영적 결속만을 도모할 것인가?

헌법재판소가 2025년 봄에 국회의 윤석열 대통령 탄핵심판에 대해 인용이냐 기각이냐를 결정할 것으로 예견된다. 법과 원칙에 따라 바르게 판결을 내릴 것으로 기대한다. 나로서는 헌법 정신에 비추어 인용으로 결정되는 것이 마땅하다고 본다. 이후에라도 특정 이념적 성향의 대통령이 되었든 계엄령 카드를 쉽게 발동하는 길을 내어서는 결코 안 되기 때문이다. 그러나 기각으로 귀결될 수도 있음을 감안하지 않을 수 없다. 어느 경우든 이해를 달리하는 집단은 쉽게 받아들이지 않을 것이다. 이때 국민은 불만에 찬 그들 소리 가운데 합리적인 부분을 청취하여 포용적 미덕으로 품을 필요가 있다.

정치권이 정쟁에 몰두하는 것이야 정치적 파벌이기에 이해가는 측면이 없지 않으나, 오늘날 검·경은 물론 군, 더 나아가 법으로 나라를 지키는 보루인 사법부와 헌법재판소에도 낡고 고루한 이념에 경도된 분들이 점차 포진하고 있음은 실로 안타까운 일이다. 진영의 사고를 대리하는 자들도 전혀 없지 않으니 이를 어찌하겠는가? 물론 헌재를 포함하여 우리 사회 어느 곳에서든 훌륭한 식견과 지혜를 지닌 분들이 또한 적지 않다. 우리가 신뢰를 주어야 한다. 바라보기에 성에 안 차도, 자율적 정화 과정을 거치면서 스스로 부끄러움을 자각하여 바르게 서도록 해야 하지 않겠는가? 현재 우리의 공직사회가 큰 틀에서 건강성을 유지하고 있으니 다소 문제가 있어도 자력에 의한 시정이 이루어질 것이라고 봄이 온당할 것이다.

이 시기야말로 민주적 지성과 공화적 지성이 빛을 발할 때라고 본다. 그러려면 국민 모두가 현 사태에 대해 반발 물러서서 합리적이고 도덕적으로 성찰을 해야 한다. 무엇보다 상대방의 견해에도 귀를 기울여서 품을 것은 품어주는 포용적 미덕의 자세를 견지해야 한다. 물론 그럼에도 입에 저주를 담고 손에 비수를 든, 여전히 부정한 계략 속에 잔존하든 자들이 있을 터이니, 그들이야말로 극우 파시스트이거나 극좌 주사파 인사들일 것이다. 우리는 향후 이들이 21세기 역사의 무대 속에서 법에 의해 위축되고 또 자연스럽게 퇴장되도록 선거를 통해 지혜로운 정치적 실천을 취해야 한다.

    한 나라가 빛을 발하는 위력을 갖추려면, 공동의 선을 향해 이끌 지성과 이를 성원하면서 자신의 운명을 결정하는 공적 사안에 동참하는 자유롭고 유덕한 시민들이 있어야 하고, 바르고 정의로운 제도를 함께 구비해야 한다. 우리는 민주적 공화주의의 이상이 비추는 좋은 사회를 향해 나아가야 하며, 위험에 처한 오늘의 대한민국을 위해서라도 바로 지금 지혜를 모아 결단해야 한다.

제6장 민주화운동 끝자락서 마주친 주사파 정치

1. 나의 민주화운동 회고

내가 느낀 2024년 제22대 총선의 당혹감

필자가 본 장의 주제, 즉 '민주화 이후 민주주의의 한계'와 그 민낯인 주사파 정치의 행태를 살피게 된 직접적 계기는 2024년 4월 10일 치러진 제22대 총선의 결과를 보며 말할 수 없는 당혹감을 느낀 데서 비롯된다. 지금까지 내가 알고 겪으며 느껴왔던 민주당과 확연히 다른 모습을 보면서, 그 속 일부에 깃든 유해 곰팡이가 자칫 확산되어 이 나라를 위험에 빠트릴 수 있다는 불안감이 마음 한구석에 자리 잡게 된 것이다.

민주당은 22대 총선 출마자의 공천을 시행하는 과정에서 시종일관 반민주적 행태를 자행했다. 비명횡사이고 친명은 횡재하는 일이 드라마틱하게 벌어진 것이다. 언론이 지적한 바와 같이 두 가지 양상으로 전개되었다. 하나는 이재명 대표가 자신의 사법 리스크에 대한 방탄용으로 공당(公党)인 민주당을 적극 활용하고자 무리수를 두면서까지 대거 친명계 인사들을 발탁하는 여건을 만들었다는 의심이다. 다른 하나는 그 당의 대표가 대통령선거의 후보로 나서는 데 있어 장애가 되는 경쟁자들을 싹부터 잘라내고자 공천 과정서 미리 제거했다는 의혹이다. 결국 임종석 전 의원과 홍영표 의원 등은 공천에서 탈락되었다. 쓴 소리를 잘 하는 것으로 알려진 자당의 이상민 의원은 짐을 싸서 다른 당으로 가지 않을 수 없게 만들었다. 의정활동이 뛰어났고 또 학부모들에게 인기가 있었던 박용진 의원의 경우, 무시 못 할 경쟁자라고 판단했는지 잔인하다고 여겨질 정도로 내쳐버렸다. 기타 등등이다. 물론 모두 공천관리위원회가 한 것이므로 이 대표와 직접 관련은 없다고 할 것이다. 외견상 민주적으로 포장되었으나, 내용상 반민주적이었으니 그 표리부동에 더욱 기가 막힐 노릇이다. 무엇보다도 배후에서 이른바 '개딸'들이 홍위병과 같은 역할로 받쳐주었으니 더 말할 나위가 없다.

　민주당이 당시에 보인 반민주적, 반공화적 행태에 비추어볼 때, 국민의 매를 맞는 것이 약이 된다고 보았다. 그래야 다시는 이런 공천 작태와 공당의 사당화를 벌이지 않을 것이라 믿기 때문이었다. 예외적인 경우를 제외하고 민주당을 가까이서 지지해왔던 나로서는 그렇게 판단했다. 그러나 결과는 반대였다. 오히려 압승을 안겨줌으로써 포상이 주어진 셈이다. 300석의 의석 가운데 여당인 국민의힘이 108석을 얻어 참패했고, 민주당 주도의 범야권이 192석을 받아 압승한 것이다. 물론 그런 국민의 선택에는 나름의 이유가 있다고 본다. 윤석열 정부가 정책적 매력을 보여주지 못하면서 상대 탓만 하였고, 국민 눈살 찌푸리게 할 정도의 김건희 여사 리스크는 커져 갔으며, 여당인 국민의힘은 집권당임에도 네거티브 선거 전략에 매몰된 데 따른 것이었다. 민주당은 스스로 잘 해서가 아니라, 집권 여당에 대한 일부 표심의 외면으로 반사이익을 뜻밖에 받게 된 것일 뿐이다.

그래도 어찌하랴? 민주당의 전통적인 공약은 서민에게 큰 위안을 주며, 여전히 신뢰할 만한 정치인들이 그곳에 있지 않은가. 내가 나의 과거 행보를 되돌아보면서 비판적 성찰을 하더라도 이것은 어느 쪽이든 정당이 바로 섬으로써 나라가 밝은 미래를 지향하도록 하는 데 있음이다.

내 삶의 소중한 인연

내 삶 속에서 민주화와 직접 관련되는 이야기를 고백하는 것으로 나의 문제인식을 풀고자 한다. 소중한 인연을 맺게 된 사람들이 적지 않은데, 그 가운데서 정신적 마음가짐을 바로 잡는 데 실천적

본이 된 몇 분이 있어서 그 이야기로 출발하겠다. 가슴 속에 존경심을 갖게 된 사람들이 적지는 않지만, 나와 경험을 같이 한 분으로 좁히면, 셋이 확연히 떠오른다. 먼저 어른 두 분으로 문대골 목사님과 허병섭 목사님이 있고, 선배 한 분이 있다. 여기서 그 선배 한 분이 이 책을 같이 쓰게 된 강경선 교수이다.

　스승 두 분은 참으로 귀하다. 1990년대 중반 내 가족은 수락산 자락 아래의 상계동으로 이사를 가서 집 근처의 교회를 찾아간 것이 문대골 목사님과의 인연 시작이었다. 성경 말씀을 진중하게 풀어내는 설교가 일단 마음에 들었는데, 교회 장로님들에게 교회 내력을 들으니 마음속 감탄이 절로 우러나왔다. 1960년대 청계천 복개공사로 인해 그곳에서 임시 거주하던 6·25전쟁의 난민들 일부가 서울 외곽 허허벌판의 상계동으로 내몰렸고, 이곳 가난한 자들을 위한 천막 교회가 생겼으며, 그 사역에 감동을 받은 독지가가 선뜻 교회 지을 땅을 기증하였다고 한다. 대체로는 성전을 짓고자 하니 건축할 헌금을 조성하는 데 더욱 힘쓰자고 할 법한데, 당시는 그럴 여건이 못 되었던 것 같다. 문목사님은 사람이 지하에 거주하게 되면 건강상의 해를 입게 되지만, 교회를 튼튼하게 지을 경우 지하라 하더라도 예배를 보는 데 아무 지장이 없을 것이라 판단하셨다고 한다. 이에 지상 부위에는 집을 마련하기 어려운 사람들을 위한 연립 주택이 들어섰고, 지하에는 잘 구축된 교회가 세워졌다. 그리고 혜택 입은 분들이 낸 기금으로 신용협동조합을 만들어서 몹시 어려운 분들이 저리로 융자받아 자립의 길로 들어설 수 있도록 조성하였다.

뿐만 아니라 문목사님은 힘들고 가난한 자들을 대변하고자 집회 시위 현장에 나가 앞장서다가 경찰에 의해 체포되기 일쑤였지만, 경찰 입장에서는 한복 차림의 의연한 풍채에 털 것 하나 없는 조사내용으로 늘 방면하게 되었다. 내가 눈길을 줄 무렵 이미 기독교목회자 정의평화위원회 공동대표셨는데, 중요한 민주화 시위 현장에 나가셨다가 마치면 교회로 곧장 돌아오시는데, 길목 어귀 포장마차에서 호떡 두 개 드시는 것으로 식사를 대신하곤 하셨다. 내가 아는 다른 민주화 성직자 분들은 시위가 끝나면 휘하의 무리들과 함께 밥과 막걸리라도 곁들이는 뒤풀이 행사를 갖고, 필요할 때 자신의 지갑을 열어 해결하곤 하셨다. 이런 분들은 사회적 명성이 퍼지면서 일에 따른 명예도 얻게 되지만, 문대골 목사님은 "오른 손이 하는 것을 왼 손이 모르게" 하듯이 조용히 사라지는 행보를 취하셨다. 나로서는 진짜로 예수 닮은 분을 만나게 된 것이다. 나는 예전부터 주일에만 교회를 다녔을 뿐 바쁘다는 핑계로 교회 일을 해본 적이 없었는데, 비로소 이곳 수락산 생명교회에서 처음으로 교회 봉사를 자청해서 시작했다.

또 다른 한 분도 언급하지 않을 수 없다. 먼저 나는 청년 대학강사로서 민주화운동에 동참하였고, 이후 환경철학 분야로 박사학위를 취득한 연후에는 환경운동가로, 직책상으로는 (사)환경정의의 환경정의연구소 소장으로 뛰어다니던 시절이었다. 1999년 12월 어느 날 눈 덮인 무주군 산자락을 찾게 되었는데, 허병섭 목사님을 뵙기 위해서였다. 그날 녹색대학 설립의 취지를 듣게 되었고, 이로써 향후 7~8년간 녹색대학 운동에 뛰어들게 된다. 녹색연합 사무총장에서 물러나 칩거하던 장원 선생님이 수경 스님의 격려에 힘입어 대학 설립을 위한 일꾼을 자처하였기에 일이 도모될 수 있었는데, 곧바로 귀농운동본부 이병철 본부장 등 많은 분들이 속속 합류하였다. 사회 각계각층이 성원해준 덕분에 대안학교 녹색대학은 2003년 새해 지리산 자락 아래 함양군 백전면에 둥지를 틀게 된다.

꿈은 원대하더라도 이를 받쳐줄 물적 여건이 빈약하다면, 고난이 찾아들 수밖에 없는 것이 세상이치이다. 녹색대가 개교 첫해부터 재정난에 봉착하게 된 것이다. 초대 장회익 총장님에 뒤이어 허병섭 목사님이 그 직위를 이으셨고, 재정난 해소를 위해 2004년 11월 종로5가 한국교회100주년기념관 1층 홀에서 녹색대 행사가 열렸다. 이때 사회를 보러 오신 분이 놀랍게도 국민배우 안성기 님이었다. 어찌 이런 분이 소박한 모임에 사회를 보러오시게 되었을까? 인물 허병섭은 이철용 소설가가 쓴 『꼬방동네 사람들』의 실제 주인공이었는데, 역시 목회자로서 청계천 난민들과 함께 고난 속에 온갖 역경을 이겨내는 데 실천적 본을 보인 분이었다. 감동을 자아내는 이야기가 소설로 펼쳐지고, 또 영화로 만들어졌는데, 이때 허병섭 역할을 한 주연배우가 안성기였던 것이다. 행사 직후 허목사님이 학교 기획실장을 맡고 있었던 내게 배우 안성기님이 녹색대를 위해 무료로 광고 한 편에 출연하겠다고 약속을 했으니 그것으로 재원 만드는 방안을 강구해보라고 하셨다. 겸손한 허목사님은 늘 힘들고 지친 이들과 함께 하는 가운데 고난의 역경을 이겨내는 데 앞장을 서는 분이셨다.

나는 기독교인으로서 이 두 사람을 겪으면서 다짐하기를 더욱 예수님 닮기를 힘써야 한다는 것이었다. 물론 두 분으로 인해 나의 신앙이 열리게 되었을 뿐, 이후에도 또 다른 특성의 성직자들을 만나 내 삶의 질적 변화가 이루어졌다는 고백을 하지 않을 수 없다.

내게는 형님이자 허물없는 선배 한 사람의 이야기로 넘어가고자 한다. 강경선 교수를 만난 때는 앞선 두 분 뵙기 전이다. 그 계기는 내 아내가 겪은 사태와 연관된다.

내 아내가 교육학 석사학위를 마친 상태에서 방송대 방송통신교육연구소에서 조교를 거쳐 연구원으로 근무하고 있었는데, 이 시기에 법학과의 한 교수가 연구소의 연구부장을 겸임하게 되었다. 1980년대 중반 무렵으로 당시 전두환 정부의 교육부가 부정한 계략이 깃든 졸업정원제 폐지를 검토하던 시기에 학내 교육민주화에 역행하는 일이 전개되었다. 이에 방송대 방송통신교육연구소의 이름으로 민주화 성명서가 나감으로써 사태가 벌어졌다. 관련자는 둘이었고, 주동자는 강경선 교수였으며, 교육 분야의 조력자는 연구원인 내 아내였다. 힘없는 연구원 신분의 내 아내는 해임되었고, 주동자는 해직 과정을 거치게 된다.

국립대 교수 신분을 해직하는 것은 여러 절차를 요구하였고, 시간의 경과 속에 최종 단계에까지 이르렀다. 그때 심의위원인 한 여교수가 배포 있게 강경선 교수의 주장이 틀린 게 아니라 옳지 않느냐고 강력히 이의를 제기하여 판을 뒤집어버리고 말았다. 해직을 면하게 되는 극적인 순간이었다. 이후 학내 개혁위원회가 만들어지면서 내 아내도 그곳으로 불림을 받아 복직한 형세가 되었다.

그런 사태가 있고 난 후에 나는 막 강단에 선 대학강사로서 노동운동과 교육민주화에 참여하고 있었기에 강교수님과도 만나게 되면서 그 인품을 느끼게 되었다. 아무래도 서울법대 출신들은 권력에 아주 가까이 다가갈 수 있었기에 보수적 풍토가 지배적이었다. 민주화의 분위기가 조성될 무렵 강경선 교수는 학자인지라 후배들의 도움 속에 민주주의법학연구회를 주도적으로 창립하는데 앞장섰고, 학회 초대 회장을 맡아 진보적 법학을 이끌게 된다.

일을 잘하는 것이 갈채를 받을지언정 존경심으로 이어지게 하지는 않는다. 강경선 교수의 면모는 다른 데 있다. 일의 성취보다는 일을 대하는 태도와 성품에 있다. 상당히 가까운 편이어서 자주 만나곤 했는데, 본인에 관한 한 그 자신을 통해서보다는 주변 사람들의 이야기로 알게 되는 경우가 많았다. 그래도 교수 신분인데, 그 부인은 늘 경제적 어려움에서 벗어나지 못했다. 부천에 살던 시절이었는데, 그곳 인근 한 밥집이 있었고, 여기에 형편 어려운 동료와 후배들이 찾아와 술 곁들인 식사를 한 후에 외상으로 달아놓으면, 방송대 월급날 이곳 결재가 먼저 이루어진 후에 남은 것이 전달되기 때문이었다.

어느 날인가는 서울대 이수성 총장이 불러 찾아뵙게 되었다고 한다. 법대 은사로서 결혼식 주례도 서주신 그분은 강교수의 곧은 성품을 이미 알고 있었고, 거기에 학술적으로 법학의 민주화를 이루는 데 기여한 만큼 서울 법대 교수로 부르시겠다는 것이었다. 대부분은 이를 기쁘게 받아들일 터인데, 놀랍게도 정중히 사양했다. 주로 가난한 사람들이 모여 배우겠다는 당시의 방송대에 자신과 같은 사람이 있어서 이에 부응해야 하지 않겠느냐는 취지로 이야기를 드렸다고 한다. 물론 이것 이외에 다른 생각이 느낌으로 와 닿은 것도 있었다. 강교수가 선도한 민주주의법학연구회에 많은 후배들이 모여 성황을 이루면서 활발한 학술 활동을 전개하고 있던 상태였는데, 원대한 꿈(아마도 대통령)을 품고 있던 이수성 총장의 제안 속에 혹여 자신을 통해 한쪽 세력을 채우겠다는 것으로 일면 느껴진 것이었다. 어디 이것뿐이겠는가? 절친인 곽노현 교육감의 선거법 위반 사건을 자세히 들여다보면, 그들 간의 우정과 선의, 감동의 참 모습을 살필 수 있을 것이다. 당시 김어준의 「나는 꼼수다」 프로그램에 초청받았었는데, 그때 김어준이 미리 조사해서 자신을 소개할 때 "오늘은 특별히 교수사회의 성자라고도 불리는 강경선 교수를 모셨다."는 취지로 말머리를 꺼내는 바람에 황망함을 느꼈다고 한다. 물론 지금은 김어준 방송인에 대해 그 선동이 너무 지나치다고 여겨서 손사래를 치는 입장이다.

    여기서 민주화 인사들의 정치적 행보를 평가함에 앞서 필자가 존경하는 분들의 행적을 다소나마 언급함은 이에 견주어 무엇이 잘못인지 깨닫고, 더 나아가 바람직한 이상을 잃지 않고자 함이다. 나의 실제 이야기로 전하고자 함도 우리 모두 함께 진솔한 경험을 바탕으로 우리사회가 바람직한 방향으로 나아가기를 소망하기 때문이다.

기독교인으로서 양심의 부끄러움과 민주화운동 동참

나는 공부를 썩 잘하지도 못했고 고등학교 2학년 후반기에 갑작스레 종교적 배회를 겪게 되어 남보다 2년 늦은 1977년에 성균관대 중어중문학과에 입학했다. 그 시기에 동양의 이백과 두보의 시를 자주 읊조렸고, 종교적 관심사로 인해서인지 서양의 철학 서적도 가까이 했다.

일찍 군복무 3년을 마치고 복학하여 중문학을 전공으로, 서양철학을 부전공으로 삼고 있던 차였는데, 학문 탐구에 소질이 없지는 않았나 보다. 학문적 업적이 뛰어난 스승 정범진 교수께서 학부 3학년생인 내게 연구소의 책상 하나를 마련하여 그곳서 학업에 열중하라는 전언을 거푸 하시는 바람에 이에 전념할 수 있었다. 스승은 학부를 졸업할 무렵 내게 자신이 유학 다녀온 대만(중국과의 수교 이전이어서 유일하게 교류하던 곳인 당시의 중화민국)의 모교로 사신을 써줄 터이니 유학 나가는 게 어떠냐고 권면하셨다. 당시 명망 있는 분의 사신은 나름의 위력이 있던 시절이었다. 나를 제자로 삼으시겠다는 뜻이었기 고마움과 반가움을 느꼈다.

그러나 내 형편이 그럴 계제가 아니었다. 그때는 초등학교 동창으로 대학에 와서 우연히 만나게 된 내 아내와 일찍 결혼하여 자녀 하나를 둔 상태였고, 그녀는 성대 교육학과 75학번으로 학부 졸업 후 서울대 대학원에 다니면서 석사논문을 준비할 무렵이었다. 거기다가 친형의 사업 실패로 가산이 탕진되는 바람에 집안 살림살이가 다소 궁핍하였다. 나 홀로도 떠날 형편이 아니었다. 결국 권고를 따르지 못하고 이런저런 사유로 취업을 하게 되었다. 그럼에도 학문에 대한 열정에 못 이겨서 3년 만에 퇴직하고, 뒤늦게 대학원에 진학했다. 마침내 하고 싶었던 (서양)철학으로 진로를 정한 것이다.

석사학위를 취득하고, 일단 박사과정에 진입하면서 곧바로 대학 강단에 서게 되어 철학을 가르치기 시작했다. 대학의 시간강사였는데, 1989년 말에 동료 몇 사람이 긴요하게 의논할 일이 있다면서 찾아왔다. 나는 과거 학부 복학생 당시 후배들의 요청에 부응하여 학내외 시위에 간혹 동참하곤 하였고, 1987년 민주화 항쟁 당시에도 대학원에 다닐 때여서 길거리 시위에 참여하곤 하였다. 사회는 도도히 민주주의를 향해 전진하고 있었고, 이에 발맞추어 서울대를 비롯하여 주요 대학에 대학강사협의회가 출범하였으며, 성대도 앞장서 있었다. 아마도 그런 것과 관련해서 의논하자는 정도로 짐작하고 있었다.

찾아온 동료들이 내게 뜻밖의 제안을 하여서 적이 놀랐다. 성대 강사협의회 회장을 맡아달라는 것이었다. 이 정도는 놀랄 일이 아니었다. 중요한 것은 그 다음이었다. 조만간에 전국대학강사노동조합

(전강노)을 출범시키기로 하였는데, 성대 책임자 역할을 해달라는 것이었다.

　노동조합의 경우에는 얘기가 다르다고 판단했다. 첫째, 대학 시간강사라는 학문 연구자가 노동조합의 깃발을 드는 것이 온당하냐는 것이다. 둘째, 대학 시간강사는 일시적인 자리이고 안정적 학문 연구를 위해서는 전임교수로 진출해야 하는 과제가 놓여 있는데, 노조 위원장의 직책은 과격한 것으로 여겨져서 미래의 위험과 불확실성이 커질 것이라는 우려이다. 일단 생각하지 못한 것이었기에 당혹해 하면서 오히려 반문하였다. 나야 순수한 진리 탐구에 관심을 갖고 있는 사람인 반면, 사회문제와 관련해서 마르크스·레닌주의나 헤겔철학, 러시아 혁명사, 한국 근현대사, 통일정책 등을 전공하는 분들이 있으니 그들이 맡는 게 적합하지 않느냐는 것이었다. 답변은 다들 회피하고 있다는 것이고, 이번은 철학 전공자가 맡을 차례이기도 하다는 것이다. 박사과정 수료 후 유학도 염두에 두고 있던 차라 며칠 생각해 보겠다고 답변하면서 헤어졌다.

　나는 며칠간 숙고에 들어갔고, 두 가지가 내 안에서 들려왔다. 하나는 탐구하고 가르치는 철학과 사회윤리에 비추어 현실이 크게 잘못되어 있는데도, 강단서 외치기만 할 뿐 실천적 행보를 외면하면 되겠느냐는 양심의 소리였다. 다른 하나는 평범한 기독교인에 불과하더라도 예수님이 "나를 위하여 목숨을 잃는 자는 얻으리라"고 하신 말씀과 너희는 세상에서 빛과 소금의 역할을 하라는 정도는 기억한다. 빛이면 좋지만 소금의 역할이라도 감당하다가 세상의 고난을 겪는다면, 거기에는 예수님의 위로가 있을 것이다. 첫 번째가 양심의 부끄러움에 대한 울림이라면, 후자는 내게 용기를 주는 것이었다. 이런 시각에서 보면, 시간강사는 저임금이었기에 교육부와 대학 당국에 의해 착취를 당하니 노동자라 할 것이요, 노조 위원장으로서 받게 될 부담은 이겨내거나 감당하면 될 터였다. 더군다나 당시 노동자들이 공권력에 의해 집단 탄압을 받고 있었으니, 조금이라도 더 먹물을 먹은 우리가 힘들고 외로운 그들 곁에 함께 서주는 것으로도 보람찬 것이라고 여겼다. 이렇게 해서 사회 민주화운동에 직접 동참하게 되었다.

성대강사협의회 회장과 전국대학강사노동조합 위원장

1989년에서 1990년에 이르는 시기는 노태우 정부 때로서 노동운동의 격변기였다. 전교조가 1989년 5월에 창립되었고, 6·25 이후 전국 단위의 최초 노조인 전국노동조합협의회(위원장 단병호)가 1990년 1월에 창립되었다. 바로 곧이어 전국대학강사노동조합(위원장 조재희)도 같은 해 4월에 서울대에서 창립되었다. 그리고 나는 성대강사협의회 회장을 맡았고, 노조 집회를 열어서 전강노 성대 분회장에 취임했다.

우리가 해야 할 일 가운데 두 가지가 중요했다. 하나는 교육부를 상대로 대학 시간강사에게 교원 지위를 부여토록 하는 것이다. 대학 교육의 절반을 담당하고 있었는데, 전임교수는 물론 대학 조교에게도 주어진 교육법의 교원 지위에 시간강사는 빠져 있었던 것이다. 다른 하나는 열악한 경제적 처우를 개선하는 것이다. 전자는 주로 중앙에서 맡고, 후자는 하부에서 맡아야 했다.

　마침 대학 민주화가 조성되면서 총장을 직선제로 뽑자는 이슈가 대두되었고, 성대에서는 민주화운동으로 해직되었다가 복직한 장을병 교수가 적합한 후보로 거론되었다. 장을병 교수님을 만났고, 곧바로 대학원 학생회와 총학생회 학생들을 찾게 되었다. 다소 무모하게 행한 바가 없지 않았지만 학내 일을 잘 조성한 덕분에 3위 득표로 예측되던 장을병 교수의 총장 당선을 이루는 데 도움을 주었다. 나는 취임 직후 장을병 총장을 만나 딱 두 가지 정당한 요청을 드렸다. 하나는 협의회비와 노조 조합비를 원천징수하여 입금시켜달라는 것이었고, 다른 하나는 대학가에 두루 영향을 미치고자 일단 성대 강사료부터 전국 최고로 책정해달라는 것이었다. 첫 파고를 일으키려는 시도였고, 즉시 수용되었다. 최소 재정이라도 마련해야 앞을 향해 전진할 수 있었기 때문이었다. 그런데 단위 노조로 성대만 제 몫을 하고 있었고, 서울대는 물론 연·고대 조차도 분회를 만들어내지 못하고 있었으니 중앙 집행부는 운영 자금의 고갈 상태였다. 그래서 나는 직권으로 성대가 마련한 재원 상당액을 위로 그냥 올려 보냈다.

　1991년 새해를 맞이할 시기가 다가왔지만 형세는 전혀 나아지지 않았다. 여기에 초대의 책임을 진 조재희 위원장이 개인적 사유로 빨리 물러나야 한다는 소식이었다. 중앙 집행부의 논의가 있었고, 활동 기반을 유일하게 만든 성대에서 차기 위원장이 나와야 한다는 결의가 전해졌다. 그래서 나는 또 불려가다시피 1991년 2월에 제2대 전강노 위원장으로 취임하게 되었다.

취임 직후 가장 먼저 한 일이 있다. 도대체 서울대와 연·고대에서조차 분회가 결성되지 않는다면, 이 운동은 접어야 한다고 판단했기 때문이다. 고대와 서울대로 역량을 집중하여 가까스로 분회를 만드는 데 성공했다. 그리고 애초 생각과 달리 각 대학 강사협의회의 노조 분회 전환은 접어야 했다. 무리였기 때문이었다. 그래서 조직상 하부라기보다는 연대 기구로서 협의회를 존속시키기로 하였고, 그런 곳으로 연대와 이화여대, 영남대, 부산대, 전남대, 강원대 등이 있었다.

교육민주화 및 재야민주화 운동

1991년은 여러모로 험난한 시기였다. 전두환을 이은 군 출신 노태우 대통령의 임기 후반기였기 때문이다. 결국 대형 사건이 터졌다. 1987년 1월 서울대 박종철 학생의 고문치사 사건으로 인해 벌어진 6월 민주화 항쟁 시기에 또 다시 연대 이한열 학생의 시위 중 사망 사건이 발생함으로써 대통령 직선제를 핵심으로 한 개헌이 쟁취되었는데, 그 이후 최대 사건이 벌어진 것이다. 1991년 4월 명지대 강경대 학생이 시위 중 백골단에 붙잡혀 무차별 구타 과정에서 사망하게 됨으로써 다시 민주화 정국이 펼쳐졌고, 또 다른 연쇄 작용이 발생했다. 특히 이때 대학생과 노동자 등 9명이 항의하는 분신을 결행하여 이른바 '분신정국'이 조성된 것이다. 과제를 풀기 위해 재야의 민주화운동 단체들 모두가 결집되었는데, 87년 이후인지라 최대 규모였을 것이다.

이즈음 전강노 위원장으로서 나는 외부 활동으로 분주하지 않을 수 없었는데, 주로 두 분야였다. 하나는 민주화를위한전국교수협의회(민교협)와 국공립대교수협의회, 사립대교수연합회, 그리고 전국해직교수협의회에 전강노가 합세하여 다섯 단체가 행한 교육민주화 활동이었다. 당시 부정한 대학당국과 교육부로 인해 부당하게 해직된 교수들이 곳곳에 있었기에 이를 매개로 한 교육민주화가 쟁점이었다. 예컨대 부산 동의대 사건과 상지대 사태가 대표적이었다. 이때 빈번하게 만났던 분이 민교협 대외협력위원장 직을 맡은 충북대 유초하 교수였다. 내겐 7년 위 선배로서 많은 것을 일깨워준 분인데, 열정과 진실함을 갖춘 분으로 가장 인상적이었다.

또 하나의 연대 활동은 전국업종노동조합대표자회의(업종노조)를 통한 노동운동, 더 나아가 재야 민주화운동 합류였다. 당시 업종노조는 언론노조와 전교조, 전문노련, 사무금융노련, 건설노련, 병원노련, 대학노련 그리고 전강노 등이 결집한 단체로서 대표자회의 체였고, 언론노조 권영길 위원장을 의장으로 선임하고 있었다. 업종노조는 상대적으로 먹물 색채가 짙었다. 조금은 더 배운 사람들이 만든 노조가 다수였기 때문이다.

1990년대 초반의 노동계는 크게 삼분 상태였다. 현대중공업노조와 대우조선노조 등이 모인 대공장노조가 인적 규모로 최대였지만 개별화를 극복하지 못하는 가운데 정권의 집중 탄압으로 연합 조직을 결성하지 못했다. 전노협은 전통을 잇는다는 기치아래 전국 규모를 이루면서 전투적 조합주의를 내세웠는데, 중소기업 노조로 구성되었고, 강경한 투쟁을 계속 전개하기에는 역량 부족이었으며, 점차 자력으로 조직 추스르기도 버거운 상태로 내몰렸다.

대공장노조 연합은 좌절되었고, 전노협은 약세를 극복하지 못하고 있었기에 상대적으로 업종노조의 역할이 중요해졌다. 1991년에 강경대 사건 등으로 재야 민주화 세력이 온힘을 쏟는 가운데 현수막과 유인물, 차량 운행, 무대설치 비용 등으로 재정적자가 누적되면, 참가 조직으로 분담금이 떨어지곤 하였다. 내 기억으로는 전체 참가 단체 50여 곳 가운데 업종노조로 거의 절반이 할당되었고, 그 나머지 전부가 절반을 부담하는 경우도 있었다. 업종노조 절반의 부담 가운데 또 절반은 사무금융노조가 책임지기도 했다. 물론 이런 사례는 재정 분담의 정도를 나타내는 것이지, 그것이 곧 민주화운동의 감당 몫을 뜻한다는 것은 결코 아니다. 사실 업종노조의 활약에는 각 참가단체 대표들의 열의가 모아진 것이지만, 그 이면에는 권영길 의장의 지도력이 중요했다. 나는 아주 작은 단체의 대표로서 도덕성 실린 지혜를 다소 보태었고, 가두시위 행진 때 맨 앞서 현수막을 함께 드는 정도였다.

김귀정 사건과 김지하 시인, 민주화운동의 한계

강경대 사건 발생 후 한 달을 넘긴 5월에 성대의 김귀정 (여)학생이 가두시위 중에 사망하는 사건이 또 터졌다. 옛 명보극장서 명동성당으로 들어가는 좁은 골목은 삼각 플라스크 형세였는데, 시위 학생들이 전경과 백골단의 돌격에 뒤로 밀리는 상태였다. 최루탄이 발사되고 곤봉이 무자비하게 난무하는 가운데 김귀정 학생이 구타 속에 넘어져 질식사하게 된 것이다.

당시 나는 성대 직책이 아니라 전국 직책이었지만, 다급한 여러 요청으로 인해 대책위원회에 참여하게 되었다. 가르치던 학생을 지켜주지 못해 죽음으로 이행케 한 책임도 느꼈기에 바쁜 가운데 임했다. 당시 차디찬 시신은 명동성당 인근의 을지로 백병원에 안치되어 있었고, 경찰은 부검을 통해 원인 규명을 한다는 명분으로 시신을 가지러 오겠다고 실랑이를 벌이고 있었다.

어느 날 오전 대책회의에 참석했는데, 오늘밤 경찰이 시신을 확보하고자 쳐들어오니 무척 중요하다면서 대책위원 한 분이 야간당번을 서주시는 게 좋겠다는 안이 올라왔다. 잠시 침묵이 흐르는 상황에서 내가 당번을 하겠다고 밝혔다. 참석자 중 선배 격에 해당했기 때문이었다. 일찍 귀가하여 목욕을 하고 집사람에게는 눈길 한 번 주면서 저녁 무렵에 집을 나섰다.

나는 백병원에 도착해서 예상되는 싸움의 수순과 시신의 향배를 점검하다가 깜짝 놀라고 말았다. 일단 병원 바깥에서 전투를 벌이면서 병원을 사수한다는 것이었고, 최후에는 불가항력일 경우 지하 영안실의 시신을 들쳐 메고 병원 옥상으로 올라간다는 것이었다. 이 대목에서 아연실색할 수밖에 없었다.

1986년에 전국의 대학생들이 반외세반독재 투쟁 기구를 만들고자 건국대서 집회를 가졌고, 공권력의 투입 속에 건물 하나를 점거하며 극한투쟁을 벌이다가 모두 잡혀간 것을 뉴스를 통해 본 것이 생각났다. 문제는 그곳이야 대학생뿐이었지만, 인제대 백병원은 그래도 종합병원 수준이어서 지하 영안실 위로 환자들이 적지 않게 입원해 있었던 것이다. 배수진을 치고 싸움에 임하겠다는 용기야 나무랄 일이 아니지만, 무고한 환자들을 자칫 볼모삼다가 큰 사태라도 발생한다면 어찌할 것인지 눈앞이 아득했다. 회의를 통해 결정하는 단계라면 바로 잡겠다고 나서기라도 했겠지만, 그때는 이미 되돌릴 수 없는 지경이었다.

잠시 나는 이런 전투 지침이 어디서 온 것인지 반문해보았다. 외부 재야단체일 수 있지만, 학생운동권의 숨겨진 지하 지도부(under)일 수 있다고 여겼다. 그들은 혁명으로 국가를 뒤집자고 나선 것이니 도덕 따위를 언급하는 말로 설득될 턱이 없었다. 내가 직접 현장에서 피부로 느낀 것이었기에 체감의 강도가 달랐고, 이로써 학생운동권의 민주화가 지니는 한계를 직시하게 되었다.

당시 내가 할 수 있는 것은 고작 병원 바깥 싸움에서 학생들이 이겨내어 시신을 지키도록 기대하는 것이었다. 밤새도록 벽돌 깨는 소리가 들렸고, 새벽녘 경찰과 학생 간의 전투가 치열하게 벌어졌는데 두어 시간의 사투 끝에 결국 영안실을 지켜내었다. 나는 안도의 한숨을 내쉬었다. 그날 이후 사태의 치명적 위험성을 간파한 성대 장을병 총장이 부랴부랴 나서서 정부 당국과 재야단체를 설득하는 가운데 수습 조치를 전격적으로 취해버렸다. 사태 악화를 통해 체제를 뒤엎으려던 일부 세력은 이를 못마땅하게 여겼겠지만, 나로서는 민주총장 세우기를 정말 잘했다고 생각했다.

1991년은 사건에 사건이 꼬리를 무는 형세였다. 학생과 노동자가 분신자살을 감행했는데, 계속 이어졌던 것이다. 가장 어두웠던 시절 '오적(五賊)'이라는 시를 지어 박정희 독재정부를 통렬하게 질타하는 시를 써 발표한 것이 계기가 되어 옥고를 치룬 민주화 인사 김지하 시인이 조선일보에 "죽음의 굿판을 당장 걷어치워라"는 취지의 칼럼을 게재한 것이 5월 초였다. 민주화 진영 일각에서 김시인을 향해 변절자라는 딱지를 붙이고 있었는데, 나로서는 을지로 백병원 싸움을 겪으면서 그와 공감되는 바가 없지 않다고 여겼다. 후일 내가 환경운동을 하면서 김시인을 만나 깊게 교류하면서 생명운동의 펼침을 도왔는데, 2004년 8월에 『생명평화 선언』을 함께 작성까지 했으니 동감에 따른 인연이었다고 본다.

한국원의 총기 피격과 안기부의 유초하 교수 사건

1991년 9월 17일이었다. 민교협의 대외협력위원장 유초하 충북대 교수로부터 저녁 무렵 연락이 왔다. 내가 속한 전강노가 민교협 등과 함께 교육민주화 운동을 전개하고 있어서 가끔씩 만나는 사이였는데, 전화상으로 용건을 대충 말하는 것이었다. 긴급뉴스로 보도되고 있던 사안이었다. 서울대 학생 시위대가 전날 경찰의 교내 횡포에 대해 항의하고자 학교 밖으로 뛰쳐나와 신림2동 파출소에 화염병을 던지는 등 시위를 격렬하게 벌이고 있었고, 이에 다급한 경찰이 총기를 사용하였으며, 이때 서울대 가는 길의 대학원생 한국원이 총기 피격으로 사망한 사건이었다. 그 내용인즉 공권력의 무도함으로 27세 대학원생이 사망한 것이니만큼 막 꾸리게 될 한국원국민대책위에 전강노의 서울대 분회가 주도적으로 참여토록 해달라는 것이었다. 재야 상층부 집행부에서 논의된 사항을 전하는 것이라 여겨졌다.

나로서는 다소 고민해야 할 바였다. 전강노 성대 분회와 달리 서울대 분회는 자체 활동이 거의 없었고, 그저 몇 사람 모이는 상태에서 국문과 K선생을 마지못해 세운 정도였기 때문이었다. 그럼에도 통화를 시도해서 이야기를 나누었다. K선생은 자신이 학문 밖의 국민대책위에 참석할 입장이 못 됨을 밝혔다. 나는 하는 수 없이 정장을 하고, 역시 시신이 안치된 동숭동 서울대병원으로 나갔다. 병원 마당에 천막이 쳐졌고, 그곳에서 상황실장을 맡게 된 분과 인사를 나누었다. 나를 맞이한 유초하 교수가 내게 대변인 직책이 주어졌다는 것이다. 그 시점에 경찰 총수가 빠른 사태 수습을 위해 문상을 하고자 내방하였고, 대동한 경찰병력이 호위하고자 들이닥쳤다. 이때 내게 강렬한 인상을 남긴 장면이 펼쳐졌다. 대학생도 아니고 싸움꾼 운동권도 아닌 유초하 교수가 "여기가 어디라고 너희가 오느냐!"고 버럭 고함을 지르며 주변 사수대와 함께 온몸을 던지는 것이었다. 30대 중반의 나로서도 결코 익숙하지 않은 행동이었다.

한국원 사건은 대낮에 경찰이 총기를 사용한 것이기에 일은 급박하게 돌아가고 있었다. 대책위원회가 제대로 꾸려지기도 전이어서 상황실장과 대변인만 있던 상태였는데, 원인 규명을 위한 부검이 진행되는 판국이었다. 정확한 사인과 더불어 총기 발사각도가 중요했다. 사람을 겨냥해서 쏜 것이라면 사태가 걷잡을 수 없이 번질 기세였다. 부검에는 정부 측에서 서울의대 부검전문의 교수와 검사가 참석했고, 대책위에서는 인도주의실천의사협의회 양길승 의사와 대변인인 내가 입회하였다. 이때 나는 처음으로 총알이 들어간 곳과 총기 각도 등을 알아야 했기에 부검을 지켜보지 않을 수 없었다. 부검의가 검사와 양길승 의사, 내게 밝힌 자신의 의견은 총알이 위에서 폐 쪽으로 사선 각도로 침투하여 사망에 이르렀다는 것이다. 경찰관이 다급하게 공포를 주려는 차원에서 실탄을 위로 쏘았는데, 그것이 내려오면서 길 건너편 행인인 한국원에게 (전봇대를 스치며) 타격을 입힌 것으로 추정되었다. 검·경은 이에 따른 기자회견을 하였고, 그 뒤에 나로서도 부검 참관 메모를 토대로 무모하게 총기를 사용한 공권력을 규탄하는 메시지를 읽었다. 카메라가 돌아가고 플래시가 곳곳에서 터졌지만, 개의할 상황이 못 되었다. 정부로서는 한숨을 돌렸는지 유가족과 빠르게 보상 합의를 보았고, 유가족의 요청에 의해 시신이 운구차에 실려 장지로 떠나가는 것을 지켜보았다. 물론 나도 한시름 놓았지만, 이렇게 1991년을 숨 가쁘게 보냈다.

    1992년 들어서서 나는 본래 임무인 대학강사의 지위 및 처우 개선에 보다 집중했다. 자체 역량으로 결코 해결할 수 없었기에 교육부를 공략하고자 국회, 특히 민주당 교육위원회 소속 국회의원들과 교섭했다. MBC PD수첩에 출연하여 대학 시간강사 제도의 문제를 제기한 것도 이때였다. 그리고 그해 대선이 다가오자 민주당 이부영 의원의 주선으로 김대중 대통령 후보와 교육 관련 정책협약을 체결하게 되었다. 김대중 후보도 대학생들을 가르치는 청년 대학강사에게 무척 우호적이었다.

    뒷이야기이지만 이를 알고 있었던 박석무 의원이 후일 김대중 정부에서 학술진흥재단(오늘날 한국연구재단) 이사장으로 취임하였을 때 찾아가 면담하면서 요청하였다. 그분 역시 이미 문제인식을 하고 있던 차였던지 화답하였고, 전임교수에게만 주어지던 연구비 지원을 대폭 개방하여 석박사급 연구자들에게도 혜택이 돌아가도록 조치를 취하기 시작했다. 그것이 향후 더욱 탄력을 받게 되는데, 이는 전강노 초대 위원장 출신의 조재희 박사가 노무현 정부 국정과제비서관을 수행하면서 정책적으로 받쳐주었기 때문이다. 사실 조재희 박사나 나나 우리 대표들이 활약할 수 있었던 데는 어려운 여건 속에서 함께 한 집행부의 여러 동지들이 있었기 때문임을 밝히지 않을 수 없다. 지면상 일일이 언급하지 못함을 아쉽게 여길 뿐이다.

 나는 후임자가 나서게 됨으로써 늦었지만 1993년 여름에 노조 위원장 직함을 내려놓고 박사논문을 준비하러 학교로 돌아올 수 있었다. 근 4년 가까이 학문 외적 활동으로 논문 한 편도 못썼기에 지도교수 뵙기에 민망도 하여 연구에 진력하지 않을 수 없었고, 가능한 한 외부 활동은 자제하였다. 학교 연구소에 책상 하나를 얻어 박사논문 준비에 박차를 가하는 와중에 나로서는 결코 외면할 수 없는 사건이 또 터졌다. 어느 날인가 저녁 9시 뉴스에 안기부(오늘날 국정원)가 한 인물을 지명 수배하고 있다는 내용이었는데, 바로 민교협 유초하 교수였다. 먼저 불안감이 급습했다. 당시 안기부가 공개적으로 수배 조치를 내렸다면, 그건 간첩사건일 가능성이 높았기 때문이다.

 나는 언젠가 유초하 교수로부터 1987년 7월 민교협을 만들 당시 조직적 기여도로 계량하자면, 자신이 절반 이상의 역할을 했다는 말을 들은 적이 있다. 안기부도 이점을 대충 알고 있을 것이라고 보았다. 어찌 되었든 나는 사태를 파악하고자 익히 알던 유초하 지인들과 접촉했다. 먼저 민교협 교수들과 통화한 결과 대책위를 꾸리고 있다는 소식이 왔다. 다음으로 유초하의 학문적 전공인 동양철학 분야 지인들을 찾았다. 세 번째로 자택이 중계동에 있었기에 익히 알고 지내던 부인을 만났다. 이때 학계에서 과거 유초하 교수가 주체사상을 비판하는 논문을 발표하고 기고하였다는 소식을 접했다. 가장 반가운 소식이었다. 철학계 선배를 통해 수소문하여 논문이 실린 원본을 구하고 부인에게 건네어서 대책위로 전달하도록 했다. 철학계와 민교협 차원에서 안기부는 무고한 사람에게 간첩 혐의를 씌우지 말라는 성명서를 먼저 발표했다. 그래도 김영삼 정부였기에 일부 배려 속에 본인 소속인 충북대에 지인 다수가 모여 1차 집회를 열었고, 차량 수십 대에 동승하여 고속도로를 달린 끝에 안기부의 남산 본부 앞에 도착했다. 정문 앞에서 기자들이 운집한 가운데 유초하 교수가 기자회견을 열어 자신의 입장을 밝힌 뒤에 한때 두려움의 상징이었던 남산 안가로 들어갔다. 유초하 교수와 함께 고락을 같이 한 지인들은 반농담으로 "살아 돌아오라!"는 말을 건넸다. 그리고 며칠 후에 우리 앞에 건강한 모습으로 나타났다. 혐의를 다 벗은 것이다.

학위 취득 후 뛰어든 환경운동

유초하 사건이 잘 마무리된 상태에서 홀가분하게 연구에 다시 전력을 기울일 수 있었다. 본래 나는 석사논문의 연장선에서 '인공지능(AI)의 철학' 주제를 염두에 두고 관련 자료를 수집하여 탐색하고 있었는데, 아무래도 민주화운동에 동참하면서 일선 현장을 다니다보니 내게 맞지 않는다는 생각을 하게 되었다.

 그 즈음 1989년에 베를린장벽이 무너졌고, 1990년대 초에 소비에트 체제가 무너지는 것을 지켜보았다. 바깥 일로 뛰어다니면서도 철학적 문제인식은 놓지 않고 있었기에, 마르크스가 언급한 노동 소외보다 더 큰 사안으로 자연 소외에 따른 환경문제가 인류의 문명사적 화두로 도래할 것이라고 판단하기에 이르렀다. 이 분야로 연구에 집중하였고, 마침내 나는 『환경윤리와 자연의 가치』란 주제로 모교에서 박사학위를 받았다. 내 나이 사십을 막 넘긴 1997년 2월이었다. 내가 학문 외적인 일을 할 때도 아무 말 없이 지켜주시고 또 논문 쓸 때는 격려해주신 지도교수 이한구 교수님의 덕분이었다. 수년 전에는 학부 은사인 정범진 교수가 성대 총장으로 취임하여 삼성을 다시 재단으로 영입하는 성사 직전 무렵에 나를 찾으셔서 영입에 차질이 빚어지지 않도록 당부하셨고, 이에 공감한 나는 운동권 후배들에게 내 의견을 간곡히 피력하였으며, 다행히 순조롭게 진행됨으로써 옛 스승에 대한 마음 부담을 덜게 되었으니 홀가분한 기분이었다.

 학위 취득 이후 나의 삶의 운동 방향이 바뀌었다. 이전에 노동운동을 통한 재야 민주화운동에 동참했던 내가 나의 전문성을 살린 환경운동으로 전환하게 된 것이다. 크게 세 영역의 활동을 하게 되었다.

첫 번째로 (사)환경정의를 통한 환경정의연구소 소장으로서의 영역 활동이다. 이미 환경연합과 녹색연합 등 여러 환경운동 단체들이 있었기에 자신들 단체에 맞는 운동이념을 설정하여 그에 부응하는 정체성 확보 행보를 취하도록 주문했다. 그렇지 않을 경우 자본시장과 마찬가지로 큰 단체가 작은 단체의 역할까지 다 잡아먹는 사태를 우려했기 때문이다. 다음으로 환경문제는 인간의 무분별한 산업화로 생태계 파괴가 심화되어 지구 자연의 생명부양 여력이 약화된다는 순수 환경 사안도 있지만, 환경의 악화가 초래되는 과정에서 사회적 약자가 피해를 먼저 입게 되는 데 따른 환경정의 위반 사례도 있음을 인식케 하는 것이었다. 특히 후자에 초점을 맞추어 환경적 부정의 피해의 구제를 통해 환경정의 바로 세우기에 보다 주안점을 두는 활동을 했다.

두 번째 영역 활동은 대안학교 녹색대학 운동이었다. 앞서 좋은 인연으로 허병섭 목사님 사례를 들 때 언급한 대목으로 최소한의 필요한 이야기를 했다고 본다. 꿈이 컸기에 바로 피어날 수 없겠지만, 지금도 여전히 함양에서 '온배움터'라는 이름으로 수면 아래에서 숨 고르기를 하고 있는 만큼 다시 피어나기를 기대해본다.

세 번째로 박사학위 취득 직후 서강대 수도자대학원에 출강하면서 천주교 환경운동의 조력자로 나서게 된 영역 활동이다. 서강대에서 소탈하고 정직한 김홍진 신부를 만나게 되었다. 그분이 사회사목국 국장이셨는데, 서울대교구 강우일 주교님의 하명으로 환경사

목위원회를 설립하게 되었고, 이때 자문교수 역할의 위원 위촉을 받게 된 것이 시발점이었다. 그 시기 부상한 새만금 갯벌의 보전을 위해 신부님과 수녀님, 많은 신자들과 함께 전북 부안을 오가는 등 천주교 환경운동을 본격화하는 데 있어 방향을 잡는 역할을 하였다. 뒤이어 함께 모여 당면 과제를 토론하고 합의하는 천주교 회의인 시노드(synod)가 오랜 만에 개최되었을 때, 처음으로 본 문안에 환경 사안을 반영하는 문서 기초자 역할을 담당했고, 그것으로 인해 평화방송 TV에 나가 정진석 추기경과 환경 대담을 나누기도 했다.

후일 천주교의 핵심인 주교회의도 정의평화위원회 산하에 환경소위를 설치하였고, 역시 그곳 위원으로 위촉을 받았다. 그 무렵 이명박 정부가 들어섰고 공약으로 내세운 4대강 사업(본래 한반도대운하 사업)을 시작하였다. 남한에서 주요 4대강은 자연이 준 선물인데, 토목건설 마인드의 대통령 말로 인해 공사가 속도전의 마구잡이로 진행되는 것은 창조질서를 교란하는 것이라 여겼다. 사회적 사안이자 그리스도교 교리적 사안이기도 했다. 주교회의도 염려가 되었던지 주문이 내려왔다. 나는 연구책임자로서 주교회의 환경소위 총무인 이동훈 신부와 함께 4대강을 탐방하고 정부 계획을 참조하며 자문위원의 의견을 토대로 평가보고서를 작성해서 2009년 11월 25일 일자로 제출했다. 그리고 시일이 얼마 지나지 않아서였다. 주교회의 의장인 강우일 주교님이 직접 나서서 정부의 4대강 정책에 우려를 표명하는 성명서를 발표하였다. 당연히 9시 뉴스에 보도되었다. 이후 천주교의 환경운동은 전국으로 확대되는 양상이었고, 나 역시 총무 신부와 전국 주요 성당을 다니면서 해가 바쁘도록 뛰어다녔다.

시간이 흐르고 주교회의 환경소위의 총무도 몹시 활기찬 신부님으로 바뀌었다. 새해가 되고 전년도 평가회를 진행하던 말미에 총무 신부가 내게 한 담화를 전해주는 것이었는데, 깜짝 놀라고 말았다. 추기경께서 환경소위 담당 주교에게 주교회의 환경소위에 반가톨릭 인사 한 사람이 활동하고 있다는데, 그러면 안 되지 않겠느냐는 말이 건네졌다는 전언이었다. 주교회의 강우일 의장은 진취적이어서 환경 문제를 가톨릭 사목의 중요 분야로 인식하고 있던 반면, 정진석 추기경은 보수적 성향이었다. 그래도 추기경이 어찌 바닥에서 일어나는 일을 알 수 있을까? 당시 이명박 정부가 주교회의 의장 기자회견과 그 후속으로 전국 성당 곳곳에 내걸린 4대강 반대 현수막에 대해 불쾌해하고 있다는 소식을 듣던 무렵이었다. 내 생각으로는 정부의 핵심 관계자가 추기경을 면담하여 거론한 것이라 판단했다.

그래도 그렇지 왜 반가톨릭 인사라는 표현을 썼을까? 내게 부덕한 모습도 있었겠지만, 그 말이 결코 틀린 것은 아니었다. 나는 내 아내에게 청혼할 때 처가 부모님으로부터 기독교인이 되어야 한다는 전제 조건 속에 허락을 받았다. 그것도 그럴 일이 장인어른의 부친은 평양신학교를 마치고 원산에 부임하여 시무하던 가운데, 김일성이 북녘 땅에 진입하자 아들만 남한으로 내려 보내고, 그곳에서 성도들을 보살피다가 순교를 당하신 권의봉 목사님이셨다. 김홍진 신부로부터 가톨릭 환경사목에 동참해달라는 요청을 받았을 때, 다니던 생명교회 문대골 목사님께 의논을 드렸더니 이런 취지의 말씀을 주셨던 것이 기억났다. "한집사님, 가톨릭과 개신교는 형제지간의 종교입니다. 가톨릭은 개신교와 달리 위가 바뀌면 전부가 바뀝니다. 그곳으로 파견 나가서 환경인식을 바꾸면 개신교도 영향을 받아 바뀔 것이니 우려하지 않으셔도 됩니다." 역시나 어른다운 말씀이셨기에 홀가분하게 천주교로 갈 수 있었다. 물론 나만 간 것이다. 과연 이런 내용을 누가 알 수 있었을까?

사실 나는 과거 전국대학강사노동조합(현재 비정규직교수노조) 위원장으로서 업종(노조)회의에 참석하여 활동할 때, 한국원 사건으로 재야 대책위 대변인을 맡았을 때, 안기부에 내 파일이 있다는 정도는 알고 있었다. 여하튼 천주교의 최고 어른이 내 얘기를 꺼낸 만큼 이제 떠날 때가 왔다고 판단했다. 누를 끼치는 것은 온당치 않았다. 그럼에도 총무 신부는 담당 주교님으로부터 내 신규 위원 위촉장을 받아오셨다. 천주교 주교단의 건강함을 말해주는 것으로 여겨졌다. 그럼에도 한 번 굳힌 결심을 바꾸지 않았다. 조용히 떠나 내 아내와 함께 다니고자 개신교로 복귀한 것이다. 회고한다면, 환경학자로서 가톨릭 한복판에서 창조질서 보호의 기치를 높이 들고 많은 신부·수녀·신자들과 함께 작은 꿈을 향해 나아갈 수 있었던 시절은 내게 크나큰 축복이었다.

2. 기독교인으로서 마주친 주사파 정치의 실체

창조한국당 대표와 사랑(박애)의 가치

환경학자로서 환경운동을 하면서 유한킴벌리 문국현 사장을 만났다. 문사장님이 나를 지켜보다가 어느 날 슬그머니 이런 말을 꺼내셨다. "좋은 일인데, 재원이 없어 못하는 경우가 있으면 한 번 정도 얘기해주세요." 당시는 고맙다는 생각 정도만 갖고 그냥 지나쳤다. 그러다가 녹색대학 운영에 동참하면서 문제 사태에 직면했다. 돈 준비 별로 없이 덜컥 출범시켰다가 얼마 후 대학 부지가 경매에 붙여지는 상황을 맞이한 것이다. 내가 녹색문화학과 주임교수로 있던 때였다. 이것은 막아야 한다고 여겨서 문사장님에게 전화 드렸다. 며칠 후 월급날이니 그때 1천만 원을 보내시겠다고 즉답을 주셨다. 당시 천주교 위원 때여서 김홍진 신부와도 의논했더니 역시 성금을 보내주셨다. 녹색대는 이런저런 후원으로 경매에 입찰하여 물건을 찾아올 수 있었다.

그 후로도 인연은 이어졌다. 젊은 청춘들이 모인 대학에서 남녀 기숙사가 한 곳에 있기에 문제가 발생했다. 대표인 허병섭 목사님의 사죄로 간신히 수습한 후에 여학생 전용 흙건축 기숙사를 별도로 만들기로 했다. 재원 마련이 과제였고, 당시 기획실장으로서 내가 나설 계제였다. 김지하 시인께 의논드렸더니 화선지에 난초를 여럿 치시고 이것을 활용하라고 주셨기에 표구를 하였고, 또 아는 미술계 인사들로부터 기초 비용 드리는 것으로 구색을 갖추어 그림 전시회를 열었다. 과제는 구입토록 이끄는 데 있다. 노무현 정부 때였는데, 연락 드린 총리께서 직접 오셔서 김시인의 난초 그림을 구입해주셨다. 김근태 의원 등은 성금을 보내주셨다. 지인 신부님들도 동참하셨다. 문사장님께도 연락드리지 않을 수 없었다. 그런데 내가 부탁드린 회사 구입용 한 점을 택하는 데 그치지 않고, 자신도 별도로 구입하시겠다고 말을 건네는 데, 정말 배려하는 따뜻한 심성을 가진 분으로 느껴졌다.

　세월이 흘러 2007년이 되었다. 늦봄 무렵 문국현 사장이 대통령 선거에 나설 수 있다는 말이 돌았다. 아니겠거니 하고 모른 척했다. 늦여름 무렵에는 기정사실로 보도되었다. 나로서는 공적이지만 신세 진 인연이 있기에 전화 드렸더니 "전화 오기를 기다렸습니다." 하는 것이었다.

　중요한 것은 정치적 행위이기에 그에게서 희망의 빛을 실제로 볼 수 있느냐는 데 있다. 유한킴벌리 사장으로서 사회적 책임을 다하는 가운데 회사 발전을 괄목할 만한 정도로 견인하고 있었다. 사례로서 직장 내 여성을 배려하고, 선도적으로 친환경 경영을 실천하며, 더 나아가 노동여건의 혁신으로 돌풍을 이루어내었다. 통상의 3조 2교대 노동은 숨 가쁜 효율적 경영으로 비춰지지만, 노동자를 지치게 하고 산재를 대거 초래하는 부작용을 낳게 된다. 이에 4조 2교대로의 전환 착상은 무척 창조적이었다. 노동자의 창의성을 북돋고, 일의 생산성을 높이면서 제품의 질을 개선하며, 더 나아가 산재 없는 기업을 만들어낸 것이다. 사회적 실천인 "우리 강산 푸르게, 푸르게"도 그의 작품이었다. 이 나라에서 가장 앞서 기업이 사회적, 환경적, 윤리적 책임을 드러내는 모범을 보인 것이다. 이쯤이면 교언형색의 말만 하는 기성 정치인들과는 다르다고 할 것이다. 내가 그동안 진보 정당(특히 민주당)을 지지하는 입장이었다고 하더라도 문사장을 도와드릴 이유가 충분했다. 비록 그해 대선에서 이기지 못했다고 하더라도 의미 있는 족적을 남겼다고 본다.

시간은 또 흘러 4년 정도 경과한 뒤, 나는 2011년 10월 말에 창조한국당 대표 제안을 받게 된다. 과제는 국회의원 3석으로 출범한 당이 2012년 4월 총선에서 계속 약진해야 한다는 것이었다. 당시 문국현 이사장은, 2008년 총선에 임하여 이명박 정부 가신인 이재오 의원의 은평구(을) 지역구에 출마하여 이겼는데, 그때 사소한 당 관련 선거법 위반으로 의원직 상실을 선고받았기에 전면에 나설 형편이 아니었다. 나로서는 문국현 (전)의원과 의논하는 가운데 장기표 선생과 박찬종 (전)의원을 만나서 적극적 성원을 약속받는 등 노력하였지만, 내 역량 부족으로 뜻을 이루지는 못했다.

창조한국당을 유지하는 기본 목표를 이루지 못했지만, 나로서는 뜻한 바가 없지 않았기에 정치 일선의 부름에 응한 뚜렷한 이유가 있었다. 그것은 새로운 정치적 가치의 깃발을 들기 위해서였다. 역사 흐름 속에서 민주화와 인권 신장이 이루어졌지만, 마침내 한계에 봉착하여 지구촌 사회가 더 이상 전진할 수 없는 고비에 처했다고 보았다. 그 이유는 우파 정치의 핵심인 자유(freedom)의 가치 깃발과 좌파의 그것인 평등(equality)의 가치 깃발은 서로 부대끼며 충돌할 뿐 좋은 사회(good society)를 향하여 더 이상 나아갈 수 없다고 여긴 것이다. 이점은 프랑스대혁명 시기의 구호를 성찰하는 것으로 설명이 가능하리라 본다. 자유와 평등, 박애(fraternity)라는 세 가지 구호가 주창되었다. 그 후로 우파는 첫째 가치를, 좌파는 둘째 가치를 각각 정책이념으로 삼고 있지만, 박애의 가치는 정치적으로 실종된 상태이다.

　서구에서 박애는 기독교의 형제애를 뜻하는 것으로 예수께서 "주 너의 하나님을 사랑하고 또한 네 이웃을 네 자신과 같이 사랑하라."는 가르침에서 나온 것이다. 그것은 곧 사랑(또는 인애)의 가치인 것이다. 동아시아에서도 유사한 개념이 중시된 바 있으니, 유학에서 공자가 말한 인(仁)과 불교에서의 자비 개념이다. 이에 나는 2012년 초 중앙선거관리위원회가 주최하고 공영방송이 주관하는 총선 정당연설회에 네 번 참석하여 이 메시지를 정책과 결부지어 제시하는 시간을 가졌다. 따라서 나의 당대표 행적은 나름의 깊은 의미를 지녔다고 자부한다. 실제로 총선 이후 바로 집필에 착수하여 6월에 그 가치를 세상에 천명하는 책『제3정치 콘서트: 한국정치, 인애(仁愛)에서 길을 찾다』(늘품플러스)를 출간하였다.

정치를 종교에 복속시키는 것이야 결코 온당치 않지만, 기독교인이 자신의 신념 가운데 정치적으로 합당한 것을 드러내는 것은 자연스럽다. 마이클 샌델이 공화주의를 통해 드러내고자 하는 바가 바로 이런 것이라고 본다. 이런 선 관념에 따라 기독교인인 나는 단언할 수 있다. 본원적 가치인 사랑의 자세가 결핍될 때, 좌와 우의 정치는 배타적인 패싸움 정치에 불과하지만, 그것을 갖출 때 비로소 정치는 보수와 진보의 선의의 경쟁 정치가 될 것이다.

여기서 창조한국당 대표 시절을 새삼스럽게 언급하는 것은 당시의 판단과 전망이 옳았다는 점이다. 정치는 이후 한 발짝도 더 나아가지 못했기 때문이다. 특히 2024년에서 2025년 새해로 넘어온 지금의 정치는 완전히 퇴영적이다. 이유는 분명하다. 정치권의 좌우 진영 정치 싸움이 편드는 국민까지 끌어들여 낮과 밤을 지새우도록 진행되고 있다. 일각에서 "나라가 망하고 나서야 정신을 차릴 터인데, 그때는 후회해도 늦는다."는 말이 나올 정도이다. 따라서 두 가지를 밝혀 드러내려는 것이 나의 기본 논지이다. 첫째, 좋은 사회로 나아가는 데 필수적인 제3의 사랑의 가치는 시민의 덕을 요청하고, 무엇보다도 지도적 위치에 있는 보수와 진보 정치인들에게 필수적으로 요청한다는 것이다. 앞서 5장에서 미국 건국 공화주의를 탐구하면서 미덕(그 좋아는 이웃사랑)의 함양이라는 주제로 이를 언급하였다. 둘째, 좋은 사회로 나아감에 있어 저해가 되거나 또는 장애가 되는 요인이 깊이 드리워져 있기에 이를 분별하여 경각심을 갖자는 것이다. 저해 요인은 극우 파시즘으로 7장서 거론할 것이다. 여기서는 좋은 사회의 위해 요인으로 극좌에 해당하는 주사파 정치의 실상과 위험에 대해 언급하고자 한다.

통진당 사태와 주사파 정치의 민낯

2011년 10월 말 당 대표에 취임한 나는 정치인 가운데 가장 존중하던 민노당 권영길 의원을 제일 먼저 찾아뵈었다. 과거 어려웠던 시절 업종노조 활동할 때의 동지였다는 점도 있었지만, 단지 그것만은 아니었다. 나야 1993년 여름에 박사논문을 쓰고자 뒤로 물러났지만, 그 시기 업종노조의 권영길 의장은 진보 노동계 전체를 아우르는 야심찬 행보를 진중하게 수행하고 있었다. 힘겹게 1995년 민주노총이 출범하게 되었는데, 나로서는 권영길 의장이 아니었더라면 성사가 안 되었을 것이라고 판단할 정도였다.

민노총 초대 위원장을 맡은 그는 진보 세력의 정치화를 위해 뛰면서 1997년 국민승리21의 대선 주자로 나서게 된다. 비록 적은 득표로 인해 진보운동이 절망에 빠져있었을 때도 결코 굴하지 않았다. 회의와 좌절 속에 놓인 진보 정치권 곳곳을 찾아다니면서 손을 잡아 끌어당기다시피 해서 2000년에 민주노동당을 창당하는 데 성공을 거둔다. 자세한 것은 후일 알게 되었지만, 당을 만들고 또 운영할 때도 자신의 영향 범위에 있는 한, 철저하게 민주적 절차를 지키고자 했다는 점이다. 바로 이점이 다른 학생운동권 정치인과 달랐다. 그는 사회주의 성향이지만, 철저한 민주주의자이기도 했다. 그리고 그 시기에 내게 두어 차례 한면희 같은 사람이 민노당에 들어왔으면 좋겠다고 제안을 하였다. 당시 나는 민노당의 이념적 색채를 익히 알고 있었고, 기독교인인 내게는 그것이 적합한 옷이 아니라고 여겨서 빙그레 웃으면서 사양했다. 그리고 세월이 지나 창조한국당 대표로서 인사를 드리러 갔으니 반갑기도 했지만 미안함도 있었다.

권영길 의원을 뵙고 나서 곧바로 당 대표의 의전적 형식도 갖추어야 했기에 안면이 있던 민주당의 손학규 대표와 한명숙 전 총리를 예방하였다. 당시 여당 대표에게도 갔지만, 국민참여당의 유시민 대표, 그리고 민노당 이정희 대표도 찾았다. 특히 이정희 의원의 경우, 내 가족이 모처럼 여성 정치인으로서 이렇게 멋진 분은 못 보았다고 찬사를 보내고 있었기에 굳이 찾아가 만난 것이었다. 이웃한 창조한국당 대표로서 이정희 의원의 향후 활약을 기대한다는 덕담을 건네었다. 그 무렵 민노당은 주도적으로 국민참여당과 노회찬·심상정 계열까지 아우르는 형태로 통합진보당(통진당)으로 변화를 도모한다.

얼마 전 권영길 의원을 예방할 때, 그분은 민노당이 규모 키우자고 노동 중심의 정체성을 흐리게 하는 형태로 바뀌는 논의가 진행된다고 전하면서 자신은 이것이 반갑지 않다는 정도의 말만 하신 것을 기억하지만, 나로서는 축하할 일이었다. 왜냐하면 민족해방(National Liberation, NL)을 추구하는 주체사상파 계열이 민주노동당을 주도하는 것으로는 별 희망을 찾을 수 없었던 반면, 민중민주주의(People's Democracy, PD)의 노회찬·심상정 계열이 참여하고, 더 나아가 무척 온건한 좌파 성향의 국민참여당이 동참할 경우, 비교적 건강한 진보적 색채로서 우리 사회가 복지국가로 가는 데 이로운 영향을 끼칠 것이라고 생각했기 때문이었다.

통진당은 2012년 4월의 제19대 총선에서 13석을 획득하는 진전을 이루어내었다. 그러나 그 이면에 감추어진 추악한 실상이 바깥으로 드러나면서 비극을 향해 치닫게 된다. 비례대표를 뽑는 경선과정에서 조작이 이루어지는 부정이 있었으며, 이를 둘러싸고 당 중앙위원회에서 폭력 사태가 발생한 것이다. 심각한 양상이었던지 합류한 유시민의 국민참여당과 노회찬·심상정 계열이 다시 분당을 통해 독립한 것이다.

남겨진 통합진보당에서 이정희 대표가 다시 깃발을 들고 있었지만, 그 내부의 진짜 모습이 이른바 이석기 내란음모 및 선동 사건으로 만천하에 드러나기 시작했다. 비례대표 2번으로 의회에 등극한 이석기는 산하 지하혁명세력과 함께 국가체제를 전복시킬 목적으로 내란음모를 꾸미고 내란선동을 획책했던 것으로 알려졌다. 2013년 11월 법무부는 헌법재판소(헌재)에 정당해산심판을 청구하였고, 심리에 들어간 헌재가 2014년 12월에 그 해산을 결정하였다.

통진당 해산 직후 나는 다시 권영길 (전)의원과 만날 기회가 있었기에 "민주노동당에 계실 때에 이석기라는 사람의 존재를 알고 있었습니까?"라고 물었더니 답변은 "몰랐어요."여서 무척 놀랐었다. 아니 언론노조 위원장에서 시작해서 업종노조 의장, 민주노총 위원장 등 숱한 역경 속에서 마침내 탄생시킨 민주노동당이 그 후신인 통진당의 이석기로 인해 한순간에 물거품으로 변했는데, 그 파탄의 장본인을 몰랐었다는 것이 기가 막혔다. 물론 이해는 갔다. 학생운동권이 통상 바깥으로 드러난 사람과 지하(드러나지 않은 곳)에서 활동하는 사람으로 나뉘고, 실세는 혁명을 도모하는 숨은 자들에게서 나온다는 것을 익히 알고 있었다. 실제로 나는 김귀정 사건 당시 경찰과의 을지로 백병원 전투에서 밀릴 경우 시신을 들쳐 메고 병원 옥상으로 올라간다는 지침을 확인했을 때, 학생운동권의 일부 냉혹한 문화를 이미 겪었던 바다. 체제를 뒤엎는 혁명을 위해서는 불가피하다고 보는 것이다. 과거 레닌이 러시아에서 그랬던 것처럼 말이다. 독재 정권과 싸울 때는 다소 이해가는 부분이 없지 않았지만, 문제는 민주화된 21세기의 대한민국에서 여전히 그런 퇴영적 행보를 취한다는 데 있다. 물론 운동권 정치 내에서도 극히 일각에서 벌어지는 것이긴 하다.

  이것과 더불어 받은 충격은 이정희 의원과 관련된다. 정체성이 분명한 민주노동당을 확대된 외연의 통합진보당으로 전환시켜놓고, 그 와중에 이석기 무리의 출현을 적극 도왔다. 기가 찰 노릇은 그해 12월 통합진보당 후보로 제18대 대통령선거에 출마하면서 벌어진다. 공당의 대통령 후보로 나섰으면 응당 정치적 청사진을 먼저 제시하고 다른 당 후보의 문제를 비판하면 될 터인데, 국민 눈에는 시종 일관 박근혜 후보를 비판(실상은 비난)하는 것으로 일관하다가 중도 사퇴한 것이다. 왜? 무엇 때문에 이석기를 비호하고 보수 정당 후보만 물고 늘어진 것일까? 한 마디로 스스로 반민주적이자 공화주의의 적임을 드러냈을 뿐이다. 이석기를 필두로 한 NL 주사파 정치권의 아바타여서 그랬다는 것 이외에 달리 설명할 수 있을까? 겉보기에 멋진 외양을 가진 정치인이 실상은 어찌 이렇게 변색된 모습일 수 있을까? 당시 내가 받은 충격은 컸다. 나도 민주화 운동에 나름 동참한 사람인데, 민주화 진영 내부에, 비록 극히 일각에서지만 이석기 부류와 같은 사회적 독소가 있다는 것을 확인한 것이다.

양화(良貨) 구축하는 악화(惡貨)의 정치

2012년 통진당 사태와 이정희 의원의 납득 못할 행보는 내게 충격이었다. 이 말은 철학자인 내가 정치적으로 너무 순진했던 것이다. 그렇다면 정치적 소박함이 비난받을 태도인가? 아니다. 결코 아니다. 오히려 늑대와 같은 정치인들의 포악한 야수성이 문제일 것이다. 다만 경각심을 가져야 할 점은 국민과 나의 순진함으로 인해 정치권에서 악화가 양화를 부단히 구축하는 일이 발생해서는 안 된다는 것이다.

이런 역사적 성찰의 관점에서 본 장의 시작으로 돌아가 보자.

2024년 4월 총선 공천 과정에서 드러난 민주당의 행태는 악화가 양화를 구축하는 그 모습이었다고 판단하면 나의 착각일까? 정도에 따라 국민의 매를 알맞게 맞아야 할 판에 포상을 받은 격이 되었다. 공화주의의 공동선에 반하는 모습이 폭로된 것이다. 그러나 어찌하랴! 국민이 선택한 결과로 나타난 것이다.

 제22대 총선 결과에는 또 나름의 이유가 있었다. 윤석열 정부의 무능과 영부인 김건희 여사의 일탈적 행보, 국민의힘을 포함한 보수 진영의 무기력이 더 큰 부정적 평가 요인이었다. 그 한 가지 사례로 교회 성도들로 하여금 올려다보게 하는 위치에 선 전광훈 목사가 보수의 유력한 정치인들마저 자신에게 줄서도록 하는 행태를 보이고, 더 나아가 그의 당이 국회 의석마저 확보하게 되는 상황이라면, 이를 지켜보는 다수 국민들은 외면하기 십상일 것이다. 본래 비극은 아주 작은 것에서부터 출발하기 마련이다. NL 주사파의 이석기 부류의 행보가 한국 사회발전의 위해 요인이라면, 극우 세력은 저해 요인인 것이다. 후자는 7장서 검토할 것이므로 여기서는 전자를 좀 더 살피고자 한다.

 이 책은 2018년 9월에 출범한 21세기공화주의클럽의 대표단 3인이 쓰게 되었다. 2024년 4월 총선 결과를 보면서 가졌던 당혹감으로 인해 스스로를 반성적으로 되돌아보고 또 우리의 미래를 새롭게 조망하는 이야기를 빈번히 만나 나눈 것에서 비롯된 것이다. 여기 3인 중 하나인 강경선 교수는 본 클럽에서 첫 상임대표를 역임하였다.

또 다른 한 분은 통일연구원 부원장으로 재직하면서 통일과 외교안보 분야에서 탁월한 식견을 가진 조민 박사로 공동대표를 맡고 있다. 나는 재야 민주화운동과 시민운동에 동참하였고 또 창조한국당 대표로서 정치 일선의 현장을 겪었지만, 과거 후배 격의 동지였던 운동권 주사파에 대해서는 그다지 눈길을 두지 않았다. 민주당 이재명 대표의 부상과 정적 제거를 지켜보면서, 내게 편린처럼 흩어져 있던 주사파 운동권과 그 정치적 성향에 대해 다시 상고하게 된 것이다. 이때 나는 조민 대표와의 대화를 통해 보다 많은 실상을 들여다보게 되었다.

강철서신과 주사파 학생운동권의 출현

우리사회의 민주화운동은 멀리 이승만 정부가 독재로 흐를 무렵으로 거슬러 올라간다. 무엇보다도 1950년 북한의 남침으로 시작된 한국전쟁을 처절하게 겪은 탓에 민주화운동이 북한과 연결되는 경우는 드물었다. 그럼에도 사례를 들자면, 박정희 정권 시절인 1968년의 통일혁명당 사건 정도를 꼽을 수 있다.

통일혁명당 사건 이후 민주화운동은 주로 반독재 민주주의 구현에 초점이 맞추어졌는데, 이런 흐름에 일대 반전이 생긴 것은 1980년 5월 광주민주화 항쟁을 겪은 데서 연유한다. 박정희를 잇는 신군부 전두환 정부가 초기의 위압적 자세에서 88서울올림픽을 대비하고

자 다소 고삐를 풀었다. 1983년 말부터 학원자율화 조치가 취해졌고, 이로써 대학 내에서 광주항쟁을 비디오로 보는 것이 가능해졌다. 이미 들어서 알고 있었다 하더라도 영상물로나마 현장을 확인하는 것은 달랐다. 영상물이 전국 청년 학생들의 정의감에 불을 지른 것이다. 이때 특출한 인물 하나가 출현하는데 서울대 공법학과에 82학번으로 입학한 청년 김영환이다. 그는 어떤 금기도 불허하는 자유로운 영혼이었던 것 같다. 학내 서클에서 민주화 학습을 하고 또 야학교사로 빈곤한 현실의 문제도 체감했다.

이 시기 대학가는 군부가 집권하고 또 민주항쟁도 짓밟을 수 있었던 데는 배후 세력이 있었기 때문이었고, 그것이 미국이었기에 미제국주의를 타도하지 않고서는 문제를 풀 수 없다고 보았다. 그래서 1982년에 부산지역 대학생들에 의해 미국 문화원 방화사건이 일어났고, 1985년 5월에는 서울대 삼민투위원장 함운경의 주도 아래 서울의 주요 5개 대학 학생들 73명이 미국 문화원을 점거하여 농성하는 투쟁 사건이 벌어진 것이다. 엄격히 말해서 이런 인식이 사실과 다른 일부 왜곡된 것이었다고 하더라도 당시 운동권 청년들은 그렇게 믿고 있었다.

투쟁기구 삼민투는 민족과 민주, 민중 세 글자에서 딴 것이다. 문제는 세 개념과 반미·반제국주의를 어떤 조합으로 엮는 이념을 내세울 것이냐는 데서 비롯된다. 학술적으로 마르크스주의가 탐구되었고, 그 실천적 결함을 메우고자 마르크스·레닌주의도 학습되었다. 그러나 1980년대 전반기만 하더라도 이런 사상에 정통한 대학교수조차 그 수가 극히 적어 제대로 된 한글판 전문서적조차 희귀했던 시절이다. 그런 분야는 학문적으로 깊이 연구하는 데도 적지 않은 시간이 소요되는 깊은 사상과 철학이었다. 그러하니 대학생들이 어찌 1~2년 동아리 학습으로 그 내용을 소화할 수 있었으랴. 사상적 사조에 밝지 않은 한 이해가 불가능했기에 여기저기서 짜깁기로 모아내거나 부분 번역된 것을 얼기설기 엮어내어 정리된 문헌이나 그 실천 강령을 달달 외우는 데 불과했다. 이런 지경이니 세부 지침이라도 정하고자 토론을 벌이면 백가쟁명의 형태로 분화되기 일쑤였다. 그래서 삼민투는 서울의 주요 대학에서 머물러 있었을 뿐 더 확산되지 못하는 상태였다.

물론 사상적 혼란에서 벗어날 수 있는 최소한의 토양은 조성되어 있었다. 1970년대 말부터 출간되어 나온 서적들, 대표적으로 리영희의 『전환시대의 논리』와 박현채의 『민족경제론』, 그리고 송건호 등이 주도한 『해방 전후사의 인식』 등의 서적이 자본주의의 폐해와 민족의 자립성, 민족통일 등을 일깨우면서 학생 운동권에게 일정한 자양분을 제공한 것이다.

또 달리 주체사상을 접할 수 있는 여건도 조성되었다. 1982년에 북한은 김정일 명의로 『주체사상에 대하여』란 문서를 발간하였고, 이것이 연구 자료로서 남한의 대학 도서관에서도 복사하여 구해볼 수 있게 되었으며, 이 문건을 안기부가 요약하여 놓았기에 이를 통해 쉽게 살펴볼 기회도 가질 수 있었다.

　나름의 확신과 혼란 속에 놓인 학생 운동권은 마침내 1985년 10월에 배포되기 시작한 이른바 강철서신의 문건에서 돌파구를 찾기 시작했다. 7부에서 시작된 첫 팸플릿이 가지치기 복사를 거듭하면서 전국으로 확산 배포되었으며, 후속 시리즈 서신 역시 마찬가지였다. 과장하자면, 운동권 이데올로기의 통일이 이루어진 것이다. 어려운 사조로 골머리를 앓던 운동권 학생들은 단순명쾌한 사상적 논조에 환호하며 받아들였던 것이다. 그것은 다름 아니라 북한 김일성의 주체사상을 당시 현실에 맞춰 풀어낸 글이었다. 김영환이 독학을 통해 금기를 깨는 일부 자생적 성격의 작품을 탄생시킨 것이다. 머리 여물은 학생들은 물론 스스로 단순무식하다고 여긴 학생들도 쉽게 받아들일 수 있었기에 논쟁을 중지하고 한 방향 투쟁으로 나아가는 대오를 형성할 수 있었다. 이렇게 해서 주사파가 민족해방(NL) 운동을 장악하고, 민주화 학생운동권의 주류로 부상한 것이다.

　청년 학생들은 그동안 반제·반미를 통해 독재 타도를 외쳐왔는데, 이제부터 나름의 확신을 갖고 추구할 목표로서 주체사상을 갖게 된 것이다. 그렇다고 모두가 그랬던 것은 아니다. 반성적 성찰을 할 줄 아는 주요 대학에서는 당연히 주체사상이 수령론에 기초한 것이어서 편협할 수밖에 없다고 보았고, 다른 보편적 이념을 선호했다. 미국 제국주의 식민지 상태에서 파시즘의 독재를 자행하는 국가를 전복하고 새롭게 헌법을 제정하여 의회를 세우자는 제헌의회(CA)파가 생겼다. 세계 전역을 휩쓴 일반적 마르크스주의에 기초한 민중민주주의(PD)가 핵심이므로 계급투쟁에 주력해야 한다고 주장하는 무리도 태동했다. 좌파 대학교수와 학문 연구자들은 PD 성향이었고, 학생운동권 출신들이 침투한 노동계 등의 현장에서는 NL이 압도적이었다. 당시 일선에 있었던 사람들의 이야기에 따르면, 그즈음 대학가에서 NL과 PD의 비율이 9:1 정도이고, NL 내에서 주사파와 비주사파의 비율 역시 그렇다고 보았으니, 전반적으로는 NL의 주사파가 압도적 지위를 차지한 것이다.

대학생들에게 광범위한 영향을 끼친 또 하나의 출처가 있었다. 1985년부터 청취가 이루어진 한국민족민주전선(한민전)의 방송으로서 과거 통일혁명당의 후신이라고 자처했다. 마치 남한 지하에서 내보내는 소리처럼 위장했지만, 북한 황해도 해주에서 송출되는 것임을 알게 된 것은 후일이었다. 어찌 되었든 강철서신을 보고 한민전 방송을 청취하는 가운데 1987년 8월에 전대협이 출범하였다. 1989년의 전대협 3기(의장 한양대 임종석)는 그해 7월 북한에서 열리는 세계청년학생축전에 한국외대 용인캠퍼스 임수경 양을 비밀 방북시킴으로써 통일을 선도하는 조치를 취하기 시작했다.

재야민주화운동과 범민족운동연합(범민련)

재야민주화 진영 일각에서도 청년 학생들의 통일운동을 지원하는 분위기가 조성되었다. 먼저 전국민족민주운동연합(전민련)이 1989년 2월에 창립되면서 장기표와 김근태, 이부영과 같은 인사들이 전면에 나서기 시작했다. 당시 재야운동권의 핵심인 이분들은 얼마 후, 비합법 운동선상에 있었던 선배들(문익환과 백기완 등)과 달리, 임박한 총선과 대선을 앞두고 합법적 정치활동을 하고자 각각 민중당과 민주당, 한나라당으로 옮겨가게 되고, 이로써 남겨진 전민련은 노동계와 농업계 등에서 수혈을 받는 가운데 전국연합으로 전환한다. 그즈음 1989년 3월 말에 재야세력의 어른인 문익환 목사가 북한 초청에 따라 전격 방북하여 김일성을 만나고 돌아온다. 임수경 방북에 선행하는 행보였다.

1990년 8월 15일 전년도 성과에 힘입어 제1차 범민족대회가 열렸고, 이때 "오라, 남으로! 가자, 북으로!"란 구호가 등장하였다. 이런 흐름 속에서 1991년 1월에 조국통일범민족연합(범민련) 남측본부가 결성되었다. 후일 김영환은 자신의 회고록인 『다시 강철로 살아』(2015)란 저술에서 범민련이 김일성의 지시에 따라 만들어진 것임을 밝혔다.

문익환 목사님도 이런 점을 알고 있었던 것으로 여겨졌다. 92년 대선에서 승리한 YS의 문민정부는 전격적으로 금융실명제를 시행하는 한편, 군부 사조직으로 언제든 쿠데타 가능성이 있는 육사 출신 위주의 하나회를 전격적으로 해산시키는 조치를 단행하였다. 물론 해외에서는 베를린 장벽이 무너지고 소비에트 체제가 붕괴하고 있었다. 그래서인지 문익환 목사는 1993년에 범민련 남측본부를 해산하자고 제안한 것이다. 북의 지시를 받는 기구를 해산하고 남한 내 시민의 자발성에 따른 새로운 통일기구를 만들자는 생각이었던 것 같다. 그러나 북의 지휘를 받는 인사들에 의해 거부당했을 뿐만 아니라 이들에 의해 공개적으로 '안기부 프락치'라는 모욕성 발언까지 듣게 됨으로써 얼마 후 절망감에 빠져 생을 마감하게 된다.

김영환의 전향과 주사파 민혁당의 해산 결의

강철서신을 통해 남한 운동권에 주사파를 만든 장본인 김영환은 찾아온 남파 간첩과 접선하고, 드디어 1990년에 북한 노동당에 입당한다. 자생적 주사파의 원조가 실질적 주사파가 된 것이다. 그리고 다음해 5월에 강화도에서 잠수정을 타고 북한으로 밀입국하고, 마침내 김일성을 만나며 또한 북한의 주체사상 연구자들과 토론을 벌이고 돌아온다. 다만 그는 이 무렵 동구의 몰락을 접하게 되고 또 북한의 실상에 대해 회의적이었음에도 동지들(특히 하영옥)이 깔아놓은 판을 새롭게 조성하여 민혁당(민족민주혁명당)을 1992년에 출범시킨다.

김영환은 특별한 인물로서 창의적이고 성실하며 책임감 있는 사람이라고 하지 않을 수 없다. 그가 창의적임은 자생적 주사파의 물꼬를 열었다는 점이고, 그가 성실함은 철장에 갇힐지언정 신념에 따라 노동당원이 되었다는 점이다. 남겨진 그의 책임감은 사상적 전향을 자신에게 국한하지 않고, 자신에게 영향을 받은 무수한 동지들에게 전하고자 한 노력에서 찾을 수 있다. 그는 외견상 남한 노동당으로 비춰지지만, 내용상 반(反)수령론의 기치(?)를 조용히 치켜든 것이다.

그는 민혁당 활동을 통해 오히려 북한의 실상과 수령론에 기초한 주체사상의 허구를 서서히 전파하기 시작했다. 그는 북한에서 겪었던 허구적 실상을 전하기 시작한 것이다. 김일성에게 부탁하여 만난 주사파 이론가들에게 진지하게 물었다고 한다. 마르크스·레닌주의를 중국식으로 전환시킨 중국의 모택동주의의 경우, 문화대혁명의 이름으로 홍위병이 북경대 교수 등 비판적 지식인들을 죽창으로 찔러죽이고 등소평 등을 숙청하는 대과오를 저지르는 사태를 초래했는데, 수령론의 주체사상도 같은 과오를 저지를 가능성이 있으므로 그 대책을 듣고 싶다고 물은 것이다. 대답은커녕 어느 누구도 시선을 피하는 것을 느끼면서 자신이 허상을 좇은 것은 아닌지 반성적 성찰을 시작한 것이다. 그래서 범민련 남측본부 해산의 주역으로 나섰고 문익환 목사의 동조를 받아낸 것이다. 그런 추동을 계속하다가 결국 1997년에 민혁당 해산을 결의한다.

문익환 목사의 주문에도 불구하고 범민련이 존속된 것처럼, 민혁당의 해산을 거부하는 잔류파들이 적지 않았다. 민혁당은 지하 혁명조직인 탓에 점조직으로 연결되어 있어서, 위에서는 아래가 보이지만, 아래서는 위와 옆이 보이지 않는 형태였다. 최고 의결기구인 중앙위원회는 위원장 김영환과 중앙위원 하영옥 외 1인의 셋이었다. 하영옥은 김영환에 완강히 도전하면서 민혁당 잔류를 결정하였는데, 그 직계 휘하로 경기동부연합의 이석기가 있었으며, 그 조직은 그대로 존속되었다. 이때의 이석기는 바로 통진당의 헌법재판소 해산 비운을 겪게 한 바로 그다. 그렇다면 민혁당 해산과 통진당 해산 사이에 어떤 일이 벌어지고 있었는지 추적하지 않을 수 없다.

전국연합의 군자산 약속과 일심회 사건

재야민주화 단체 가운데 주사파가 몰린 주축 단체는 범민련이다. 과거 학생운동을 하다가 대학 졸업 후에도 여전히 직업적 전사로 있던 사람들이 주로 이곳에 모여들었다. 범민련에서 1995년부터 10년간 사무처장을 맡아 실무 지휘를 한 인물이 있는데, 84학번으로 서울대에 입학하여 인문대 학생회장을 맡았었던 민경우이다. 그는 자신이 범민련 사무처장일 때 늘 북으로부터 지시를 받아 전하였음을 고백하고 있다. 만나본 바로는 순결한 영혼을 지닌 분인데, 그도 김영환과 유사하게 주사파 운동에 회의를 느껴 후일 전향하였고, 뒤늦게나마 운동권 주사파의 경직성에 우려가 되어 『86세대 민주주의』(2021)와 『스파이 외전』(2023) 등을 썼다. 여기서 그는 97년 대선을 목전에 두고 집행부가 대거 기존 정당으로 빠져나가면서 3개의 지역

파벌, 즉 인천연합과 경기동부연합, 울산연합이 주축을 이루어 집행부까지 장악하는 그야말로 주사파 일색의 전국연합을 이루게 되었고, 그 핵심적 행보로서 2001년에 군자산의 약속을 실행하게 되었음을 밝히고 있다.

전국연합의 주도 속에 2001년 9월 괴산군 군자산 집회 장소에 NL 계열의 활동가 700여 명이 모여 정세 분석을 통해 향후 행보를 결정하면서 스스로 잊지 않고자 행동지침인 9월 테제(별칭 군자산의 약속)를 결의한다. 그 내용은 향후 불법적인 체제 투쟁을 지양하고 합법적인 정당 활동을 통해 목표한 바를 이룬다는 것이었다. 이 지침 역시 북의 지시에 따른 것으로 알려져 있다. 이에 따라 그 휘하의 수천 (또는 수만) 명이 단계적으로 민주노동당에 입당하여 의사결정권을 장악하기에 이른다.

외골수의 행동파들이 주도권을 장악할 경우, 그런 곳에서는 민주주의에 반하는 사고가 발생하지 않을 수 없다. 아니나 다를까 2006년 10월 일심회 사건이 터진 것이다. 민노당 중앙위원이 북한 노동당에 입당한 재미교포 등과 함께 중국에서 북한 공작원을 만나 정보를 넘기고 또 공작금을 받은 혐의로 검찰에 기소된 사건이다. 2008년에 대법원에서 유죄 확정 판결을 받았는데, 여기에 민노당 조직을 핵심으로 관리하는 사무부총장도 연루된 것으로 드러나 유죄판결을 받았다. 이때 민노당에서 활약 중이던 PD 계열의 노회찬과 심상정 등은 같은 행위로 공적인 정당의 행보가 지장을 받지 않아야 한다는 이유로 징계와 재발 방지를 위한 제도적 제안을 하였으나 이것이 거부되자 마침내 탈당하면서 거부한 자들에 대해 종북이라는 딱지를 붙이고 새로운 진보신당을 결성한 것이다.

    일심회 사건에도 불구하고 민노당은 행보를 계속하면서 2011년 12월에 기존 간판을 내리고 통합진보당을 결성하였다가 이석기 내란선동으로 헌재 판결에 따라 소멸된 것이다. 이때 통진당 잔류세력은 대략 7~8만 명으로 추산되었고, 이들 다수가 또 다른 숙주를 찾아 떠났다고 한다. 추정키로는 대거 민주당에 진입한 것으로 알려져 있다. 자세한 것은 확인하기 어렵지만, 경기동부연합의 지원을 받았다는 민주당 이재명 대표 주변에도 없지 않다는 정도의 소문만 들릴 뿐이다.

3. 민주적 공화주의로 본 주사파 정치의 위험

민주적 공화주의의 참뜻

    그리스에서 기원하고 서유럽에서 피어난 민주주의는 국가 권력의 원천이 시민에게 있고, 국가 대사는 시민의 자발성에 따른 직간접 참여 속에 이루어지는 절차를 거쳐야 함을 분명히 한다. 역사적 공화주의는 생각과 이해관계를 달리하는 정파들이 있을 수밖에 없음을 용인하고, 그런 가운데 자유인으로서 함께 공동의 선(또는 공익)

을 위해 협력하는 체제를 유지하며, 더 나아가 덕을 갖춘 시민이 되어 공동체의 운명을 스스로의 자율적 책임에 의해 개척한다는 지향을 한다.

공화주의 정치철학의 관점에서 조망할 때, 수령론에 기초한 주체사상은 민주주의의 적이자 공화주의의 배반이다. 북한이 조선민주주의인민공화국이란 국호를 갖고 있다고 하더라도 그렇다. 오히려 이런 명칭을 사용하는 데는 민의를 짓밟는 공산당의 독재를 가리기 위함이고, 수령이라는 독재자를 상정할 수밖에 없는 상황에서 그가 군주는 아니라는 강변을 하고자 공화국을 내건 것일 뿐이다.

마르크스·레닌주의의 기본적 특성

마르크스주의(Marxism)는 유물변증법과 역사결정론, 계급투쟁을 기본 골격으로 삼고 있다고 단순화할 수 있다. 인간 사회는 물질을 기반으로 변증법적 상호작용 속에서 불완전함에서 출발하여 완전함을 향해 나아가는데, 이것이 역사적 필연이라고 본다. 이때 사회의 물질적 토대인 경제가 상부의 정신문화를 결정하게 되고, 이 과정에서 계급투쟁이 발생한다고 파악한다. 자본주의 체제에서 생산력(즉, 상품을 생산하는 힘)과 생산관계(즉, 이해관계의 정면충돌을 일으키는 자본가와 노동자로 구성된 상품 생산의 관계)가 첨예한 모순 상태에 도달하게 되고, 그 귀결로써 계급투쟁에 따른 파국으로 치달아 종식되며, 마침내 새로운 공산주의 사회에 도달한다는 것이다.

마르크스주의는 자본주의(capitalism)와 마찬가지로 옹호자들이 그 입장을 설명하고, 그 관점에서 처한 사태에 대해 시비에 따른 평가를 수행하며, 지향하는 바가 무엇인지 목표를 천명하는 가운데, 이를 현실화할 수 있는 실천 강령을 제시하기 때문에 이데올로기(ideology)인 것이다.

레닌주의가 따로 언급되는 이유가 있다. 역사 속 마르크스주의는 필연의 경제결정론에 따라 노동자 집단으로 하여금 감나무 아래서 감 떨어질 때를 기다리는 것으로 해석되었다. 실제로 20세기 초 독일 사민당이 그렇게 했다. 반면 레닌(V. I. Lenin)은 20세기 초 긴박한 제정 러시아 상황에서 사다리 놓고 올라가 감 따듯이 노동자 혁명 세력으로 하여금 적극적으로 구체제를 무너뜨리는 결단을 단행했다. 레닌은 역사의 필연성을 제쳐놓고, 체제를 전복시키는 인간의 정치적 행위를 극명하게 촉구한 것이다. 마르크스주의를 다소 수정한 것이다.

김일성 주체사상과 수령론

마르크스·레닌주의에 대한 수정이 동아시아에서 또 이루어졌다. 중국의 마오쩌둥이 그렇게 했고, 북한의 김일성도 따라 했다. 김일성의 주체사상은 표현상으로 이보다 더 멋진 것이 없어 보였다. 모든 사안을 인민들이 주체적으로 판단하고 행동하며, 집행할 수 있도록 한다면, 이것이야말로 미국 공화주의의 자치 바로 그것과 궤를 같이 한다. 강철서신 저자인 청년 김영환을 사로잡은 것이 이런 매력적 특성 때문이었다고 할 것이다. 그러나 현실은 전혀 달랐고, 또 제대로 직시할 대목이 있었다. 주체사상의 핵심인 수령론이다.

1982년에 김정일 명의로 펴낸 『주체사상에 대하여』란 문건이 이를 잘 말해주고 있다. 먼저 "주체사상이, 혁명운동이 세계적 범위에서 폭넓고 다양하게 발전하는 새시대와 조선혁명의 실천적 요구에 기초하여 창시되었다."고 하면서, "김일성이 우리나라 혁명투쟁의 경험과 교훈에 기초하여 발견한 혁명의 두 새로운 진리, 그들을 교양하고 조직동원하여야 혁명에서 승리할 수 있다는 진리와 혁명은 자기의 신념에 의하여 자기가 책임지고 하여야 하며 혁명에서 나서는 모든 문제를 자주적으로, 창조적으로 풀어나가야 한다는 진리를 출발점으로 하여 주체사상이 창시되었다."고 밝히고 있다. 뒤이어 "인민대중은 역사의 창조자이지만 옳은 지도에 의해서만 사회역사발전에서 주체로서의 지위를 차지하고 역할을 다할 수 있다."면서 "노동계급을 비롯한 인민대중은 당과 수령의 올바른 영도를 받아야만 (…) 민족해방, 계급해방을 이룩하고 사회주의, 공산주의 사회를 성과적으로 건설할 수 있으며 그를 옳게 운영하여 나갈 수 있다."고 선을 분명히 그었다. 한마디로 김일성의 주체사상은 수령에 의한 독재에 다름 아닌데, 이를 멋지게 위장하여 치장한 것이다. 실제로 수령론을 따르는 북한은 군주 이상의 독재를 행하는 닫힌 사회일 수밖에 없는데, 이를 마치 열린사회인 것처럼 위장하였으니, 반민주적이고 반공화적인 것이다.

대한민국 주사파 정치의 위험성 평가

대한민국 주사파 정치의 실상에 대해 파악하고자 한다면, 그것이 과거형인지 아니면 현재 진행형인지 반문하지 않을 수 없다. 학생운동권 시절을 거친 사람들 대다수에게는 그것이 과거형이었다고 말할 수 있고, 실제로 그렇다. 수많은 사람들이 사회 각계각층으로 진출하여 활약하면서 옛이야기를 하는 정도이다. 반면 극소수에 불과할지언정 현재 진행형을 견지하는 사례도 있음을 알 수 있다. 대한민국 국민으로서 북한을 대하는 태도(또는 신념)를 거칠게나마 넷으로 분류할 수 있다. 반북과 비북, 종북, 친북이다.

반북(反北)은 북한의 사회주의 체제가 무너져서 자유민주주의 체제로 편입되는 방식으로 남북통일을 맞이해야 한다는 신념이다. 비북(非北)은 자신이 북한 체제에 편입되는 것을 거부하지만 북한의 운명에 대해서는 개의치 않겠다는 태도이다. 친북(親北)은 자신이 북한식의 사회주의 체제에서 사는 것을 거부하면서도 보편적 사회주의에 대해 적극적으로 동의하거나 소극적으로 이해하여 용인하는 태도이다. 친북도 적극적 신념형과 소극적 태도형으로 애써 분별할 수 있을 것이다. 종북(從北)은 NL 주사파에게서 확인할 수 있는 것처럼 자신이 살고 있는 대한민국이 북한식 사회주의 체제로 바뀌는 방식으로 남북 간의 민족통일을 이룩해야 한다는 신념이다. 물론 여기서의 분류는 인식적 편의를 위한 것으로써 그 경계가 이어져 있기 때문에 두부모 자른 듯이 단절 양상은 아니다.

일반적 국민들은 자신의 동의 없이 현존 체제가 급격히 변화를 맞이할 것에 대해 우려를 표명하게 되는데, 이때 위험한 존재는 종북주의자다. 물론 적극적 신념형의 친북에 대해서도 우려하는 바가 적지는 않은 것으로 알고 있는데, 이런 시각은 극우 파시스트의 배타적 자세에서 기인하는 것일 뿐이다. 예컨대 철저하게 민주주의를 신봉하는 사회주의 경향의 권영길 (전)의원을 우려할 이유가 없다고 본다. 그분은 정말 국민(특히 서민)을 향해 "여러분 살림살이가 나아지도록" 다가가는 데 힘쓸 사람이다. 심지어 조국혁신당의 조국도 그의 강남스타일에 비추어볼 때 좌파 행세를 하면서도 강남의 부유함을 추구하기 때문에 눈살 찌푸리게 할지언정 (또한 위법행위로 법적 처벌을 받고 있기에) 위험인물이라고 할 수 없다. 그러하니 소극적 태도형의 친북에 대해서는 전혀 우려할 바가 없다고 본다.

문제는 NL 주사파 계열의 직업적 운동가 출신들이라고 할 것이다. 종북주의자로서 종교적 신념과 진배없이 투철한 이데올로기적 집착을 보이기 때문이다. 이들은 대체로 현장 노동자로 취업하고 노조의 상근자를 자원하며 상층부 노동운동을 지휘하는 데로 나아간다. 그 가운데 일부는 정치권으로 진출한다. 민주노총의 구호가 때때로 과격한 연유가 여기에 있고, 현재의 진보당이 출현한 것도 같은 맥락이다.

구태여 언급하자면, 나는 1990년 전국대학강사노동조합 출범 때부터 성대 소속으로 조합비를 원천징수로 납부하였다. 그리고 1995년 민주노총이 출범한 이후부터는 그 가맹단체인 (전강노를 잇는 후신의) 한국비정규교수노조 소속을 유지하면서 성균관대의 초빙교수 직위를 끝으로 물러나던 2022년까지 조합비를 낸 조합원이기도 했다. 내가 수십 년간 조합비를 낸 곳의 상급단체인 민주노총에 대해 비판적 목소리를 낼 자격이 있다고 할 것이다. 민주노총이 힘없는 노동자를 대변하는 한에서 정당하다. 특히 비정규직의 열악한 처지를 개선하기 위해서라면 다른 것을 양보하는 등의 통 큰 결단이 필요할 것인데, 애석하게도 무척 드물다는 점이다. 국민 눈에는 지도부에게서 종종 확인되듯이 나라를 뒤엎을 기세로 비춰지고, 현대자동차 노조에게서 확인되었듯이 기득권 이기주의 행태를 대변하는 것으로 여겨진다. 이런 우려를 불식시키는 과감한 변화가 요청된다.

실제로 주사파와 관련해서 주목해야 할 곳은 권력을 쥐는 정치권이다. 일례로 민주노동당을 해체하고 통합진보당을 막 띄운 이정희 의원이 2011년 12월에 광주 범민련 기념식에 참석하여 범민련의 정신을 이어받아 주한미군을 철수시키고 조국통일을 이루겠다는 취지로 발언한 것을 꼽을 수 있다. 강철서신의 김영환과 범민련 사무처장 출신의 민경우가 한결같이 범민련은 북한 노동당의 지시를 받는 단체임을 증언했고, 그 연장선에서 문익환 목사님이 해산을 요청했음에도 그대로 유지하는 곳에 찾아가 그 정신을 이어받겠다고 축사를 한 이정희 의원을 어떻게 바라보아야 할까? 이의원이 20대 청년 때에 주사파 구호를 외쳤고 20년이 지난 40대에도 동일한 태도를 취했는데, 10여 년을 훌쩍 넘긴 지금은 달라졌을까? 이석기와 그 무리들이 달라졌을까? 주체사상을 종교적 신념으로 받아들인 무리들은 그다지 달라지지 않았다고 보는 것이 합리적이지 않을까?

그들이 우리 사회 주변 언저리에 있다면, 별로 문제될 것이 없다. 시민의 자유를 중시하고 민주주의 체제를 유지하며 선진국에 진입하기까지 한 우리사회는 일각에서 특이하고 언짢은 이념을 추구한다고 하더라도 이를 정화할 만한 사회문화를 형성했다고 볼 수 있다. 다만 해로운 요인들을 넉넉히 정화할 수 있는 사회적 여력은 공화적 지성의 포용력에 비례한다고 여겨지기 때문에 국민들도 여기에 다가가야 한다. 합리적 성향을 갖고 있다면, 보수와 진보 모두 포용성을 담은 공화적 지성으로 수렴할 필요가 있다.

NL 주사파를 우려하는 시각은 진보에게도 나타난다. 물론 다분히 둔감한 편이기는 하다. 반면 우파는 이를 몹시 우려한다. 특히 극우 파시스트 계열은 과도함 그 자체이다. 그럼에도 현존 위험이기 때문에 눈길을 돌려서는 안 될 부분이다. 혹여나 주사파 독소 요인이, 마치 몸 전체로 퍼질 암세포의 기세라면, 얘기는 달라지기 때문이다.

그런 유일한 경우는 NL 주사파 정치인들이 군대를 움직일만한 권력을 쥐었을 때이다. 마오쩌둥은 권력이 총부리에서 나온다고 하였는데, 역사를 통한 절대 교훈이라 할 것이다.

나의 민주화운동 과정 끝자락에서 마주친 마지막 시선은 민주당의 이재명 대표와 그 배후세력에게로 향하지 않을 수 없다. 어찌 보면, 재주 많은 사람이 밑바닥에서 악전고투를 겪으며 지금의 위치에 올라왔기에 향후 한국사회에 유익한 과감한 결단도 내릴 수 있다고 여겨져서 기대되는 부분이 없지는 않다. 그러나 성남시장에서 출발하여 경기도지사, 민주당 대표에 이르기까지 그 배후인 경기동부연합(성남과 용인이 주요 무대로서 이석기의 지도력이 발휘되는 주사파의 주요 거처)의 지원을 받았다는 의구심은, 적어도 내게는 해소되지 않은 상태이다. 의심을 자아내는 안개가 걷히기를 바라지만, 그전까지 우려가 그치지 않을 것이다. 여기서 섣부른 속단을 내리지는 않겠다. 지금까지 실천적 경험에 비추어 가능한 한 진솔하게 나의 이야기를 펼치고 있기 때문에 분명한 근거 없이 예단을 내리고 싶지는 않다. 그럼에도 나는 환경학자로서 불투명한 미래의 생태적 위험을 강렬하게 일깨운 것처럼, 우리사회의 근본적 위험 소지에 대해서도 유사한 입장을 취하지 않을 수 없다. 그래서 주시할 것이다. 한편으로 우리사회가 구조적 위험에 빠지지 않게 할 것이고, 다른 한편으로 널리 세상을 이롭게 하는 좋은 사회로 나아가도록 빛의 탐조등을 비출 것이다.

제7장 공화주의의 자유와 기독교 정치관, 극우 파시즘

1. 근현대의 정치사상과 자유

근대 고전적 자유주의와 자유

근대 계몽주의 사조 속에서 자유주의가 피어날 때 가장 먼저 자유 개념에 강력한 시사를 준 것은 토마스 홉스(Thomas Hobbes)였다. 그는 인간이 본능적으로 이기적이기 때문에 자연 상태에서는 늑대와 같아서 만인에 대한 만인의 투쟁이 발생한다고 보았다. 이런 불행한 상태에서 모두가 벗어나려면 사회계약을 통해 자신의 자유와 권리의 일부를 국가에 양도해야 한다고 주장했다. 그는 1651년에 출간한 저서 『리바이어던(Leviathan)』에서 인간의 자유를 이렇게 언

급했다.[56]

> 자유란, 그 단어의 적절한 의미에 따를 때, 외적인 방해의 부재(absence of external impediments)로 이해된다.

여기서 외적인 방해는 각 개인이 하고 싶은 것을 행할 힘의 일부를 외부로부터 빼앗긴다는 것을 뜻한다. 자유란 외부의 방해에서 벗어나는 것이라는 시사는 고전적 자유주의의 초석을 놓은 존 로크(John Locke)에게 이어졌다. 그는 1689년에 출간한 『통치론(Two treatise of Government)』에서 평등하게 태어난 인간이 근본적으로 어떤 위해를 받으면 안 되는지를 분별했다.[57]

> 자연 상태에서는 그것을 지배하는 자연법이 있으며 그 법은 모든 사람을 구속한다. 그리고 그 법인 이성은 조언을 구하는 모든 인류에게 인간은 평등하고 독립된 존재이므로 어느 누구도 다른 사람의 생명, 건강, 자유 또는 소유물에 위해를 가해서는 안 된다고 가르친다.

---

56 Thomas Hobbes, *Leviathan*, ch. XIV, p.189.
57 John Locke, 강정인·문지영 옮김, 『통치론』, 13쪽.

로크는 홉스와 달리 자연 상태에서 인간은 이성을 갖고 있기에 자연법을 따름으로써 어느 정도는 평화를 유지할 수 있다고 보았다. 그럼에도 그는 사회계약을 통해 정부를 구성하여 자유와 생명, 사유재산을 보다 안전하게 지키는 것이 더 낫다고 판단했다.

홉스의 자유 개념을 뚜렷하게 드러낸 인물은 공리주의자이면서 자유주의를 개진한 존 스튜어트 밀(John Stuart Mill)이었다. 그는 1859년에 발표한 『자유론(On Liberty)』에서 자유란 타인이 좋아하는 것을 빼앗지 않거나 또는 타인의 시도를 방해(impede)하지 않는 한 우리 자신의 선을 추구하는 데 있다고 말했다.[58] 밀 역시 자유란 방해를 받지 않는 것임을 밝힌 것이다.

홉스에서 로크, 밀로 이어지는 자유주의 사조는 경제적 자본주의(capitalism)에 날개를 달아 주게 된다. 대표적으로 아담 스미스(Adam Smith)는 1776년에 『국부론(The Wealth of Nations)』을 내면서 고전경제학을 선도한다. 무엇보다도 시장에서 개인의 자유로운 행위와 정부 간의 관계 설정에 지대한 영향을 미침으로써 자본주의 경제를 활성화시키게 된다. 자주 언급되는 '보이지 않는 손의 원리'를 천명하였기 때문이다.[59]

---

58 John Stuart Mill, *On Liberty and Other Essays*, p.17.
59 Adam Smith, 유인호 옮김, 『국부론』, 465쪽.

그는 다만 그 자신의 이득만을 의도하고 있는 것이다. 이 경우 그는 다른 많은 경우와 마찬가지로 보이지 않는 손(invisible hand)에 이끌려 그의 의도 속에는 전혀 없었던 목적을 추진하게 되는 셈이다.

또 그것이 그의 의도 속에 전혀 없었다는 것은, 사회에 반드시 언제나 그렇게 나쁘기만 한 것은 아니다. 자신의 이익을 추구함으로써, 그는 때때로, 실제로 사회의 이익을 추진하려고 할 때보다 효과적으로 그것을 추진한다. 공공의 이익을 위해 일한다고 뽐내는 사람들에 의해 그리 큰 이익이 실현된 예를 나는 아직 보지 못했다.

아담 스미스의 고전경제학은 자본주의 체제에서 두 가지를 함축한다고 판단된다. 첫째, 경제 시장에서 생산자든 판매자든 소비자든 각 개인은 오직 제 자신의 이익 추구에 매진할 때 국부가 최대로 창출된다. 둘째, 국부 창출을 위해 정부는 개인의 자유로운 행위를 간섭(또는 방해)하지 않아야 한다. 이렇게 해서 고전적 자유주의의 인간상은 분명해진다. 특히 자본주의 체제와 결부된 자유주의는 인간을 독립된 원자론적 자아(atomistic selves)로 간주하게 된 것이다.

자본주의 발전이 촉진될수록 사회는 전통의 공동체적 결속에서 벗어나 원자론적 파편화로 이행한다. 개인주의(individualism)가 만연하게 된 것이다. 결국 사회는 개인들의 단순 집합체일 뿐이다.

여기서 정부의 역할은 자유방임주의(laissez-faire)에 따라 국민 각자가 자유롭도록 하되, 그 안전을 국내외로부터 지켜주는 경찰 성격의 최소국가를 유지하는 데 있다. 자유주의는 산업 자본주의와 궤를 같이 하면서 초기에(서유럽의 경우 19세기와 20세기 초에) 간섭(interference)을 받지 않는 개인의 자유로운 행위에 주안점을 두었고, 정부에게는 자유방임주의 노선을 지키게 함으로써 부유한 사회를 향해 나아가게 이끌었다. 그러나 이런 판단은 20세기 초중반 극심한 좌절을 맞본다. 소비에트 혁명과 대공황을 겪게 되었기 때문이다.

마르크스적 평등주의와 자유

인간은 한편으로 이성에 의해 도덕법칙을 따르기도 하지만, 다른 한편으로 이기심으로 행동한다. 자본주의는 인간 이기심의 발동에 날개를 달아주는 체제이다. 스미스가 인간의 이기심을 자연스럽게 받아들여 풍부하게 널린 천연자원처럼 사용하는 시스템을 제시했기 때문이다. 이로써 역사적으로 두 가지 문제에 직면하게 된다. 첫째, 자본가에 의한 노동 수탈이 지나치면서 경제적 계급사회를 출현시켰다. 보기에 따라서는 사회적 양상이 달라져서 과거의 신분제 계급사회가 경제적 계급사회로 바뀌었을 뿐이다. 둘째, 자본의 경쟁적 주도로 시장에 상품 공급은 넘쳐나는데, 이를 구매할 소비 수요의 취약으로 인해 때때로 대공황이 발생하여 사회적 파국에 직면한다.

실제로 역사는 두 문제에 마주쳤고 또 두 가지 해법을 각기 모색했다. 첫 번째 문제에 대한 해결책이 먼저 추구되었다. 마르크스(K. Marx)가 출현하여 부르주아(유산자)와 프롤레타리아(무산자)로 구성되는 계급사회는 용인할 수 없는 것이므로 무계급 사회를 희구하는 공산주의 이데올로기를 주창하였고, 곧이어 만국의 노동자 결집을 위한 사회주의 인터내셔널이 추진되었으며, 마침내 1917년에 러시아에서 레닌(V. Lenin) 주도의 볼셰비키 혁명이 성취된 것이다. 자유(시장)의 폐해를 극복하는 대안으로 평등(equality)의 깃발이 올라간 것이다.

마르크스는 인본주의 차원에서 일체의 계급이 사라진 사회에서 모든 사람이 제 능력을 발휘하며 필요한 것을 사용하는 사회가 반드시 오리라고 믿었다. 역사적 필연에 따라 자본주의가 붕괴한 이후 사회주의(socialism)에 들어섰을 때, 각자는 능력에 따라 일하고 각자에게는 노동기여에 따라 분배가 이루어지는 위상으로 상정했다. 다만 이때의 사회주의는 공산주의(communism)의 전 단계일 뿐이다. 왜냐하면 노동기여는 노력 이외에도 타고난 능력에 따라 좌우되는 성격의 것으로 여전히 자본주의의 잔존 폐습을 간직한 것일 뿐이므로, 사회주의를 넘어서서 더 나은 최종 단계에 이를 것이라고 본 것이다.

마르크스는 자본주의에서 정의를 운위하는 것은 가당치도 않다고 여긴 반면, 사회주의에서는 다소 불완전하게나마 이를 언급할 수 있고, 그리고 마침내 공산주의 사회에서 그것이 최종적 빛을 발할 것이라고 주장했다. 이에 『고타강령 비판(Critique of the Gotha Program)』에서 다음과 같이 선언한다.[60]

> 공산주의 사회의 더 높은 단계에 이르러서 개인이 노동 분업의 상태에서 벗어나고 이와 함께 정신노동과 육체노동의 대립이 사라지면, 노동이 삶의 수단일 뿐만 아니라 삶의 으뜸가는 욕구가 되고 나면, 개인의 전면적 발달과 더불어 생산력 또한 증대됨으로써 집단적 부의 원천이 풍부하게 차고 넘치게 되면, 그때 비로소 편협한 부르주아적 권리의 지평을 완전히 넘어서면서 사회는 그 깃발에 이렇게 적을 수 있게 된다. "각자는 그의 능력에 따라서, 각자에게는 그의 필요에 따라서."

공산주의는 필요의 원리, 즉 "각자는 그의 능력에 따라서 (일하고), 각자에게는 그의 필요에 따라서 (분배받는다)"가 이루어지는 사

---

[60] Karl Marx, *Critique of the Gotha Program*, p.531.

회이다. 그러면 무계급 사회와 필요의 원리에 따른 정의사회가 실제로 이루어질 수 있는가? 그것은 이상적 꿈이었을 뿐 현실 속에서는 좌초하고 말았다.

마르크스적 사회주의가 등장했지만 공산주의로 이행하기도 전에 무너지게 된, 곧 현존 사회주의의 한계는 무엇일까? 우선 두 가지를 꼽을 수 있다. 첫째, 불완전한 인간의 한계를 간과한 것으로서 공산당 일당 독재에 따른 해악을 극심하게 초래했다. 인간 무리인 공산당이 부패하고, 근원으로 당 서기장의 독재가 이루어지기 십상인데, 이를 제어하거나 차단할 제도적 장치를 자체적으로 결여한 데 따른 귀결이다. 하나로 줄 세워진 획일화 사회에서는 폐해가 심각하게 드러날 경우, 붕괴 이외에는 다른 길이 없다. 반면 이해관계 집단이 여럿이어도 이를 혼합적 공화정에 의거하여 서로 간의 견제와 조화, 균형을 이룩한 고대 로마와 근대 미국은 강건한 나라로 부상하게 되었음에 유념할 필요가 있을 것이다.

둘째, 전체주의 목적 달성을 위해 개인의 자유를 제약함으로써 자발성 상실에 따른 생산성의 저하가 결정적 붕괴의 원인이었다. 개인의 자유는 의지나 의욕으로 분출하는데, 이것을 꺾는 곳은 닫힌사회로서 그 폐해가 전면화되는 반면, 그것을 북돋는 곳은 열린사회로서 활기가 넘친다고 할 것이다. 닫힌사회가 시민의 자유를 옭죄고 실질적 민주주의를 결여하게 되었을 때, 치명적인 사태에 봉착할 것임은 자명하다.

한 가지 더 검토할 수 있다. 이점은 위험사회(risk society)와 관련된다. 마르크스적 사회주의든 자본주의든 모두 산업사회를 기반으로 하고 있다. 산업사회의 기본 특징은 자연을 인간을 위한 도구(instrument)로만 보는 까닭에 그로 인해 자연 소외에 따른 환경위기를 초래할 수밖에 없다.[61]

이런 관점에서 보면, 필요의 원리를 충족시키고자 "생산력 또한 증대됨으로써 집단적 부의 원천이 풍부하게 차고 넘치게" 되는 사회를 만들고자 한 공산주의는 자본주의와 동일하게 환경위기에 직면할 수밖에 없다는 한계를 지닌다고 할 것이다.

존 롤스의 평등지향 자유주의와 자유

자본주의의 자유방임주의가 드러낸 두 번째 문제는 경제 대공황의 초래였다. 1929년 미국에서 경제 대공황이 발생했고 전 세계로 파급되었다. 이 문제는 케인스 경제학(Keynesian economics)에 의거하여 점차 해소되는 단계로 진입했다. 투자와 생산, 소비의 사이클이 원활하지 못함으로써 경기침체가 일어날 때, 정부가 시장에 적절히

---

61 한면희, 『초록문명론』, 72쪽,

개입하여 지출이라는 활력소를 제공함으로써 공황에 따른 파국을 차단하는 해법이었다. 이것은 정부의 알맞은 개입을 통해 고전경제학의 한계를 극복하는 방안이었고, 또한 마르크스주의에 기댈 필요 없이 자본주의를 구해낸 것이기도 했다.

그럼에도 계층적 양분화가 심화되는 것을 막기에는 역부족이었다. 특히 20세기에 두 번의 세계대전을 겪으면서 피폐해진 민심도 엄청난 사회적 현안이었다. 서유럽에서는 정부가 적극적으로 나서야 할 여건이 조성되었고, 좌우를 가리지 않고 복지국가(welfare state)를 향해 나아가지 않을 수 없었다. 이즈음 자유주의의 근간을 유지하면서도 정부의 정책적 개입을 정당화해주는 새로운 정치적 사조가 등장했다. 하버드대 철학자 존 롤스(John Rawls)가 1971년에 『사회정의론(A Theory of Justice)』을 출간함으로써 선도했다.

롤스는 사회를 공정으로서의 정의(justice as fairness)의 체계로 구축하고자 하였다. 그러려면 어떤 편견에도 치우치지 않으면서 모두가 동의하는 합의 체계, 즉 원초적 입장에서 무지의 베일(veil of ignorance)을 쓰고 맺는 사회계약을 상정했다. 이로써 두 가지 원칙에 이른다고 판단했다.[62] 첫째, "모든 사람은 다른 사람들의 유사한

---

62   John Rawls, 황경식 옮김, 『사회정의론』, 81~2쪽, 103쪽,

자유와 양립할 수 있는 가장 광범위한 기본적 자유에 대하여 동등한 권리를 가져야 한다." 둘째, "사회적·경제적 불평등은 다음과 같은 두 조건을 만족시키도록 편성되어야 한다. ⓐ 최소 수혜자에게 최대의 이익이 되고, ⓑ 공정한 기회 균등의 원칙 아래 모든 이에게 개방된 직책과 직위에 결부되어야 한다."

롤스의 사회정의는 한편으로 자유주의에 속하고, 다른 한편으로 최소 수혜자(the least advantaged)에게 그나마 가장 나은 대우를 받게 되는 지평을 열어주는 사조이다. 롤스의 입장을 평등지향 자유주의라고 부를 수 있기 때문에, 적어도 미국에서는 이에 힘입어 복지국가의 정책을 구사할 수 있게 된 것이다.

롤스의 사회정의는 제2차 세계대전 이후 서유럽 대륙의 진보 정당이 비(非)마르크스적 사회민주주의(social democracy)에 의거하여 복지국가 노선을 펼쳤다는 것과 적지 않게 궤를 같이 한다고 할 것이다. 서유럽 사회민주주의는 마르크스와 결별한 상태에서 민의를 대변하는 의회 민주주의를 중시하고, 자유의 가치를 존중하며, 인간성에 깃든 공동체적 속성(대표적으로 사회적 연대 등)을 드러내는 사조라고 단순화하여 말할 수 있다. 큰 틀에서 보면, 서유럽에서 보수는 자유주의를, 진보는 사회민주주의를 대변해왔다. 반면 미국에서는 공화당이 보수적 자유주의(자유지상주의 또는 신자유주의)를, 민주당이 롤스 유형의 평등지향 자유주의를 추구하는 것으로 평가할 수 있다.

칸트의 초월적 주체와 롤스의 선택하는 자아

존 롤스는 공정한 사회계약을 맺을 때, 자신의 이익 증진에 관심을 가진 자유롭고 합리적인 사람들이 평등한 위치에서 참여한다는 것을 전제로 상정하였다. 무지의 베일을 쓰고 참여하기 때문에 누구나 자신의 사회적 지위나 계층상의 위치를 모르고, 심지어 자신의 가치관이나 심리적 경향성마저 모르는 것으로 여겨진다. 한 마디로 원초적 상황의 당사자들은 무엇이 자신에게 이익과 불이익이 되는 것인지 분별할만한 합리적 능력을 갖고 있지만, 서로에 대해서는 상호 무관심한 것으로 생각된다. 이런 롤스의 입장은 자유주의의 한 획을 그은 칸트(I. Kant) 철학에서 기인하기 때문이다.

칸트에게 자유는 초월적 지평에서 열린다. 칸트에게 감각의 세계는 물리적 법칙이 작동되는 곳으로 이곳 현상계에서는 뉴턴역학의 인과적 결정만 이루어질 뿐 자유의지에 따른 행위를 찾는 것이 불가하다. 진정한 자유는 감각의 세계를 넘어선 본체계(또는 예지계)에서 찾을 수 있을 뿐이다. 그곳에서 실천이성이 근본적으로 부여한 법칙에 따라 도덕이 보편적인(universal) 성격의 것으로 탄생하고, 그것에 부응하는 행위가 옳은 것이다. 따라서 칸트에게 자유는 초월적 주체(transcendental subject)에서 유래한다. 이런 주체는 감각적 현실세계에서 펼쳐지는 목적에 우선해서 존재하고, 그럼으로써 좋거나 나쁨을 드러내는 선악에 앞서 존재한다고 할 것이다.

존 롤스는 칸트의 견지에서 도덕적 행위의 옳음(right)이 선(good)에 앞선다고 보았다. 이에 행위의 옳음을 규정하는 보편적 도덕법칙이 명하는 바를 따라야 할 의무(duty)가 생기고, 이것에 상관적인 권리(rights)가 분별된다. 이때 사회의 정의(justice)는 제도를 통해 "권리와 의무를 배분하고 사회 협동체로부터 생긴 이익의 분배를 정하는 방식"을 채택하는 데 있다고 여겼다.[62] 바로 이런 맥락에서 롤스의 정치적 자아상이 드러난다. 그는 말하기를, "우리는 원초적 입장을 본체적 자아가 세계를 바라보는 관점이라고 생각한다는 점이다. 본체적 자아로서의 당사자는 그들이 원하는 것이라면 어떠한 원칙이든지 선택할 완전한 자유(complete freedom of choose)를 갖는다."[64]

이제 비로소 자유주의의 두 모습이 부상하게 되었다. 하나는 고전적 자유주의로서 인간의 자유를 간섭(또는 방해) 없는 자유로 이해하는 것이다. 다른 하나는 칸트에서 롤스로 이어지는 의무론적 자유주의인데, 인간의 자유란 선택할 기회를 한껏 누리는 데 있다는 것이다.

자유지상주의와 자유

---

63 위의 책, 29쪽.
64 위의 책, 272쪽.

제2차 세계대전 이후 서유럽서 복지국가 노선을 향해 나아갈 무렵 경제학계 일부 진영에서 우려의 목소리가 울려 퍼졌다. 하이에크(F.A. Hayek)는 1960년에 출간한 저서에서 경제적 평등을 도모하려는 시도에 경종을 울리면서, 그것이 자유 사회를 유린할 것임을 상기시켰다. 곧바로 밀턴 프리드먼(Milton Friedman)도 사회복지 정책이 개인의 자유를 침해하는 위법 행위라고 일갈하였다. 이런 흐름은 자유주의 우파에 해당하는 자유지상주의(libertarianism)로 부상하게 되는데, 하버드대 철학자 로버트 노직(Robert Nozick)이 1974년의 저서에서 그 기치를 분명히 했다.

그는 "각자에게 그의 X에 따라서" 분배하는 정형화(patterning) 정의는 번번이 결과에 맞추려하기 때문에 불가피하게 인간 개인의 자유를 침해할 것임을 밝히면서, 오직 과정상의 절차를 중시하는 것으로 정의의 체계를 구성한다. 이때 로크를 쫓아서 타인의 기회를 저해하지 않는 선에서 자신의 노력으로 취득한 것에 대한 소유권을 정의롭다고 보았다. 이후 자발성에 따라 이전(매매나 양도)한 것에 대한 정당한 소유권을 갖는다고 하였다. 물론 강압이나 사기 등으로 인한 것은 부당하기 때문에 시정이 이루어져야 한다고 주장했다.[65] 여

---

65 Robert Nozick, *Anarchy, State, and Utopia*, p.151, 160.

기서 주목할 바는 정부가 가난한 자에게도 혜택을 주는 복지정책을 추진하겠다고 부자에게 많은 세금을 거두어 가는 것도 강압에 의한 자유 유린으로 보게 된다는 점이다.

자유지상주의의 목소리는 1980년대에 영국 대처리즘(Thatcherism)과 미국 레이거노믹스(Reagonomics)를 출현시키는 신자유주의 사조로 부상한다. 이로써 고전적 자유방임주의가 새 옷으로 갈아입게 된 것이다.

2. 공화주의와 자유주의, 정치적 자아

로마 공화주의와 개인의 자유

고대 로마의 공화정(Republic)은 법 이외에 어느 누구의 지배도 불허하는 기반 위에서 계급 간에 서로 다름을 용인하여 화합을 도모하는 혼합정이다. 고대 그리스가 민주제를 시도한 반면, 로마는 군주제와 귀족제, 민주제 세 요소를 혼합한 형태로 통치자와 귀족, 평민들의 이해를 상호 조율하는 방식의 제도를 운영하였다. 여기서 무엇보다도 중요한 점은 평민들이 귀족에게 항거하고 투쟁함으로써 양보를 이끌어내어 자유를 획득하고 이를 지키는 장치로서 호민관 제도를 두었다는 데 있다.

로마의 공화정이 오늘날 정치적 사조로 단장된 데는 현대 공화주의자들이 마키아벨리(N. Machiavelli)를 통해 이를 부활시켰기 때문이다. 마키아벨리는 고대 로마의 공화정에 대한 깊은 연구를 통해 지배자와 귀족은 지배(domination)하려는 강한 갈망을 갖고 있는 데 반해, 평민은 지배당하지 않으려는 강력한 열망을 갖고 있다고 보았다.

여기서 현대의 공화주의자들은 먼저 두 가지를 분별하게 된다. 하나는 시민적 자유(civic liberty)의 근원이 근대에 발흥한 자유주의(liberalism)에 있는 것이 아니라 공화주의(republicanism)에 있다는 것이다. 다른 하나는 시민의 자유가 비지배적 자유라는 것이다.

공화주의의 자유 개념이 지배를 받지 않음에 있다는 것을 분명히 한 현대 공화주의자는 필립 페팃(Philip Pettit)이다. 그는 쉬운 사례를 통해 이를 설명하고 있다. 예컨대 재주가 뛰어난 노예를 소유한 주인이 그에게 전권을 맡기고 아무 간섭도 하지 않는 상태로 있다고 하자. 이때 그 노예가 누구로부터도 간섭을 받지 않는 자유로운 상태에 있다고 해서 그를 정말로 자유인이라고 말할 수 있는가? 갑작스레 상황이 바뀌었을 때 그의 간섭 부재의 자유 상태는 한시적이었음을 깨닫게 될 것이다. 이런 관점에서 페팃은 진정한 의미의 자유가 로마 공화정에서 확인할 수 있는 지배 받지 않음에 있다는 것이다.[66]

---

66   Philip Pettit, 곽준혁 옮김, 『신공화주의』, 2012, 74쪽.

또 다른 현대 공화주의자인 비롤리(M. Viroli) 역시 같은 논조로 공화주의의 자유 개념이 자유주의의 그것과 다름을 이렇게 분별하여 적시하고 있다. "자유주의에서 말하는 자유는 오직 간섭으로부터, 즉 개인이 가지는 선택의 자유에 간섭하는 여러 움직임들로부터 개인을 해방시킬 것을 목표로 한다. 이에 반해 공화주의가 말하는 자유는 모든 예속의 조건들로부터 개인들을 해방시킬 것을 목표로 한다."[67] 계속해서 언급하기를 "공화주의자는 자유를 위해 특정한 삶의 유형 또는 특정한 자아의 유형을 강조하지 않는다. 자유를 말할 수 있기 위해서는 주종관계(예속)가 존재하지 않도록 하는 것만으로도 충분하다."[68]

로마 공화주의는 자유가 법이라는 제도를 통해 구현되어야 하고, 그런 조건에서는 지배나 예속이 사라진 상태이기에 그 이외의 다른 것은 부차적이라고 본다. 다만 국가라는 공동체의 자유는 개인의 자유만큼 기초적이라고 분별하지만, 국가 공동체와 개인의 관계에 대해서는 특별한 입장을 드러내고 있지는 않다. 비롤리에게서 확인할 수 있듯이 로마 공화정은 특정한 인간 자아(self)의 상을 제시하는 것으로 파악할 수 없다.

---

67 Maurizio Viroli, 김경희·김동규 옮김, 『공화주의』, 48~9쪽.
68 위의 책, 100쪽.

미국 건국의 공화주의와 공적인 자유

미국 건국의 공화주의는 로마 공화정을 기본으로 참조하면서도, 이를 넘어 고대 그리스와 이스라엘은 물론 근대의 사상과 종교까지 조회하여 새로운 것으로 꽃을 피워내었다.

건국의 국부들은 하나같이 공화주의를 중시하였다. 독립전쟁을 승리로 이끈 조지 워싱턴(George Washington)은 초대 대통령으로서 유덕한 인재들을 발탁하여 활약하도록 하였고, 임기를 마치자 조용히 퇴임하여 뒤에서 성원함으로써 덕을 갖춘 지도자로서의 풍모를 유감없이 드러내었다.

독립선언서를 기초한 토마스 제퍼슨(Thomas Jefferson)은 독립을 쟁취한 후 연방정부를 세울 때 구대륙에서 건너온 이주민들 대다수가 신대륙 아메리카에서 자유를 누리는 가운데 새로운 희망에 부풀어 자신들의 꿈을 구현하려는 삶을 더욱 북돋고자 하였다. 그는 공동체적 삶을 구현할 때 누구나 타인에게 매이지 않도록 자립적으로 사는 것이 가능한 사회 여건을 만드는 데 주력하였다. 예컨대 자신의 삶을 가능한 한 스스로 책임지는 농민이나 수공업 장인들의 삶을 격려하고, 이를 제도적으로 지원하는 데 온 힘을 기울였다. 공화국의 활력을 유지하고자 미풍양속의 문화를 조성하는 데 힘쓴 것이다.

미국 헌법을 공화주의 정신에 따라 제정하고자 애쓴 제임스 매디슨(James Madison)은, 한편으로 제퍼슨과 뜻을 같이 하여 시민의 자유와 기본적 권리가 중시되도록 하되, 다른 한편으로 각인의 이기심에 따른 결속이 파벌을 이루어 집단적 해악으로 번지는 것을 최소화하고자 법과 제도에 따른 견제와 균형을 이루도록 기획하였다. 인간의 양면적 속성을 감안하여 가능한 한 이기심은 위축되고, 양심이 발현되도록 공화주의의 형성적 기획을 도모한 것이다.

심지어 연방파의 지도자인 워싱턴정부 초대 재무장관 알렉산더 해밀턴(Alexander Hamilton)조차 큰 틀에서 공화주의를 수용했다. 그는 미국이 산업사회로 진입하도록 영국의 제도를 본 떠 연방 중앙은행을 설립하여 독립전쟁에 따른 대내외 채무를 청산하고, 경제 활성화를 유도하였으며, 제퍼슨이 몹시 꺼려하는 산업화 대공장을 도입하는 데 적극적이었다. 이때 그는 공화주의가 과거의 방식이 아니라 새로운 수단에 의해 실현되어야 한다고 본 것이다. 농장이든 수공업 현장이든 대공장이든 각자의 자유로운 노동 행위가 나라의 공공선에 기여하도록 이끌었다. 그는 경제를 잘 운영하는 것으로써 나라의 위대함과 영광을 이루자는 공화주의의 정치적 비전을 결코 잃어버리지 않은 것이다.

마이클 샌델(Michael J. Sandel)은 미국 건국의 공화주의를 비교적 일목요연하게 정리한다. 그는 공화주의가 개인의 자유(liberty)를 중시하지만, 그것을 사적인 것으로만 인식하는 것이 아니라 공적인(public) 성격도 가짐을 분명히 했다. 나의 자유는 공동체로 엮인 다른 구성원의 자유와 연계되어 있기 때문이다. 나는 나의 고유한 삶을 영위하지만, 공동체 구성원과 일정 부분 운명을 공유하기도 한다. 이에 공적인 일을 통해 자신들의 운명을 개척하는 자치(self-government)에 임하는 정도만큼 자유를 향유하게 된다. 공동체 시민 서로 간에 연대가 필요하고, 그것이 진실한 것이 되려면, 시민적 덕성(civic virtues)을 갖출 때에 실현이 가능해진다. 그리고 각자가 자신에게 좋은 것을 찾듯이 함께 살아가게 된 공동체 역시 공동의 선(comon goods)을 추구하게 된다.

이렇게 샌델이 찾아낸 미국 건국의 공화주의는 자유를 사적 계기를 간직하면서도 공적인 것으로 분별하기 때문에 인간 자아에 대한 구체적 상을 갖는다. 이것은 자유주의(liberalism)의 그것과 대조적이다.

마이클 샌델의 자유주의 비판과 정치적 자아

마이클 샌델은 미국 건국의 공화주의를 새롭게 구축하는 데 관심을 갖고 있고, 그럼으로써 자유주의 사조에 몹시 비판적이다. 여기서 유념해야 할 바는 샌델이 자유주의와 마찬가지로 자유의 가치를 중시한다는 데 있다. 그럼에도 불구하고 샌델은 양자의 결정적 차이를 이렇게 언급하고 있다.[69]

---

69 Michael J. Sandel, 안규남 옮김, 『민주주의의 불만』, 18쪽.

공화주의 이론의 핵심은 자유가 자치에 참여하는 데 달렸다는 생각이다. 이러한 생각 자체는 자유주의에서 말하는 자유와 모순되지 않는다. 정치 참여는 사람들이 자신들의 목적을 추구하기 위해 선택하는 방법 가운데 하나일 수 있기 때문이다. 그러나 공화주의 정치 이론에 따르면, 자치에 참여하는 것은 그 이상의 것을 의미한다. 그것은 동료 시민들과 함께 공익에 관해 숙고하고 정치 공동체의 운명을 만들어가는 데 이바지한다는 것이다. 그런데 공익에 관해 숙고하기 위해서는 자신의 목적을 선택할 능력과 타인의 권리를 존중하는 능력만으로는 부족하다. 공적인 일에 대한 지식, 소속감, 전체에 대한 관심, 운명이 걸린 문제에 직면해 있는 공동체와의 도덕적 유대 등이 필요하다. 그러므로 자치 참여는 시민들이 특정한 인격적 성질이나 시민의 덕을 가질 것을 요구한다.

미국 건국의 공화주의에서 확인할 수 있는 것처럼, 인간 각 개인의 자유는 그 자신의 활약과 운명까지도 담보하고 있는 공동체의 운영 및 안위와 직결된다. 자유는 자치에 참여하여 공동선을 지향하는 정도에 비례한다고 해도 과언이 아닌 것이다. 이런 의미에서 공화주의의 인간상이 드러난다. 그것은 뿌리박힌 자아(encumbered self)이다.

인간은 누구나 특정 공동체의 구성원으로 태어나 씨줄과 날줄로 엮인 사회문화적 존재로 성장한다. 나는 이런 것에 초월해 있는 존재가 아니다. 이런 것은 태어나기 전에 내가 선택할 수 있는 것도 아니다. 불가항력의 운명으로 주어지는 것이다. 샌델은 이렇게 언급하고 있다.[70]

> 자유주의자들이 생각하는 자유의 약점은 그 호소력과 밀접히 연관된다. 자신을 자유롭고 독립적인 자아로 여긴다면, 그래서 스스로 선택하지 않은 도덕에 구속되지 않는다고 여긴다면, 우리가 공통적으로 인식하고 칭찬하기까지 하는 다양한 도덕적·정치적 의무를 이해할 수 없다. 여기에는 연대와 충직의 의무, 역사적 기억과 종교적 신념에 관한 의무가 포함된다. 이는 우리의 정체성을 형성한 공동체와 전통이 요구하는 도덕이다. 우리 자신을 '뿌리박힌 자아'로 여기지 않는 한, 즉 내가 정하지 않은 도덕적 요구도 받아들일 자세를 취하지 않는 한, 우리가 경험하는 도덕과 정치에서 그 의무를 이해하고 받아들이기란 어려운 일이다.

---

70   Michael J. Sandel, 이창신 옮김, 『정의란 무엇인가』, 308~9쪽.

따라서 뿌리박힌 자아의 인간은 동료에 대한 의무도 갖지만, 경우에 따라서는 역사적 책무도 일부 짊어지지 않을 수 없다. 대표적으로 21세기의 독일인은 제3제국 나치의 이름 아래 유대인을 집단으로 학살한 선대의 책임을 망각할 수 없다. 마찬가지로 오늘날의 미국 백인들 역시 흑인을 노예로 부리며 학대한 과거를 잊어서는 안 된다. 공화주의의 연대 의식에 따를 경우 독일인은 유대인에게 사죄의 책무 다하기를 소홀히 해서는 안 되고, 미국의 백인 역시 역사적 책무에 따라 흑인을 차별하지 않는 의무를 가져야 한다.

자유주의에 따를 경우 오늘날의 일본인은, 자신들의 선대 조상이 식민지 한민족에게 저지른 지난날의 악행에 대해, 스스로 선택하여 실행한 행위가 아니므로 하등의 책임을 느낄 이유가 없다고 할 수 있다. 그러나 공화주의의 뿌리박힌 자아상에 따르면 오늘날의 일본인은 현대 독일인이 유대인을 대할 때 취하는 자세와 유사한 책임을 자각해야 한다고 볼 것이다. 자유주의의 원자론적이거나 초월적인 자아상은 몰역사적인 반면, 공화주의의 뿌리박힌 자아상은 역사적이다. 이렇게 보면, 정치적 자아상을 어떻게 이해할 것이냐에 따라 그에 수반되는 정치적 책임 또한 큰 차이를 보인다고 할 것이다.

3. 청교도 정신의 공화주의와 기독교 정치관

종교개혁과 청교도의 출현

　1517년 10월 31일 마르틴 루터(Martin Luther)는 가톨릭의 면죄부 판매를 반박하는 95개조 논제를 독일 비텐베르크 교회 문에 못박아 내걸음으로써 마침내 종교개혁의 포문을 열었다. 즉시 일반 대중들로부터 열렬한 지지를 받았다. 그리고 무엇보다도 로마 교황청과 일정한 거리를 두고 싶어 하던 각 지역의 제후들로부터 지원을 받게 된 것은 역사적 행운이었다.

　루터가 촉발시킨 종교개혁의 파고는 유럽 전역으로 파급되었다. 1529년에는 루터의 지지자들이 독일 제국의회의 조치에 강력히 '항의'하게 된 사건을 계기로 프로테스탄트라는 영광스러운 명칭을 받게 되었고, 이로써 개신교(Protestantism)라는 말이 회자되기에 이른다. 그즈음 프랑스 청년 장 칼뱅(John Calvin, 영어식 캘빈)은 종교박해를 피해 스위스로 피신하여 1535년에 『기독교 강요』 서문을 필두로 프로테스탄티즘의 성경적 교리를 논리적이면서 포괄적으로 이해할 수 있도록 개진하기 시작했다.

　청교도(Puritan)는 대륙에서 전개되던 종교개혁의 기풍이 영국으로 들어와서 고유한 역사적 조건에서 탄생했다. 국왕 헨리8세가 대를 이을 남아를 낳지 못하던 부인과 이혼하려 했으나 교황청의 거부에 직면하였고, 이에 대한 대처로 1534년에 의회를 내세워 자국 교회를 로마와 독립된 국교회(성공회)로 전환하면서 국왕이 교회의 수

장까지 맡도록 조치하였다. 다만 국교회가 외형만 바뀌었지, 내용과 형식은 그대로 가톨릭이었다는 데 있다. 이에 종교개혁에 동조하던 사람들은 주로 캘빈주의에 의거하여 국교회를 수용하되, 대거 정화하겠다(purify)고 나섬으로써 '퓨리턴'이라는 이름을 얻게 된 것이다. 문제는 헨리8세가 죽고 나서 그 뒤를 이은 후임 왕들이 종교개혁과 정화를 수용하거나 또는 거부에 따른 탄압을 하느냐의 여부에 따라 개신교나 청교도의 운명이 갈리게 된다는 데 있다.

아메리카 청교도가 초기 미국 사회에 끼친 영향

청교도 가운데 일련의 무리들은 영국 내에서 바른 신앙을 갖는 것에 대한 회의를 품고 마침내 자유로운 신앙을 찾아 1620년 9월에 영국을 떠나 아메리카 신대륙으로 향하는 깃발을 올렸다. 이들은 영국 국교회와 무관하게 새로운 곳에서 기독교 신앙을 새롭게 건설한다는 자세를 가졌기에 분리파 청교도라 불렸고, 그런 연유로 선상에서 메이플라워 협약(Mayflower Compact)을 맺게 된다. 그것은 법안에서 누구나 공정하고 평등하게 대우를 받으며 양심의 자유를 보장하는 사회를 건설한다는 꿈을 담은 것이었다.

일행은 그해 12월에 플리머스라 명명한 곳에 도착하였지만, 매서운 추위와 굶주림, 괴혈병 등으로 인해 겨울을 나면서 출발 당시 102명 가운데 절반이 죽음을 맞이하는 비극을 겪게 된다. 그럼에도 남은 자들은 역경을 이겨내려는 의지를 결코 잃지 않았다. 정착 직후 촌장으로 뽑힌 윌리엄 브래포드(William Bradford)는 독학으로 성경을 모국어와 라틴어로 읽을 정도의 열혈 청년으로서 기독교적 소명을 의식한 신실한 성품의 소유자였다. 그는 경건한 자세로 하나님을 의지하는 가운데 이웃한 인디언의 도움을 받아 1년 농사를 지어 지극히 보잘 것 없는 수확이었음에도 첫 소출의 곡식을 하나님에게 바치는 의식을 거행한다. 이를 계기로 미국서 추수감사절이 유래하게 되었다.[71]

두 번째로 청교도 일행이 아메리카 대륙 세일럼에 도착한 해는 1630년 6월이었다. 특히 케임브리지대를 나온 판사 출신의 존 윈스럽(John Winthrop)이 주도하는 가운데 17척의 배를 타고 1,000여 명이 도착한 것이다. 이들은 모국인 영국과의 관계를 원만히 유지하고자 원했기에 비분리파 청교도였다. 당시 보스턴이 중심 지역으로 떠올랐으며, 보스턴교회가 세워졌다. 물론 이후에도 서유럽 대륙에서 북아메리카 뉴잉글랜드 지역 등으로 신앙의 자유를 찾아 수많은 이주민들이 점차 들어온다. 특징적인 것은 윈스럽과 그 일행들은 신앙심이 충만하였기에 이곳 매사추세츠에 성경적인 '언덕 위의 도시

---

71 오덕교, 『청교도 이야기』, 191~5쪽 참조.

(city upon a hill)'를 세우려고 했다는 점이다.[72] 사회적으로 부패하고 종교적으로 타락한 서유럽과 달리 이곳에서는 성경 말씀이 그대로 실현되는 도시, 교회와 사회가 말씀으로 하나같이 되는 도시를 만들고자 했다.

윈스럽 일행이 영국을 떠날 때 그들을 위해 신대륙에서 하나님의 뜻을 펼치도록 축사의 설교를 한 목사가 존 코튼(John Cotton)이었는데, 그 역시 1633년에 합류하게 된다. 그는 캠브리지대를 나와 목사 안수를 받고 교회 개혁운동에 나서서 명성을 얻음과 동시에 박해를 받게 되었으며, 이에 국교회 담당주교에게 목사 사직서를 제출하고 신대륙으로 건너왔다. 그는 여기에 도착하여 성경 이사야서가 전하는 "너희는 광야에서 여호와의 길을 예비하라. 사막에서 우리 하나님의 대로를 평탄하게 하라(40장 3절)."는 말씀이 이루어져야 함을 상기시키면서, 이를 위해서는 각자가 자아를 낮추고 비울 때에 비로소 "그리스도께서 우리 안으로 들어오시기에 적당하게 된다."고 외쳤다.[73] 그는 이를 실천하고자 보스톤의 명물로 알려지게 되는 목요강좌를 열었다. 이곳에 초대 주지사가 된 존 윈스럽을 필두로 많은

---

72 Alan Brinkley, 황혜성 외 옮김, 『있는 그대로의 미국사1』 87~8쪽.
73 Allen Carden, 박영호 옮김, 『청교도 정신』, 111쪽.

공직자들이 참석하여 일반 시민과 함께 성경의 말씀으로 세상을 일깨우는 목소리를 경청하였고, 필요할 때 제도를 통해 반영되도록 하였다. 윈스럽의 기록에 의하면, 이 목요강좌는 1634년 3월 4일부터 시작하여 미국 독립전쟁이 일어날 때까지 이어졌고, 이로써 그 영향은 뉴잉글랜드 전역은 물론 다른 주로도 파급되었다.

목요강좌가 100년 넘게 진행되고 있었지만, 세월이 흐르면서 초기의 청교도 정신은 다소 빛바래지면서 부침을 겪게 된다. 물질적 삶의 여건이 나아지고 있었고, 외부 이민자들이 부단히 유입되었으며, 또한 새로운 땅을 찾아 동부에서 서쪽으로 영역을 확장하고 있었기 때문이다. 이즈음 마지막 청교도의 걸출한 인물인 조나단 에드워즈(Jonathan Edwards)가 등장한다. 뉴잉글랜드에서 지도자 양성을 위해 가장 먼저 1636년에 세워진 하버드대가 지나치게 지성주의 일변도로 흐르면서 성경의 본령에서 멀어져가자 1701년에 예일대가 세워졌는데, 경건한 신앙의 자세를 유지하는 데 주안점이 두어졌다. 에드워즈는 1720년에 예일대를 수석으로 졸업하였지만, 자신의 영적 상태가 공허함을 자각하는 회심을 겪으면서 스스로 죄인임을 고백함으로써 각성에 이른다. 곧바로 예일대 교수직을 사임하고 목자로서 사역하는 가운데 1730~40년대에 제1차 대각성운동이라고 일컬어지는 아메리카 기독교 부흥의 한복판에 서게 된다. 특히 그는 캘빈주의에 의거하면서도 각성과 회개 과정에서 나타나는 감정 표출을 억누르지 않게 함으로써 부흥이 확산되는 데 기여했다. 그는 사람이 하나님의 선택을 받아 불가항력적인 은총을 입게 되더라도 그 안에서 자신이 뜻하는 바를 행할 자유를 갖는다고 본 것이다.[74]

같은 시기에 독일의 경건주의 신앙이 영국에 영향을 끼쳤고, 그 영향권에서 있던 옥스퍼드대 출신의 조지 횟필드(G. Whitefield)가 미국으로 건너와서 뛰어난 영적 리더십을 발휘함으로써 대각성 운동을 한층 북돋았다. 그의 설교에 영향을 받은 많은 사람들 가운데 대표적 인물로는 미국 국부의 한 사람이자 아메리카의 지성으로 존경받던 벤저민 프랭클린(Benjamin Franklin)도 있었다. 1739년에 필라델피아에 도착하여 행한 그의 설교에 구름같은 군중이 운집할 정도였고, 프랭클린도 그곳에 있었다고 한다. 그리고 후일 자서전에서 그와 관련된 일화 하나를 소개하고 있다.[75]

필라델피아에서 부흥을 일으켜 예배당까지 지은 횟필드가 개척이 시작된 지 얼마 안 된 조지아를 다녀왔다. 횟필드는 그곳서 많은 어린이들이 척박한 숲속에서 일하도록 내몰리면서 숱하게 병들고 죽어가는 참상을 목격하고서는 고아원을 만들 것이니 기금 마련에 나서 달라는 요청을 하였다. 이에 프랭클린은 기자재를 구할 수 없는

74　Justo Gonzalez, 이형기·차종순 옮김, 『기독교사상사Ⅲ』, 414쪽.
75　Benjamin Franklin, 이계영 옮김, 『프랭클린 자서전』, 193~96쪽.

그곳이 아니라 이곳에 짓고 아이들을 데려오자고 제안하였는데, 그가 말을 듣지 않자 거리를 두었다고 한다. 그러던 어느 날 그의 설교 모임에 참석하게 되었고, 틀림없이 기부금 얘기가 나올 터이지만 한 푼도 내지 않겠다고 미리 작정했다. 당시 그의 주머니에는 동전 한 움큼과 은화 서넛, 금화 다섯이 있었다. 그는 설교 중에 마음이 다소 동하여 동전을 내자고, 그리고 중반 무렵에 마음의 부끄러움을 느껴서 은화까지 내놓기로, 마침내 설교가 끝났을 때 마음의 감동을 크게 받아 금화를 포함하여 주머니의 모든 것을 기금 통에 넣었다고 한다. 휫필드는 눈곱만큼이라도 의심할 수 없는 청렴한 자세로 예수의 가르침을 영적인 감동으로 전했던 것이다. 프랭클린은 후일 펜실베이니아 주 의회 대표로서 1776년의 독립선언서 작성의 기초위원으로 활약했고, 곧이어 주프랑스 대사로 부임하여 미·불동맹을 이끌어냄으로써 영국과의 독립전쟁에서 승리하는 데 기여한 인물이다.

    프랑스 지성으로서 북아메리카 대륙을 찾아와 직접 경험한 바에 의거하여 『미국의 민주주의(1835)』를 펴낸 토크빌(A. Tocqueville)은 청교도에서부터 시작한 기독교가 미국 사회에 끼친 영향에 대해 이렇게 평가하였다.[76]

---

76   A. Tocqueville, 임효선·박지동 옮김, 『미국의 민주주의1』, 381쪽.

영국계 아메리카인의 대부분은 로마교항의 권위를 떨쳐 버린 뒤 어떤 다른 종교적 우월성도 인정해 보지 않은 사람들로 채워졌다. 그들은 민주적이고 공화적인 종교라고 정의할 도리밖에 없는 기독교 형태를 신세계에 들여왔다. 이런 종교형태는 공공분야에서 민주정치와 공화국을 수립하는 데 크게 기여했다.

토크빌이 언급한 바와 같이 청교도가 건국 공화주의에 이로운 영향을 끼친 대표적 사례가 타운회의이다. 윈스럽과 존 코튼이 행한 것처럼, 교회를 중심으로 공동체가 구성되면서 성경 말씀에 따라 각자가 자유를 누리되 형제애로 서로를 보듬고 배려하는 자세로 마을을 조성하고, 외부의 위험에 대해 공동의 운명을 의식하면서 앞을 향해 개척해나간 것이다. 이 과정에서 존 엘리엇(John Eliot) 목사처럼 인디언에게 복음을 따뜻하게 전하는 손길도 있었다. 귀족 가문의 윌리엄 펜(William Penn)은 퀘이커 교도로서 영국 재산을 처분한 재원으로 펜실베이니아로 들어가 그곳 인디언의 요청을 들어주면서 정당하게 땅을 사는 등 온화한 손길을 내밀었다. 조지 휫필드는 프랭클린의 고백처럼 수많은 사람들을 회심케 하면서 성경적 인애를 깨닫게 하였다.

로저 윌리엄스(Roger Williams) 목사는 캠브리지대 출신으로 영국을 떠나 뉴잉글랜드에 들어와 영국 국교회와 완전히 절연할 것을 요구함으로써 존 코튼과 격렬한 논쟁을 벌였고, 마침내 매사추세츠에서 쫓겨나다시피 떠나 로드아일랜드를 개척하게 된다. 그는 기독교 내에서도 교파가 다르다고 해서 결코 배척해서는 안 된다고 선언함으로써 개인의 자유와 더불어 신앙의 자유까지 역설하였는데, 이런 견해는 후일 토머스 제퍼슨에게 이어져서 국가로 하여금 양심에 따른 신앙의 자유를 보호하는 법 제정으로 이어졌다.[77]

그러나 청교도와 교회가 여러 한계를 노출한 것도 사실이다. 첫째는 지나치게 원칙에 집착함으로써 현실과 동떨어진 경우가 적지 않았다. 노예제가 죄악이므로 즉각 철폐해야 한다고 선언했지만, 적지 않은 기독교인들이 오랜 동안 노예를 두고 있었던 것이다. 두 번째로 희망에 부풀어 새로운 기독교 사회를 꿈꾸고 추진했지만, 현실은 물질적으로 세속화되면서 이상과 갈수록 멀어져 갔다는 점이다. 예컨대 존 코튼 목사와 존 윈스럽은 캘빈주의에 따라 뉴잉글랜드를 요한계시록에서 언급된 천년왕국으로 세우고자 했지만, 실현 불가능한 이상이었다. 인간의 죄성에 따른 한계를 냉철하게 인식하지 못한 것이다. 물론 그럼에도 그런 자세를 견지한 것은 비난받을 짓이 아니라 상 받을 일이다. 예수님이 짊어지신 십자가 사역의 참된 의미가 현세에 있는 것으로 국한할 수 없기 때문이다.

---

77 오덕교, 『청교도 이야기』, 265쪽.

미국 공화주의의 뿌리인 청교도 정신

　　마이클 샌델이 부각시킨 미국 건국의 공화주의는 독립선언을 하고 독립전쟁을 승리로 이끈 건국의 국부들에 대한 논의에서 출발한다. 그럴 수밖에 없는 이유는 연방헌법이 공화주의에 기초하여 1787년에 제정되었기 때문이다. 그럼에도 아쉬운 점은 건국의 국부들에게 성경과 청교도 정신이 깊게 영향을 끼쳤다는 것이다. 유대인인 마이클 샌델은 더 깊이 추적할 이유가 약했겠지만, 기독교인은 다를 수 있다고 본다. 더군다나 장로 직분을 받은 나로서는, 대한민국이 국민과 영토, 주권을 다 갖춘 1948년 8월 15일에 건국을 하였지만 그 뿌리는 3·1운동에 있었듯이, 미국 건국 공화주의의 뿌리 역시 청교도 정신에 있었다고 할 것이다. 이런 점에서 지극히 소박하게나마 청교도 공화주의를 말하지 않을 수 없다고 본다.

　　필자가 이렇게 언급할 수 있는 근거를 성경에서 찾을 수 있다. 예수의 사도로 부르심을 받은 바울은 고린도전서에서 이렇게 전하고 있다.

> 은사는 여러 가지나 성령은 같고 직분은 여러 가지나 주는 같으며 또 사역은 여러 가지나 모든 것을 모든 사람 가운데서 이루시는 하나님은 같으니 각 사람에게 성령을 나타내심은 유익하게 (또는 공동선을 이루게, *for the*

common good, NIV Bible) 하려 하심이라*(12장 4~7절).*

고린도전서는 위 구절 다음에 "몸은 하나인데 많은 지체가 있고 몸의 지체가 많으나 한 몸임과 같이", "너희는 그리스도의 몸이요 지체의 각 부분이라"고 하면서, 우리 몸에 붙은 손과 발, 눈과 귀를 예로 들어 "눈이 손더러 내가 너를 쓸 데가 없다 하거나 또한 머리가 발더러 내가 너를 쓸 데가 없다 하지 못하리라. 그뿐 아니라 더 약하게 보이는 몸의 지체가 도리어 요긴"하므로, "하나님이 몸을 고르게 하여 부족한 지체에게 귀중함을 더하사 몸 가운데서 분쟁이 없고 오직 여러 지체가 서로 같이 돌보게 하셨느니라."고 하였다.

고린도전서 12장의 비유에 따르면, 예수님을 구주로 영접한 무리들은 그리스도의 몸을 이루는 각 지체들이다. 각 지체로서 머리와 눈, 귀, 손, 발이 각각 제 고유한 기능을 (유기적 관계 속에서) 자유롭게 수행하되, 서로 돌보는 공적인 조화를 이룸으로써 온전해질 수 있다. 이제 이 비유를 예수님을 따르는 교회와 공동체, 사회로 확장할 수 있다. 교회의 머리는 예수님이시고, 교회는 사회의 등불이다. 결국 공동체를 구성하는 각 개인은 자유롭게 행하되, 서로가 다름 가운데서 미덕어린 배려를 통해, 각자가 유기적 관계에 따른 제 고유한 역할을 수행함으로써, 목적한 바의 공동선을 이루는 것이다. 공화주의의 핵심 가치인 자유와 자치, 미덕의 함양, 공동선이 그대로 반영되어야 함을 느끼지 않을 수 없다. 이에 성경에 바탕을 둔 청교도의 정신과 문화는 미국 건국 공화주의의 뿌리인 것이다.

청교도 공화주의와 정치적 자아, 기독교 정치관

기독교가 현실 정치와 어떤 관계를 맺는 것이 바람직할까? 크게 세 가지 방도가 놓여 있다. 첫째로 신정정치라는 이름으로 기독교가 현실 정치에 군림하는 방안이다. 이것은 과거 중세사회 때 로마 교황청이 세속 정치를 이끌면서 온갖 해악을 초래하다가 종교개혁에 직면하였음에 비추어볼 때, 결코 수용할 수 있는 방안이 아니다. 죄성을 지닌 인간의 한계 때문이다.

둘째, 기독교가 현실 정치와 분리되는 절연된 신앙 체계를 고수하는 방안이다. 교회가 절집처럼 세상과 등지고 산속으로 들어가는 형세이니 역시 가능하지 않다. 예컨대 세속 정치가 동성애든 낙태든, 자살이든, 안락사든 각 개인이 선택할 권리를 갖는다는 내용으로 법을 제정할 때, 이를 우리와 무관한 것이라고 여길 수는 없다. 그런 행위들을 죄로 규정한 성경 말씀에 따를 경우, 기가 막히게도 차별금지법 위반이라는 죄목을 받게 되고, 이로써 성경 말씀을 외면해야 하는 참담한 상황에 이를 수도 있기 때문이다.

셋째, 기독교가 현실 정치에 선의로 관여하는 정도로서 정치적 군림과 분리라는 양 극단의 중용에 위치하는 노선을 취하는 것이다. 현실 정치가 성경 말씀에 부응하여 빛의 방향으로 나아가도록 인도

하되, 인간의 죄성에 따른 한계를 염두에 둠으로써 최소한 어둠의 세상으로 잘못 나가지 않도록 제어하는 것이다. 그러려면 기독교인들이 솔선수범을 통해 세상의 빛과 소금 역할 감당하기를 힘써야 할 것이다.

세 번째 방안을 기독교의 중용적 정치관이라고 한다면, 오늘날 어떤 정치사상과 제도가 이에 보다 잘 부응하는 것인지를 분별할 필요가 있을 것이다. 그 목록에는 주요한 정치적 사조로서 자유주의(자유지상주의와 평등지향 자유주의)와 마르크스적 평등주의, 서유럽 사회민주주의, 그리고 공화주의 정도를 상정할 수 있다. 물론 보수주의와 파시즘도 언급할 필요는 있다고 본다.

가장 먼저 마르크스적 평등주의(현존 사회주의와 공산주의)는 두말할 여지없이 기독교 정치관과는 상극이다. 그것은 유물사관을 견지함으로써 영혼 구제의 기독교를 마치 마약처럼 탄압한다는 것이고, 무엇보다도 감각적 물질계 너머 성령의 세계를 부정하기 때문에 상반된다.

다음으로 기독교는 자유주의와 결속되는 경향이 강력했음을 인정하지 않을 수 없다. 그 이유는 19세기 서유럽 혁명의 시대와 20세기 동서 냉전시대를 거치면서 현존 사회주의 대 자유(주의적)민주주의 대결에서 최악을 피해야 했기 때문이고, 또한 자유의 가치가 존중될 때 기독교 복음을 믿거나 전파할 수 있는 공간이 열리기 때문이었다. 역사적 평가에 비추어서 자유주의의 승리에 대해 갈채를 보내지 않을 수 없다고 본다. 다만 20세기 말 냉전 종식 이후부터는 자유주의 사조에 대한 보다 철저한 평가가 필요해졌다고 판단된다. 수면 아래 잠복해 있던 사안들이 수면 위로 올라오면서 기독교계에 큰 숙제를 안겨주었기 때문이다.

앞서 자세히 논의한 바와 같이 자유주의는 미국에서 전형적으로 보수와 진보로 갈리는 경향을 드러내고 있다. 보수적 자유주의는 자유방임에 주안점을 두는 신자유주의 또는 자유지상주의로 부각되어 있다. 이 입장은 개인이 자유로운 행위를 수행할 때, 기본적으로 타자(정부나 교회 등)로부터 어떤 간섭도 받지 않아야 함을 강조한다. 여기서 사도 바울의 다음 언급, 즉 "형제들아 너희가 자유를 위하여 부르심을 입었으나, 그러나 자유로 육체의 기회를 삼지 말고 오직 사랑으로 종노릇 하라(serve)(갈라디아서 5:13)."에 주목할 필요가 있을 것이다. 마르크스주의처럼 하나님을 부인하는 것이 가장 큰 문제이지만, 그 다음으로는 예수께서 직접 "너희는 하나님과 재물을 겸하여 섬길 수 없느니라(누가복음 16:13)."고 하신 바와 같이 자본주의의 돈을 쫓는 데만 몰두해서는 안 된다.

뿐만 아니라 자유(지상)주의는 개인주의에 의거하여 인간 개인을 독립적인 원자론적 자아로 인식함으로써 그 근원이신 하나님과의 내적 연계를 부인하는 인간상을 갖고 있기 때문에 기독교 정치관과 어울리지 않는다. 이점은 진보적 자유주의, 즉 존 롤스의 자유주의에서 보다 잘 식별할 수 있다.

칸트의 계보를 잇는 선에서 존 롤스는 인간 존재를 본체적 자아로 이해했다. 샌델은 이런 롤스의 자아상에 대해 선(good)과 무관한 지평에서 어떤 선이든 마음대로 선택할 수 있는 무연고적 자아(unencumbered self)라고 신랄하게 꼬집었다. 창세기 1장에 드러나 있듯이 하나님이 천지와 만물을 지으시고 또 여섯째 날에 "하나님의 형상대로 사람을 창조하시되 남자와 여자를 창조하시고" 나서 "그 모든 것을 보시니 보시기에 심히 좋았더라(good)."고 말씀하셨다. 인간은 본래부터 하나님 보시기에 좋은 선한 존재여야 하는 것이지, 이와 무관한 지평에서 제 마음대로 좋은 것(선악과 포함)을 골라 자유롭게 취사선택해도 되는 존재가 아니다.

유대인 가계에서 태어난 마이클 샌델은 이점을 정확히 꿰뚫고 있었다. 그래서 이를 제대로 인지하지 못한 칸트나 롤스의 견해가 실제 역사와 무관한 자아상이라고 비판하면서, 자신의 인간상은 뿌리 박힌 자아임을 드러내었다. 겉으로 드러내지 않았을 뿐이지 샌델은 자신이 유대인 먼 조상으로까지 거슬러 올라가 뿌리내려져 있음을, 그리고 그런 유대인 조상은 선민으로 택하신 하나님에게로 뿌리내려져 있음을 체현하고 있는 것이라고 추정할 수 있다.

그렇다면 이방인 기독교인은 어떤가? 사도 바울은 이방인 기독교인을 향해 "돌감람나무인 네가 그들 중에 접붙임이 되어 참감람나무 뿌리의 진액을 함께 받는 자가 되었은즉 그 가지들을 향하여 자랑하지 말라(로마서 11:17~8)."고 당부하였다. 이방인 기독교인인 우리는 돌감람나무로서 참감람나무인 유대민족에 힘입어 십자가 사역을 감당하신 예수님을 그리스도로 영접함으로써 구원과 영생으로 나아갈 기회를 얻게 되었으니, 우리 역시 하나님에게로 영적으로 뿌리박힌 자아임이 분명하다고 할 것이다. 비로소 우리가 하나님 아버지의 자녀 됨을 확인할 수 있다. 그러므로 기독교 정치관에 가장 잘 어울리는 정치적 사조는 청교도 정신에 기초한 미국 공화주의라고 할 것이다.

이스라엘을 바라보는 기독교 정치관

유대인은 AD 70년에 로마의 예루살렘 성전 초토화에 따른 추방조치로 인해 오랜 세월을 세계 전역으로 흩어져 살다가 다시 조상의 땅 가나안으로 돌아와 1948년 4월 15일에 전격적으로 이스라엘 국가를 선포하였다. 이 사건은 무연고적 (또는 원자론적) 자아의 정치관으로 보느냐 아니면 뿌리박힌 자아의 정치관으로 보느냐에 따라 해석을 달리할 수밖에 없다.

칸트나 롤스와 같은 초월적 또는 무연고적 자아의 도덕성 관점에서 보면, 납득하기 어려울 뿐만 아니라 비난받을 행위로 재단하기 쉽다. 유대인들이 떠났으면 떠난 것이지, 왜 근 1900여 년 만에 시오니즘(Zionism)이라는 듣도 보도 못한 명분 아래 다시 돌아와서 오랫동안 거주하던 팔레스타인 민족을 추방하고 변두리로 내몰며, 심지어 저항하면 무력으로 짓밟느냐고 항변할 수 있다. 사실 필자가 예전에 도덕 철학자의 면모는 강하고 성경에 대한 이해가 엷었던 시기에 이런 견해를 잠시나마 가졌었고, 또 함께 사회운동을 하던 동지들이 그랬었음을 고백한다.

그러나 기독교인으로서 뿌리박힌 자아의 성경적 관점에서 보면, 그 사건을 함부로 언급하기보다는 하나님의 섭리가 어떻게 진행되는지 놀라움의 시각으로 그 추이를 신중히 살피게 된다. 왜일까? 오래 전에 쓰인 곳곳의 성경 말씀이 역사적으로 실현되는 놀라운 광경을 느끼게 되었기 때문이다. 물론 이것이 오늘날 이스라엘의 구체적인 정치적 행위 하나하나를 지지한다는 뜻은 아니다. 합리적으로 납득이 되지 않아도 성경에 부합하는 행보에 대해서는 적극 공감한다는 의미이다.

하나님은 창조한 아담과 하와의 무절제한 자유로 인해 타락(즉, 선악과를 따먹음)의 죄성이 후손 인간에게 들어가게 되자, 이를 새롭게 회복하시겠다는 영원한 사랑의 언약으로 믿음의 조상 아브라함을 부르셔서 젖과 꿀이 흐르는 가나안 땅으로 입주케 하여 그 자손으로 이스라엘의 열두 지파를 형성케 하셨다. 하나님은 그들이 고난 가운데 있을 때는 모세와 같은 선지자를 부르셔서 노역에서 벗어나도록 출애굽 사건을 일으키시면서 내 계명을 준행하면 "너희를 번성하게 하고 너희를 창대하게" 하리라 하셨고, 그 반대로 배역하면 "너희 땅이 황무하며 너희의 성읍이 황폐하리라(레위기 26장)."고 경고하셨다. 실제로 우상숭배 등의 배역과 분열이 잇따르자 앗수르와 바벨론에 의해 패망을 맛보게 하셨지만, 조상과의 언약을 지키시고자 첫 번째로 손을 펴시어서 귀향을 이끄셨다.

이런 역사 흐름 속에서 가장 극적인 사건이 일어났다. 죄 없는 성자 예수님이 이 땅에 오셔서 십자가 사역을 감당하시면서 자신과 함께 인간의 죄를 십자가에 못 박으신 것이다. 이로써 새 세상의 길이 열렸으니 "예수께서 이르시되 내가 곧 길이요 진리요 생명이니 나로 말미암지 않고는 아버지께로 올 자가 없느니라.(요한복음 14:6)"고 하셨다. 즉, 예수님을 구세주로 영접할 때만이 하나님 계신 나라로 올라갈 수 있다는 것이다.

그런데 여기서 의문이 든다고 할 것이다. 이스라엘 백성이 선민인데, 왜 그들이 그리스도로 오신 예수님을 못 박은 것일까? 그리고 이로 인해 이방인(곧 우리)에게 오히려 구원의 길이 열린 것인가? 하나님이 이스라엘을 선민으로 택하신 것은 그들만을 자신의 백성으로 특별히 삼으셨다는 뜻이 아니라, 오히려 만민을 구원하시겠다는 특정 목적을 위해 그들이 선택되었다는 것일 뿐이다. 그렇다면 본의 아니게 험한 역할(악역?)을 맡게 된 이스라엘 민족에게 그 후속으로 특별한 조치가 취해질 것이라고 예상할 수 있을 것이다.

실제로 초림 예수 오시기 오래 전에 선지자들이 이를 예언으로 드러내고 있었다. BC 7세기경 활약한 선지자 이사야는 여호와 하나님의 목소리를 듣고 "이 백성의 마음을 둔하게 하며 그들의 귀가 막히고 그들의 눈이 감기게 하라. 염려하건대 그들이 눈으로 보고 귀로 듣고 마음으로 깨달아 다시 돌아와 고침을 받을까 하노라(이사야서 6:10)."고 전하고 있다. 이미 죄 가운데 놓였던 차에 마음까지 둔하여진지라 후일의 이스라엘 백성은 로마 총독 빌라도가 자신들이 고발한 예수에게서 죄를 찾을 수 없다고 하자, 그 무고에 따른 책임도 감당하겠다면서 "다 대답하여 이르되 그 피를 우리와 우리 자손에게 돌릴지어다(마태복음 27:25)."고 소리 높여 외쳤다. 실제로 말 그대로 이루어졌다. 예수님의 십자가 사건 직후 로마군은 AD 70년에 저항하는 이스라엘로 쳐들어와 성벽까지 초토화시키면서 흔적으로 한 귀퉁이 성벽(오늘날 통곡의 성벽)만 남기고 모두를 내쫓은 것이다. 이렇게 해서 유대인은 전 세계로 흩어져 유리(diaspora)되는 비극을 겪게 된다.

예수의 사도된 바울은 로마서에서 감람나무의 비유를 통해 이스라엘을 대하는 이방인들에게 으스대지 말 것을 당부하는 한편, "하나님이 자기 백성을 버리셨느냐, 그럴 수 없느니라(11:1)."고 하면서 "그들이 넘어지기까지 실족하였느냐 그럴 수 없느니라. 그들이 넘어짐으로 구원이 이방인에게 이르러 이스라엘로 시기 나게 함이니라(11:11)."고 하였고, 더 나아가 "그들을 버리는 것이 세상의 화목이 되거든 그 받아들이는 것이 죽은 자 가운데서 살아나는 것이 아니면 무엇이리요(11:15)."라고 심오한 이야기를 덧붙였다.

바울이 이렇게 언급한 데는 성령의 은사를 받음으로써 오래전

구약시대 선지자들의 예언서를 꿰뚫게 되었기 때문이다. 이사야 선지자는 여호와께서 첫 번째로 손을 펴시어서 바빌론 포로에서 이스라엘 백성이 돌아오게 하였고, 이제 "그날에 주께서 다시(a second time) 그의 손을 펴사 (…) 열방을 향하여 기치를 세우시고 이스라엘의 쫓긴 자들을 모으시며 땅 사방에서 유다의 흩어진 자들을 모으시리니(11:11~2)"라고 전하면서, 마침내 "시온은 진통을 하기 전에 해산하며 고통을 당하기 전에 남아를 낳았으니 이러한 일을 들은 자가 누구이며 이러한 일을 본 자가 누구이냐? 나라가 어찌 한 순간에 태어나겠느냐? 그러나 시온은 진통하는 즉시 그 아들을 순산하였도다(이사야서 66:7~8)."고 함으로써 하나님이 보여주신 환상을 예고하였다. 그 전에는 누구도 쉽게 알아채지 못한 이 구절은 1948년 4월 15일에 이스라엘 국가 설립이 공표된 후에야 깨닫는 자들이 나타나기 시작했다. 물론 멀리 15세기 종교개혁으로 인해 성경이 라틴어에서 모국어로 번역되어 퍼지기 시작하면서 이스라엘 민족의 귀향을 내다보는 선각자들이 있었고, 1897년에 스위스 바젤에서 첫 번째 세계시온주의 대회가 열리면서 준비되기는 했다. 그래도 어찌 한 민족이 흩어져서 제각기 오랜 세월을 지내오다가 갑작스럽게 무려 1900년 가까운 세월을 지낸 상태에서 돌아올 수 있었겠는가? 그야말로 보이지 않는 진짜 힘, 하나님의 섭리 아니고서는 말하기 어려우리라 본다. 자유주의 시각은 이런 대사건을 볼 수 없지만, 뿌리박힌 자아의 정치적 관점에서는 놀람으로 받아들이지 않을 수 없을 것이다.

낙태와 동성애를 바라보는 기독교 정치관

낙태와 동성애 등 많은 사회적 현안에 대해서도 기독교 정치관은 다른 정치적 사조와 입장 차이를 드러낸다고 할 것이다. 진보적 자유주의에 따르면, 자유의 본질은 인간이 처한 다양한 기회 속에서 원하는 것을 선택할 능력에 달려있다. 이때 정부는 선에 관한 한 중립적 입장을 취할 뿐 개인들의 행위에 관여하지 말 것을 주장한다. 존 롤스의 사회정의는 의무와 권리의 체계를 분별하여 사회적 이익을 분배하는 체계이다. 이를 확장할 경우, 낙태든 동성애든 이를 선택할 당사자 개인의 권리를 존중할 것이 함축된다.

실제로 미국 연방대법원은 어느 시점부터 이런 진보적 자유주의 시각을 반영하여 헌법을 해석하기 시작했다. 그래서 나온 판결 중의 하나가 1973년의 '로 대 웨이드(Roe vs. Wade)' 사건이다. 당시 텍사스 주는 낙태금지법을 두고 있었는데, 이에 대한 위헌 여부가 제기되었다. 당시 대법원은 "수정헌법 제14조에 명시되어 있는 개인의 자유 개념과 주의 권한에 대한 제한 개념에 기초한 (…) 이 프라이버시권은 임신을 종결지을 것인지에 대한 여성의 결정도 포함할 수 있을 만큼 광범위한 것이다."라고 해석함으로써 텍사스 주의 낙태금지법이 위헌이라고 판결했다. 이에 대해 공화주의자 샌델은 "연방대법원은 생명이 언제 시작되는가의 문제에 대해 중립적이어야 한다고 주장했으며, '특정한 생명 이론'을 법으로 구현했다는, 즉 중립을 견지하지 못했다는 이유를 들어 텍사스 주법에 대해 위헌 결정을 내렸다."는 것이다.[78] 당시 연방대법원이 자유주의에 침윤되어서 낙태금지를 위헌으로 판결한 것이다.

같은 맥락에서 자유민주주의 국가 대부분은 오늘날 동성애 합법화를 지지하는 경향을 보이고 있다. 자유로운 내가 이성애든 동성애든 양성애든 나의 취향에 따라 어느 것이든 선택할 권리를 갖고 있으므로 타자인 정부나 종교단체가 이에 간섭할 이유가 없다는 주장에 동조하기 시작한 것이다. 이런 논조는 자유지상주의(또는 신자유주의)든 진보적 자유주의든 유사한 입장이다. 전자는 개인의 자유로운 행위에 타자가 간섭하는 것을 불허하는 데 최대 방점을 찍고 있고, 후자는 다양하게 열린 선택할 기회를 향유할 개인의 자유로운 권리를 존중하는 것이 정의라고 보기 때문이다.

그러나 보수주의(conservatism)는 좀 다르다. 보수주의는 기존의 질서가 오랜 세월에 걸쳐서 사회에 자리 잡게 된 데는 다 그만한 이유가 있기 때문이므로 이를 기본적으로 존중하자는 견해이다. 이를 크게 두 가지로 분별할 수 있다. 하나는 전통적 질서(대체로는 위계질서)의 체계가 나름의 곡절 속에 존속하는 것이므로 중시하자는 입장

---

78 Michael Sandel, 『민주주의의 불만』, 147, 152쪽.

이다. 다른 하나는 전통 속에 바람직한 가치의 전통문화가 있으므로 이를 견지하려는 입장이다. 보수주의의 전형인 18세기의 영국인 에드먼드 버크(Edmund Burke)에게서 이 둘을 모두 찾아볼 수 있다. 그는 먼저 체제를 단박에 뒤엎는 프랑스대혁명을 무모한 짓이라고 보았다. 그의 이런 입장은 구질서를 옹호하는 것으로 비춰짐으로써 낡은 것을 혁파하는 데 저해가 된다고 여겨진다. 또 한편 근현대 사회가 전통을 해체하면서 원자론적 개인주의로 방향을 트는 것에 크게 우려했다. 그는 전체란 각 부분들의 단순 총합보다 더 크다고 보았다. 유기적 관점(organic view)에서, 인간 개인이 심장과 눈, 팔과 같은 기관이 서로 연결되어 있는 것처럼, 사회 역시 그렇다고 본 것이다.[79] 이런 그의 견해에는 온당한 모습이 적지 않다고 할 것이다.

최근 미국 연방대법원이 과거의 일부 판결을 되돌리려는 시도를 하고 있음에 유의할 필요가 있다. 대체로 보수주의 사조로 인한 것이라 판단된다. 낙태금지와 관련해서 지난 1973년의 '로 대 웨이드' 판결을 뒤엎는 조치를 취했다. 2022년 6월 23일 연방대법원은 헌법에 명시된 자유의 권리가 여성 개개인의 낙태권을 포함한다고 볼 이유가 없다면서 각 주가 자율에 따라 결정할 수 있도록 기존 판결을 뒤

---

79 Terence Ball & R. Dagger, 정승현 외 옮김, 『현대 정치사상의 파노라마』, 181~2쪽.

집어버렸다. 당시 미국 민주당의 바이든 대통령을 필두로 서유럽 자유주의 정상들 대부분이 뒤바뀐 연방대법원 판결을 비난하는 목소리를 낼 정도였으니 서유럽에 침투한 (진보적) 자유주의의 위력을 실감할 정도였다.

연방대법원은 거기서 끝나지 않았다. 연이어 같은 해 6월 30일에는 동성애 관련 주의 차별금지법이 위헌이라고 판결했다. 동성애 관련 위헌 판결의 경우, 동성 커플의 웹사이트 제작을 의뢰받은 기독교인 제작자가 종교적 신념에 맞지 않는다는 이유로 그 요청을 거부했는데, 이것이 차별금지법의 차별 조항에 해당되어 콜로라도 주법에 저촉되는 사태에 직면하였으며, 이에 위헌 소송을 제기한 것이다. 연방대법원은 다수의견을 통해 "수정헌법 1조는 모든 개인이 본인이 원하는 대로 자유롭게 생각하고 말할 수 있는 풍요로운 미국을 그리고 있다."면서, 주의 "(차별금지법)이 처벌 조항을 통해 사람들에게 신념과 위배되는 행동을 하도록 강요할 수 있다."고 보아 위헌 판결을 내린 것이다. 진보 입장의 소수의견도 공표되었는데, "오늘 대법원은 역사상 처음으로 사업체가 보호 계층에 대한 서비스 제공을 거절할 수 있는 법적 권리를 부여했다."고 이의를 드러냈다.[80] 연방대

---

80 동아일보, 「보수 6 vs 진보 3… 작년 낙태권 폐기 이후 잇단 보수적 판결」, 2023. 7. 3.

법원의 보수적 입장은 기독교인 제작자가 동성애 커플을 위해 웹사이트를 제작하는 것이 자신의 종교적 신념에 위배되므로 차마 이를 실행할 수 없다는 양심의 고백이라고 본 반면, 진보적 입장은 법이 상품 판매자의 판매 여부를 선택적으로 결정할 권리에 날개를 달아준 격이라고 본 것이다. 동일한 사안을 바라보는 정치적 가치관 자체가 다른 것이다. 전자는 보수주의 시각이고, 후자는 자유주의 시각의 재단인 셈이다.

청교도 공화주의는 이런 경우에 후자가 아니라 전자를 지지한다. 그 이유는 미국 건국의 국부들이 종교의 자유를 헌법에 명시할 때 어디에 초점을 맞추었는지를 깨닫게 하는 샌델의 다음 말에서 찾을 수 있다.[81]

> 양심의 자유가 양도 불가능한 이유는 믿음이 의지에 지배되지 않기 때문이다. 인간은 자신이 원한다 해도 양심의 자유를 포기할 수 없다. 바로 이것이 ≪종교세에 대한 의견과 간언≫에서 매디슨이 펼친 논증이었다. (…)양심의 자유와 선택의 자유는 같은 것이 아니기 때문이다. 양심은

---

81   Michael Sandel, 『민주주의의 불만』, 103쪽.

명령을 내리는 것이고, 선택은 결정을 하는 것이다. 양심의 자유가 걸려 있을 때, 그에 상응하는 권리는 의무를 행할 권리이지 선택을 할 권리가 아니다. 바로 이것이 매디슨과 제퍼슨이 생각했던 핵심이었다.

동성애 웹사이트 제작자는 양심의 자유에 따라 성경 말씀에 따른 명령을 준수한 것이다. 성경은 하나님이 사람을 남과 여로 지으시면서 생육하고 번성하여 충만하라고 축복하셨음을 밝혀 알려주고 있다. 그리고 이에 역행하는 동성애를 죄로 규정하였다. 그에 앞서 자연을 창조하셨고, 생명체를 암수로 번식토록 하였으며, 이에 위배되는 행태는 자연도태를 통해 멸종에 이르게 하셨다. 뿌리박힌 자아상의 기독교인은 뿌리의 근원이신 하나님의 말씀에 순종할 의무를 가져야 하고, 혹 세속의 법률이 이런 양심의 자유를 저해한다면, 마땅히 폐기토록 해야 할 것이다. 이런 정치적 입장은 동성애만이 아니라 낙태, (조력)자살 등 현대사회의 주요 문제에 다 해당한다고 할 것이다.

낙태나 동성애 등과 같이 민감한 사안을 거론한 만큼 이런 주제에 다가가는 기독교인의 태도나 자세에 대해서도 언급하지 않을 수 없다. 특히 동성애 문제를 대하는 기독교인은 강경 일변도의 완고한 자세를 갖고 있음에 다소 우려를 표명하지 않을 수 없다. 왜 유독 이 주제에 대해서는 그토록 강경일변도일까? 일단 그런 기이한 문화가 사회 곳곳으로 확산될 것을 염려하여 조기에 차단하고자 함이라 볼 수 있다. 마약의 확산을 막으려면 초기에 단호히 제압해야 함과 마찬가지이니 온당하다. 또한 교회 강단에서 어쩌다 이 주제를 거론하지 않을 수 없는 목회자 입장에서는 미국 콜로라도 주 웹사이트 제작자처럼 차별금지법 위반으로 기소될 수 있으므로 그 법 제정에 정치적 반대 및 저항을 하지 않을 수 없다고 본다. 다만 일부 기독교인의 경우이겠지만, 우리는 동성애와 전혀 무관하여 당당하고 떳떳하기 때문에 외식하는(바깥 꾸밈에 능한) 바리새인들처럼 지나치게 완고한 자세를 취하는 것은 아닌가 하는 생각을 가져보았는데, 혹시 나의 착각일까?

성경 말씀을 상고해 보자. 요한복음 8장은 이렇게 전하고 있다. 바리새인들이 간음하다가 현장서 잡힌 한 여인을 예수에게 끌고 와서 세워놓고 "모세는 율법에 이러한 여자를 돌로 치라 명하였거니와 선생은 어떻게 말하겠나이까?(8:5)"하고 물으니, 예수께서 "너희 중에 죄 없는 자가 먼저 돌로 치라(8:7)"고 하셨고, "그들이 이 말씀을 듣고 양심에 가책을 느껴(8:9)" 다 빠져나가고 여자만 남았다. 이에 끝으로 "예수께서 이르시되 나도 너를 정죄하지 아니하노니 가서 다시는 죄를 범하지 말라(8:11)"고 하셨다. 우리 죄를 되돌아보게 하시는 말씀이다. 우리 주변에 말기 암환자처럼 불치병을 앓고 있는 이들이 늘고 있는데, 이들 가운데 일부는 현실의 고통이 너무 심해서 조력자살을 원하는 경우가 자꾸 늘어나고 있음을 접하게 된다. 이때 자살을 죄악이라고 정죄하는 말만 하면 될까? 가능하다면 자신의 힘이 미치는 선에서 자살을 생각하지 않도록 돕는 호스피스(hospice) 자세를 가져야 하지 않을까? 낙태를 고심하는 여성에게도 따뜻한 이웃사랑을 베풀어 가능한 한 결행하지 않도록 해야 하지 않을까? 유사하게 동성애에 대해서도 그것이 죄악임을 일깨우되 부드러운 자애의 시선으로 회개하고 돌아오도록 온화한 시선을 주는 게 바람직하지 않겠는가?

딜레마에 처한 기독교의 출구

그동안 기독교가 자유주의에 대해 편애를 할 정도였는데, 오늘날에는 그것이 교리상의 장애가 되는 형세이니 딜레마(dilemma) 상황이라 아니 할 수 없다. 한쪽의 뿔은 기독교를 아편처럼 여겨서 탄압하는 마르크스주의이고, 다른 한쪽의 뿔은 자유주의로서 성경의 본령을 부인하거나 위반토록 유혹하고 있다. 딜레마에서 벗어날 정치적 방도를 모색하지 않을 수 없다. 이때 청교도 공화주의는 출구의 단초를 제공해주리라고 본다.

마르크스주의는 개인의 자유를 유린함으로써 기독교 신앙 자체를 불허하기에 용인될 수 없다. 자유주의가 문제이다. 20세기까지는 그것이 기독교 신앙이 유지되고 확산되는 데 기여했기에 소중하게 받아들일 이유가 적지 않다. 그러나 살펴본 것처럼, 이제는 장벽으로 작용하고 있다. 특히 자유주의 신학은 합리성에 매몰된 나머지 이성 너머 성령의 지평을 외면하거나 심지어 부정하기까지 하니 반성경적이라고 해도 지나치지 않을 것이다. 기독교 정치관에 부응할 더 나은 제도를 모색하지 않을 수 없다.

보수적 자유주의는 개인의 자유가 간섭(또는 방해) 받지 않도록 하면서, 이에 따른 권리를 아주 기본적인 것으로만 국한한다. 누군가 굶주리거나 질병으로 죽어가더라도, 그것은 그의 몫이라고 외면하면서, 가진 자의 자선을 기대하라고 할 뿐이다. 혹 정부가 복지기금이라도 만들려고 하면, 부자의 것을 갈취하는 자유의 침해라고 한다. 냉혹하기 그지없다고 아니할 수 없다.

진보적 자유주의, 대표적으로 존 롤스의 평등지향 노선은 또 다르다. 무지의 베일을 쓰고 사회계약을 맺게 되면, 기본적 자유와 더불어 중요한 하나가 더 주어진다. 최소 수혜자이기에 가장 작은 몫을 받게 되더라도, 인간으로서 최소한의 존엄은 유지하도록 그에게는 가장 나은 혜택이 주어지는 제도이다. 그래서 최소한의 복지국가를 도모할 수 있다. 이때 자유는 다양하게 열려진 조건 속에서 선택할 기회를 갖도록 하는 데 있다. 이때 정의는 시민의 의무와 권리에 근거하여 사회적 이익을 배분하는 데 있다. 큰 문제는 권리를 중시하는 입장이기에 그 권리가 계속 풍선처럼 부풀려지는 데서 발생한다. 그 결과 출산이든 낙태든 선택할 권리가 주어지고, 이성애든 동성애든 선택할 권리가 마치 당연한 것처럼 주어진다. 최근 한국의 초중등 교육현장에서 문제로 드러난 사례도 그 귀결에 따른 참사이다. 먼저 교육부와 교장의 권위주의 행정에 대항토록 교사들의 교권이 강화되었고, 그리고 다음으로 아동인권이 제정되었다. 그랬더니 아동인권 뒤에 숨은 힘센 학부모들이 교권을 위협함으로서 교실 현장이 붕괴 직전에 이른 것이다. 이런 유형의 권리와 저런 유형의 권리가 충돌하는 사태가 벌어졌는데, 이를 해소할 상위의 가치 잣대를 찾을 수 없으니 난감할 뿐이다.

이런 구체적 사례에 비추어본 대안은 청교도 정신이 깃든 공화주의에서 찾을 수 있다고 본다. 간략히 하자면, 자유와 그 권리를 존중하되 기본적인 것으로 국한하고, 더불어 목적으로서의 공동선(기독교인에게는 하나님의 선)을 추구한다. 이때 함께 선을 추구하는 과정에서 타인의 것을 내 것처럼 존중하는 미덕(대표적으로 이웃사랑)을 갖추어 함양토록 하면서, 가능한 한 자신들의 각종 과제를 자율적으로 풀도록 자치 역량을 강화토록 조성한다. 이때 정의는 공동선에 기여하는 데 따른 것이어야 한다.

정의와 선으로서의 사랑을 분별할 필요가 있다. 구약의 율법이 죄의 행위와 소재를 알려줌으로써 죄를 고칠 치료 덕목이었던 반면, 예수님의 사랑의 복음은 본원적 치유 덕목이어서 허다한 죄도 덮고 남는 것이다. 마찬가지로 사회정의는 잘못을 바로잡는 사후적 치료 덕목인 반면, 형제애를 필두로 한 미덕은 사전예방의 속성으로 본원적 치유의 덕목이라는 점이다. 기도교인이 율법을 넘어 복음으로 나아가야 하는 것처럼, 사회에서도 정의와 공의를 넘어 형제애의 정신으로 전진할 때 예수의 진정한 제자로 거듭날 것이라고 본다.

4. 기독교가 경계할 극우 파시즘

자유민주적 기본질서와 자유민주주의의 차이

현행 대한민국 헌법은 전문에 "자율과 조화를 바탕으로 자유민주적 기본질서를 더욱 확고히 하여"라고 명기하면서, 제4조에서 "대한민국은 통일을 지향하며, 자유민주적 기본질서에 입각한 평화적 통일정책을 수립하고 이를 추진한다."라고 한층 구체화하였다. 이로써 '자유민주적(free and democratic) 기본질서'를 '자유민주주의'와 동일시하는 경향이 매우 강한데, 실상은 동일한 것으로 볼 수 없다.

이 표현이 채택된 이유는 독일 기본법(헌법)에서 사용된 표현을 도입한 데서 비롯된다. 독일은 제1차 및 제2차 세계대전을 치루면서 소비에트 공산주의의 위험과 더불어 나치즘을 참혹하게 겪었다. 전쟁 이후 기본법을 제정하면서 시민의 자유와 민주주의 질서가 침탈당하고 무너지는 참화를 두 번 다시 겪지 않겠다는 반성적 성찰을 담아 이를 채택한 것이다. 따라서 자유민주적 기본질서는 자유를 품은

민주주의의 가치를 지키겠다는 방어적 민주주의 특성을 띤다.[82]

반면 자유민주주의(liberal democracy)는 민주주의가 자유주의를 품은 성격의 것으로 열려 있다는 특성을 지닌다. 민중의 통치라는 민주주의를 근간으로 개인의 권리와 자유가 유린당하지 않도록 하며, 더 나아가 어떤 자유로운 비판도 허용하는 열린 체제를 지향한다.

사회민주주의(social democracy)는 좀 다르다. 그것은 서유럽에서 마르크스주의와 결별한 상태에서 민주주의가 누구에게나 평등한 권력을 행사토록 시민이 자유를 누리도록 하면서 사회적 연대를 통해 정의를 구현하려는 사조라고 할 것이다.[83]

소비에트 공산권이 제기한 인민민주주의(people's democracy)는 완전히 다른 성격을 지닌다. 인민민주주의는 민주주의가 무계급 사회에서 노동계급인 프롤레타리아의 이익에 봉사하는 것이므로 이를 위하여 과도기로 그 이익을 대변하는 공산당의 독재가 요청된다고 본다. 인민을 위하겠다고 천명하는 명분은 민주주의에 일부 부합하지만, 공산당 통치에 따른 독재를 요청하기 때문에 절차에 있어서 반민주적이라는 비판을 피하기 어렵다. 특히 닫힌 체제이기 때문에

---

82 강경선,『헌법 전문 주해』, 105쪽.
83 Friedrich Ebert Stiftung, 한상익 옮김,『사회민주주의의 기초』, 94쪽.

자정 능력을 결여하는 데 따른 문제도 드러낼 수밖에 없을 것이다.

어쨌든 민주주의와 관련해서 우리나라가 자유민주적 기본질서를 헌법에 반영한 이유는 독일과 같이 이데올로기 대립에 따른 분단의 비극을 겪은 탓이다. 이에 자유민주적 기본질서를 존중하는 차원에서 이에 저촉되는 두 사조, 즉 공산주의와 파시즘의 위험성을 인지하는 가운데 그런 체제로의 전환 시도는, 무력으로든 혁명으로든, 적어도 1987년 현행 헌법에 위배된다고 할 것이다. 6장서 북한식 공산주의 체제를 추종하는 극좌 주체사상파의 위험성을 살폈기에 여기서는 극우 파시즘의 위험성을 검토하여 이를 경계하고자 한다.

파시즘 등장의 시대적 배경

유럽은 중세에 드리워졌던 기나긴 흑암에서 벗어나기 시작했다. 16세기 초 루터의 종교개혁이 물꼬를 텄고, 근대의 과학혁명이 뒤를 이으면서 17세기 말에 뉴턴(I. Newton)에 의해 비약적 업적이 이뤄졌다. 불합리성이 지배하던 세상에서 새로운 세상의 새벽이 기지개를 켜게 된 것이다. 사상사적으로 영국의 경험론과 대륙의 합리론이 근대철학을 이끌면서 18세기에 프랑스를 진앙지로 하는 계몽주의(enlightenment) 시대가 열렸다. 계몽주의는 이성의 빛으로 인간과 사회, 세상을 일깨우는 사조이다. 그리고 이런 기반 위에서 마침내 자유주의와 사회주의가 태어났다.

1789년의 프랑스대혁명은, "짐이 곧 국가"라는 슬로건이 상징하는 군주 체제를 무너뜨리는 기폭제였다. 이성으로 깨인 시민들에 의해 가장 견고하게 버티던 구질서 정치체제에 대한 도전이 발진한 것이다. 이에 19세기는 곳곳에서 혁명의 불길이 번지는 형세였고, 자유주의가 기세를 올리던 때였다. 물론 그 세기의 중반 무렵부터는 전통적 사회주의가 마르크스주의로 변신하면서 혁명의 색깔이 다른 봉화가 피어올랐다. 이렇게 해서 맞이한 20세기 초반 유럽은 혼돈 그 자체였다. 이 시기에 인류 역사상 최대의 재앙을 예고하는 것들의 하나인 파시즘(fascism)이 등장한 것이다.

파시즘의 정체와 해악

파시즘은 자유주의와 사회주의에 대한 반작용으로 출현했다. 이것이 피어난 핵심적 두 국가인 이탈리아와 독일에서 그랬다. 무솔리니(B. Mussolini)는 수정주의 좌파였을 때 사회주의 인터내셔널을 주시했고, 이것이 민족들 간의 적대성을 차단하는 데 아무 힘도 쓰지 못한 채 제1차 세계대전이 발발하는 것을 지켜보면서 우파로 전향하여 파시즘을 열게 된다. 독일의 히틀러(A. Hitler)도 비슷했다. 그는 제1차 세계대전에서의 독일의 패배를 굴욕으로 생각하면서 그 패인이 기존의 우파(자유주의자)와 좌파(특히 마르크스적 사민당)의 무능력에 기인한다고 여겼다. 파시즘은 이런 시대적 배경에서 자기 민족의 단결과 강국화를 꿈꾸며 탄생했다.

파시즘은 민족주의(nationalism)를 최대 기치이자 돌파구로 삼았다. 이 시각은 자유주의가 자유의 담지자로서 개인들만 강조하기 때문에, 그리고 마르크스적 사회주의가 노동계급의 단결만 외침으로써 다른 계급들을 배척하기 때문에, 둘 다가 민족의 단결에 각각 저해와 위해가 된다고 판단했다. 물론 자신의 민족은 카리스마를 지닌 지도자와 엘리트를 주축으로 구성되어야 강력한 힘을 갖추어 제국으로 부상할 수 있다고 여겼으며, 이런 성취를 위해서는 이성에 의한 합리성 일변도가 무해할 수 있다고 생각했다. 그래서 이성 외적인 감정과 직관적 통찰을 중시했다. 간단히 말하자면, 무솔리니가 제시한 슬로건, "믿으라, 복종하라, 투쟁하라!"로 집약할 수 있을 것이다.[84]

물론 독일의 나치즘(Nazism)은 파시즘에 한 가지 중요한 요인이 추가된다. 그것은 인종주의이다. 파시즘의 민족주의는 자민족 우월주의이기 때문에 타민족에게 차별적이고, 나치즘의 인종주의는 자기 인종(아리안종과 게르만족) 우월주의로서 다른 인종(특히 유대인과 집시 등)에 대한 배타성을 지닌다. 민족주의는 배타적 유형과 포용적 유형으로 분류가 가능할 것이다. 파시즘의 민족주의는 배타적

---

84 Terence Ball & R. Dagger, 『현대 정치사상의 파노라마』, 346쪽.

유형이다. 반면 내가 내 가족과 고향, 민족, 나라를 사랑하듯이 남도 자기 가족과 고향, 민족, 국가를 아끼는 것을 허용하는 보편적 공공 정신을 가질 경우, 그것은 포용적 민족주의라고 할 것이다.

인류 역사에게 해악을 끼친 파시즘은 배타적(적대적) 민족주의라고 할 수 있다. 그 해악은 익히 알려져 있듯이 제2차 세계대전을 일으켜 무수히 많은 사람들을 죽음으로 내몰았고, 유대인에 대한 공포의 학살을 저지른 것이다. 그 해악은 이루 다 말할 수 없을 것이다.

12·3 계엄 사태와 한국 파시즘의 위험

2024년 12·3 계엄이 선포되었다. 한 마디로 경악할 사태였다. 헌법의 계엄령 제정 취지에 비추어 볼 때, 그리고 과거 군부 쿠데타의 계엄으로 피어나려던 민주주의가 질식했던 경험에 비추어 볼 때, 계엄을 선포할 일이 결코 아니었다. 그럼에도 윤석열 대통령이 계엄을 무모하게 저지른 이유를 추정하지 않을 수는 없다. 일단 그 행위의 동기로 네 가지가 떠올랐다. 첫째는 민주당의 이재명 대표 체제가 탄핵(계엄 전 28건)을 남발한 데서 알 수 있듯이 이대표의 사법 리스크를 면하게 할 불순한 목적으로 정부의 정책 시행에 사사건건 발목을 잡은 데 대해 단호히 대응하고자 하였다. 두 번째는 계엄령 포고령에서 언급한 명분으로 반국가단체를 척결하겠다는 의지를 실행하고자 했다. 셋째, 김건희 여사와 명태균 리스크로 국정이 마비될 것을 염려하여 선제적으로 대응하고자 했다. 넷째, 극우 유튜브를 시청하면서 그 선동적 내용에 전적으로 공감하여 이에 부응하는 조치를 취하고자 하였다.

먼저 첫째 사유와 관련해서 그것이 결코 계엄령 발동에 합당한 명분일 수 없다. 이재명 대표 체제의 민주당이 무리를 거듭했다고 하더라도 정치적으로 푸는 방식의 해결책을 모색했어야 한다.

두 번째 사유에 대해서는 고개가 갸우뚱거려지지만, 그것 역시 이번 계엄령 선포의 정당화 요인이 될 수는 없다. 내란이 발생한 것도 아니고, 심지어 내란 음모에 따른 징후가 곳곳에서 포착되어 발발 직전인 것도 아니기 때문에 정당화될 수 없다. 다만 필자가 이 사안과 관련해서 과거 의심스럽게 여겨진 방향으로 주시하여 살펴보았고, 실제로 일각에 반국가세력이 있음을 감지하고 있다. 과거 학생운동권의 민족해방(NL) 계열 주사파 가운데 아직도 전향하지 않은 채 혁명을 꿈꾸며 체제를 전복하려는 세력이 사회 일각에, 심지어 정치권에도 다소 진입한 것으로 여겨지고 있다. 예컨대 주사파 출현의 장본인인 김영환의 글을 보면, 민혁당 잔류 세력 가운데 일부는 여전히 반미(反美)와 종북(從北)으로 신념화되어 있다고 판단된다. 이들은 지하에서 움직이는 혁명가답게 밖으로 드러내지 않는 행보를 취하고 있기 때문에 심층적 위험이기는 하다. 그러나 그들은 극소수에 불과하다. 지금도 우리 사회에 간첩이 수백 명 정도 암약하는 것으로도 알려져 있다. 그렇다고 해서 이들로 인해 나라가 뒤집어지는 문제가 발생하는가? 우리 사회는 그런 정도로 허물어지지 않을 만큼 민주주의 역량을 갖추고 있다고 본다. 그럼에도 불구하고 수면 아래 잠복하던 치명적 위험이 치솟을 소지가 있다면, 바로 이런 사태를 예방하도록 국정원과 검·경 등 국가조직이 존재하는 것 아니겠는가. 물론 전임 문재인 정부가 불법적 정치 사찰이라는 과거 행적을 문제 삼아 국정원의 기능을 상당히 마비시켰고, 이로써 간첩 및 반국가세력 수사 기능도 무력화되었다고 항변할 수는 있다. 그런 경우라 해도, 군을 동원함으로써 민주주의를 압살할 소지가 있는 계엄의 카드를 쓸 것이 아니라, 증거를 갖춘 관련 수사 내용을 토대로 국민에게 호소함으로써 제도적 교정에 따른 정상화를 도모했어야 한다.

세 번째 김건희 여사 및 명태균 사건으로 인해 국정 혼란이 우려되었다면, 계엄 카드로 호도할 것이 아니라 자기희생을 수반한 정면승부를 걸었어야 한다. 아마추어 정치인으로서 대통령 선거에 임하면서 어설프게 저질렀거나 이에 연루되었다면, 국민에게 석고대죄하듯이 고백하고 그 처분에 따라 뼈를 깎는 행보를 취했어야 한다. 과오 반성에 따른 자기희생 없이 남 탓만 하는 것으로는 국민의 공감을 얻을 수 없다. 더 나아가서는 자초한 화마로 인해 더 큰 불행이 도래하는 것을 가려버릴 수도 있기에 아이러니로 귀결될 뿐이다.

넷째, 극우 유튜브에 현혹되어 이번 계엄을 선포한 것으로 추정되는데, 이것은 정말로 심각하다고 아니 할 수 없다. 왜냐하면 일부 극우 세력은 파시스트 성향을 띠기 때문이다. 그들이 우려하는 반대

편의 주사파 체제전복 세력은 사회 심층 속에 감추어진 채 지극히 협소한 범위를 차지하고 있는 반면, 파시즘의 극우 세력은 비교적 광범위하게 퍼져 있다. 물론 극우 유튜버와 같은 일부 선동가들은 나라야 어찌 되었든 제 속 좁은 정치경제적 이익만을 탐하는 부류이다. 이에 비하여 선동에 쉽게 이끌린 다수는 일시 현혹된 상태이기 때문에, 평정심을 찾아 진실을 접하고 지혜로운 안목을 갖추며 공화적 덕목을 지닐 때에 이런 지평에서 벗어나는 것이 충분히 가능할 것이다.

이 대목에서 태극기 부대 동참자들을 나무라고 싶은 생각이 없음을 밝히고자 한다. 사실 그 반대편인 좌파 및 진보 진영은 내가 그곳에 있었기에 잘 아는 편인데, 지나쳐도 너무 지나친 경우가 많았다. 알맞은 정도에 해당하는 만큼은 나도 동참했고, 지금도 그런 선에서 지지한다. 그러나 6장서 언급한 바와 같이 김지하 시인이 1991년에 "죽음의 굿판을 걷어치워라!"고 일갈한 데는 그만한 이유가 있었기 때문이라고 본다. 지금은 달라졌지만, 그래도 그 관성적 버릇이 참으로 기이하다고 여겨질 정도로 지나치기 일쑤다. 군부독재 시절에야 전복하듯이 달려들었어야 했지만, 지금은 아니지 않은가. 그럼에도 여전하다면, 그 반작용은 자연이나 사회에 발생하기 마련이다. 특히 초기의 태극기 부대 참가자들은 월남전 참전 등 나라 위해 목숨까지 내건 분들로서 나라를 구하겠다고 나선 것이다. 그런 애국적 동기야 나무랄 일이 아니지 않겠는가. 다만 왜곡된 떠도는 이야기(예컨대 선관위의 조작적 선거부정 등)를 확증 편향으로 믿고 따르는 데 대해서는 깊은 우려를 표명하지 않을 수 없다.

파시즘은 극우 전체주의로서 사회를 왜곡시켜 위험에 빠뜨리게 한다. 그것은 합리적 사고를 배척하면서 섣부른 직관과 감정에 불을 지른다. 합리적 제도로 손보아 시정할 수 있는 폐해를 그것의 두 배, 세 배, 열 배로 증폭시키거나 왜곡해서 증오감을 품게 함으로써 물리적 폭력으로 사태를 해결하고자 한다. 역시 민주주의에 반하는 처사이다. 전광훈 목사가 광장에 나서게 된 데는 초기에 태극기 부대원과 같이 순수함도 없지 않게 가졌으리라고 여겨진다. 그러나 그 안의 드리워진 권력 지향의 욕망은 목회자에게 도저히 어울리지 않는 것이었다. 그래서 자기 앞에 유력 정치인들을 줄 세우는 시도와 정당까지 창당하는 정도로 내달렸다. 어느 순간 그에게서 "믿으라, 복종하라, 투쟁하라!"고 외친 무솔리니의 모습이 어른거렸다고 하면, 나만의 착각일까? 그에게서 성직자의 모습이 결코 느껴지지 않으니 나의 부덕함 때문인가? 그나마 최근에 그의 잘못된 질주를 견제하고자 '코리아세이브'라는 다른 기독교 단체가 나섰다니, 우려되는 바가 없지는 않으나 이해가 가고, 그래서 부드러운 시선으로 관심을 갖고자 한다.

맺는말

내가 고락을 같이 한 과거 동지들에게 불편함을 갖게 할지언정 그리고 지금은 함께 교회에서 예배를 드리는 일부 성도들에게 역시 불편함을 끼칠 수 있다고 해도 이 글을 쓰는 연유가 있다. 진실과 맞서는 것을 두렵지 않게 해주시는 예수님의 자녀 기독교인이기 때문이다.

이 글의 목적은 한편으로 주사파나 파시즘과 같은 암흑이 민주공화국 대한민국을 위협하지 못하도록 경계심을 갖도록 하고, 다른 한편으로 민주주의의 동반자인 청교도적 공화주의 정신이 피어나게 함으로써 국민들이 각자 서로 다른 가운데서도 자유를 누리되 합력하여 공동선을 이루면서 밝은 미래사회를 지향토록 하고자 함이다.

【참고문헌】

· 강경선, 『헌법의 기초』, 한국방송통신대학교 출판문화원, 2017.
· 강경선, 『헌법 전문 주해』, 에피스테메, 2017.
· 김영환, 『다시 강철로 살아』, 시대정신, 2015.
· 김정일, 「주체사상에 대하여」, 북한 사회과학원 철학연구소, 『북한 주체철학: 철학사전』, 힘, 659~664, 1988.
· 민경우, 『86세대 민주주의』, 인문공간, 2021.
· 민경우, 『스파이 외전』, 투나미스, 2023.
· 오덕교, 『청교도 이야기』, 이레서원, 2001.
· 조민, 「한국 현대사 백년의 재조명: 배반의 역사인가 성공의 신화인가?」, 21세기공화주의클럽, 『21세기 공화주의와 공동선, 한국』, 인간사랑, 91~120, 2020.
· 채진원, 『공화주의와 경쟁하는 적들』, 푸른길, 2019.
· 한면희, 『초록문명론』, 동녘, 2004.
· 한면희, 『제3정치 콘서트』, 늘품플러스, 2012.
· 한면희, 「역사적 궤적의 공화주의와 공동선」, 21세기공화주의클럽, 『21세기 공화주의와 공동선, 한국』, 인간사랑, 17~67, 2020.
· 한면희, 「전환기 한국의 정치와 공화적 지성」, 『정치와 공론』제28호, 1~39, 2021.
· 21세기공화주의클럽, 『21세기 공화주의』, 인간사랑, 2019.
· 21세기공화주의클럽, 『21세기 공화주의와 공동선, 한국』, 인간사랑, 2020.
· Aristoteles, 『니코마코스 윤리학』, 최명관 옮김, 서광사, 1984.
· Ball, Terence & Richard Dagger, 『현대 정치사상의 파노라마』, 정승현 외 옮김, 아카넷, 2006.
· Brinkley, Alan, 『미국사 1』, 황혜성 외 옮김, 휴머니스트, 2011.
· Carden, Allen, 『청교도 정신』, 박영호 옮김, 기독교문서선교회, 1994.
· Cicero, Marcus Tullius, 『법률론』, 성염 옮김, 한길사, 2021.
· Cicero, Marcus Tullius, 『국가론』, 김창성 옮김, 한길사, 2021.

- Hamilton, A. et. als., 『페더랄리스트 페이퍼』, 김동영 옮김, 한울 아카데미, 1995.
- Franklin, Benjamin, 『프랭클린 자서전』, 이계영 옮김, 김영사, 2001.
- Friedrich Ebert Stiftung, 『사회민주주의의 기초』, 한상익 옮김, 한울, 2012.
- Gonzalez, Justo, 『기독교사상사Ⅲ』, 이형기·차종순 옮김, 한국장로교출판사, 1995.
- Locke, John, 『통치론』, 강정인·문지영 옮김, 까치, 1996.
- Machiavelli, Niccolo, 『로마사 논고』, 강정인·안선재 옮김, 한길사, 2003.
- Pettit, Philip, 『신공화주의』, 곽준혁 옮김, 나남, 2012.
- Rawls, John, 『사회정의론』, 황경식 옮김, 서광사, 1985.
- Sandel, Michael, 『정의란 무엇인가』, 이창신 옮김, 김영사, 2010.
- Sandel, Michael, 『민주주의의 불만』, 안규남 옮김, 동녘, 2012.
- Smith, Adam, 『국부론』, 유인호 옮김, 동서문화사, 2008.
- Tocqueville, Alexis, 『미국의 민주주의1』, 임효선·박지동 옮김, 한길사, 1997.
- Viroli, Maurizio, 『공화주의』, 김경희·김동규 옮김, 인간사랑, 2006.
- Hobbes, Thomas, *Leviathan*, London: Penguin Books, 1985.
- Mill, John Stuart, *On Liberty and Other Essays*, Oxford: Oxford University Press, 1991.
- Marx, Karl, *Critique of the Gotha Program*, in R. C. Tucker ed., *The Marx-Engels Reader*, New York: W. W. Norton & Co., 1978.
- Nozick, Robert, *Anarchy, State, and Utopia*, New York: Basic Books, 1974.
- Rawls, John, *A Theory of Justice*, London: Oxford University Press, 1971.
- Sandel, Michael, *Liberalism and the Limits of Justice*, Cambridge: Cambridge University Press, 1982.
- Sandel, Michael, *Democracy's Discontent: America in Search of a Public Philosophy*, Cambridge, Mass.: Harvard University Press, 1996.
- Skinner, Quentin, "Machiavelli on the Maintenance of Liberty", *Politics*, Vol.18(2), 3~15, 1983.

공화주의와 위기의 한국
— 좌우 진영논리 넘어 새 정치관을 향해

펴낸 날　2025년 4월 15일
지은 이　강경선·조민·한면희
펴낸 곳　무명인
펴낸 이　윤종호　　교정　윤종호　　편집　김동훈

주소　　전라북도 고창군 아산면 영모정길 38-29 영모마을
연락처　010-8279-7849　　전자우편　bebelow@hanmail.net
출판등록　2011년 7월 5일 제478-2011-000001호
인쇄　　아름다운인쇄
ISBN　　978-89-98277-11-6
가격　　18,000원